周蓓 主编

专题史丛书

（日）高桑驹吉 著
李继煌 译述

河南人民出版社

中国文化史

本书叙述了从周代至清代的中国文化发展史，着眼于世界文化史与中国文化史的密切关系。全书共计9章，每章各分两篇，一篇述其历史的发展，一篇述其时代文化造就的人物及评论

圖書在版編目（CIP）數據

中國文化史／（日）高桑駒吉著；李繼煌譯述．
—鄭州：河南人民出版社，2016.10（2017.7重印）
（專題史叢書／周蓓主編）
ISBN 978－7－215－10501－0

Ⅰ．①中… Ⅱ．①高… ②李… Ⅲ．①中華文化－文化史 Ⅳ．①K203

中國版本圖書館 CIP 數據核字(2016)第 256639 號

河南人民出版社出版發行
（地址：鄭州市經五路66號　郵政編碼：450002　電話：65788063）
新華書店經銷　　河南新華印刷集團有限公司印刷
開本　710 毫米×1000 毫米　　1／16　　印張 33.75
字數 220 千字
2016 年 10 月第 1 版　　2017 年 7 月第 2 次印刷

定價：219.00 圓

出版前言

中國現代學術體系是在晚清西學東漸的大潮中逐步形成的。至民國初建，中央政治權威進一步分散和削弱，加之新文化運動帶給國人思想上的空前解放，新學的啓蒙，新知識分子的產生，民國學術如草長鶯飛，進入一個自由而蓬勃的時代。中國傳統學科乃中國學術之根基與菁華所在，民國學人採用「取今復古，別立新宗」之方法，引入西方的學術觀念，積極改造，使史學、文學等學科向現代學術方向轉型。此外，大力推介西方社會科學的新學科和自然科學，在學習、借鑒乃至移植西方現代學術話語和研究範式的過程中，逐漸建立中國現代學科，使中國的學科門類迅速擴展。一時間，新舊更迭，中西交流，百花齊放，萬壑爭流，開創了中國現代學術的源頭。

伴隨知識轉型和研究範式轉換而來的，還有學術著作撰寫方式的創新。中國古代的著作向來以單篇流傳，經後人整理匯編後，方以成册成集的面目出現并持續傳播。直到十九世紀末，東西方的歷史編撰體裁不外乎多卷本的編年體、紀傳體和紀事本末體等，章節體的出現標志着近代西方學術規範的產生和新史學的興起。章節體具有依時間順序，按章節編排；因事立題，分篇綜論，既分門別類，又綜合通貫的特點。以章、節搭建起論述之框架，結構分明，邏輯清晰，較傳統的撰寫體裁容量大、系統性強。它的傳入，使中國現代學術體系從內容到形式被納入了全球化的軌道。民國時期專題史的研究、譯介、編纂、出版恰恰是在這樣的背景下欣欣而起，是學術的實驗場，也是歷史的記錄儀。編選『民國專題史』叢書的初衷正是爲了從一個側面展示中國學術從傳統向現代過渡的歷史進程。

專題史是對一個學科歷史的總結，是學科入門的必備和學科研究的基礎，也是對一個時代艱深新銳問題的解答，是學術研究的高點。民國專題史著作中，既包含通論某一學科全部或一時代（區域、國別）的變化過程的，又囊括對一時代或一問題作特殊研究的，還有少部分是對某一專題的史料進行收集的。原創與翻譯并重，翻譯的底本大多選擇該學科的代表著作或歐美大學普及教本，兼顧權威性和流行性，其中日本學者的論著占據了相當比

重。日本與中國同屬東亞儒家文化圈，他們在接納西方學術思想和研究模式時，已作了某種消化與調適，從思維轉換的角度看，更便於中國借鑒和利用，他們的著作因而被時人廣泛引進。

與當代學術研究日趨專業化、專門化、專家化的「窄化」道路迥乎不同的是，中國傳統學術崇尚「學問主通人不主專，貴通人不尚專家」的通識型治學門徑，處於過渡轉型期的民國學術在不同程度上保留了這種特徵。民國學術大師諸學科貫通一脉，上千年縱橫捭闔之功力自不待冗言，外交家著倫理政治史、文學家著哲學史、化學家著戰爭史等亦不乏其人，民國專題史研究呈現出開放、融通、跨界撰述的特點。與此同時必須看到，自晚清以來，中國的命運就在外侮屢犯、內亂頻仍的窘境中跌宕彷徨，民族存亡仿若命懸一綫。這股以創建學科、總結經驗、解決問題為指歸的專題史出版風潮背後，包裹着民國學人企望以西學為工具拯民族于衰微的探索精神，以及以學術救亡的愛國之心。梁任公曾言：「史學者，學問之最博大而最切要者也，國民之明鏡也，愛國心之源泉也。」這種位卑未敢忘憂國的歷史使命感和國民意識是今人無法漠視和遺忘的。

「民國專題史」叢書收錄的範圍包括現代各個學科，不僅限于人文社會科學，學科分類以《民國總書目》的分科為標準，計有哲學、宗教、社會、政治、法律、軍事、經濟、文化、藝術、教育、語言文字、中國文學、外國文學、中國歷史、西方史、自然科學、醫學、工業、交通共19個學科門類。本叢書分輯整理出版，內不分科。

本叢書選目首重作者的首創、權威和著作影響力，尤其注重選本的稀見性。所謂稀見，即建國後沒有再版且多數圖書館没有收藏，或即便有收藏，也是歸于非公開的珍本之列予以保存，普通讀者難以借閱。部分圖書雖有電子版，但作為學術研究的經典原著讀本，紙質版本更利于記憶和研究之用。本叢書精揀版本最早、品相最佳的原版圖書作為底本，因而還具有很高的版本收藏價值。

「民國專題史」叢書具有規模大、學科全、選本精、原版影印的特點。本叢書與目前市場已有的一些專題史叢書相比，「民國專題史」叢書收錄的歷史使命感和國民意識是今人無法漠視和遺忘的。既可作為大專院校圖書館、學術研究機構館藏之必備資源，也可滿足個人研讀或興趣之收藏。

「民國專題史」的著作是民國學者對于那個時代諸問題之探究，往往有獨到之處，無論其資料、觀點短長得失如何，要之在中國現代學術史的構建與發展進程中，自有其開宗立論之地位。

譯者序

在這一小冊裏，將五千年來頭緒紛繁而和我國民生活有密切關係的文化諸面相平明詳盡敍述無遺這是此書可譯之點一。

我國關於歷史的著述每忽略我國和世界的關係，今此書卻先焖焖地放其世界的眼光而後來敍述此一國的歷史便覺此數千年中我過去的祖先曾無一息與世界相隔離，處處血脈流轉聲氣貫通。必如是敍述歷史而後足以養成國民的一種世界的氣度這是此書可譯之點二。

書中的敍述凡分若干章章各分二篇一篇述其時代的波動概況，一篇述其時代的文化造成此時代的人物以及關係此時代人物的評論我們讀者於不知不覺之中我們的全視野便明瞭而清晰這是此書可譯之點三。

原著者甚能忠誠地維持其史家的客觀態度，而又濟之以學者剔抉的精勤，如實敍者不夾意氣不雜感情這是此書可譯之點四。

文化史的缺乏正是我國學界現時的饑渴，而我國學界因為種種的原因，

急切未必即有此種著述出世則此書此時,正足濟緩急之用這是此書可譯之點五。

倘使能因此書之出即有更見完善者出自我學界之手則此書不無小小的誘導之功,這是此書可譯之點六。

有此六事所以譯者願執筆伸紙將此書譯陳於讀者之前;至於譯文務期不戾於原筆不漏不溢必清必明是譯者硜硜自守的。

十四年六月譯者

著者序

予不自揣講授中國文化史者於茲有年,初意將更積研鑽之力數年以成一書,以期有所貢獻於我學界然而此至難之事業也,必學識貫穿今古有如炬之史眼庶幾乃可期以大成,淺學菲才如予者,則固有志未逮耳且予天性又疎懶,雖懷大願而此數年所輯僅乃得其梗概,倘必以完璧相期,則今後得更需幾許年,卽予自己亦無能知。加以客歲巨震,火災四及予之敝廬遂偕其藏書一萬餘部及稿本若干悉歸烏有;此足致予於困頓落魄而淪於絕望之深淵者也!於是,乃翻然有所悟念卽不能成完璧倘使能得其髣髴則亦較一無所成為佳,爰重事起草先敘其綱要而成此一小冊子;蓋此一小冊子之旨趣,私擬倘或萬一不幸事與願違而予之事業終莫能告成功,則有此一書,或猶不無能與初學以多少之裨補是則區區之志也。故博雅君子幸勿嗤其弇陋倘有誤謬能賜以駁正則予亦必不吝遵改。

著者

中國文化史

目次

第一章 周以前之中國文化概觀

歷史概說——太古的傳說……黃帝的一統……唐虞之世……夏之盛衰……商之興亡 …………………………………………………………………………………………一

文化史——中國國名的起原……漢族之起原……傳說的諸軍長……三皇五帝之說……黃帝之業……堯舜之事蹟……禹的功業……五帝的系統……禪讓與王位世襲……湯王的事蹟……殷的國情……革命的意義與放伐……食物……衣服……住居……婚姻……喪葬……祭祀……器具……繪畫……雕刻……農業……交易……貨幣和商業

第二章 周時代的文化

歷史概說——周之基業……周之盛時……周之衰運……春秋之世……霸者……五霸之業……吳越之爭……戰國之世……戰國的七雄……合從與連衡……六國的攻爭……秦之強盛……六國之滅亡 ……………………………………………………………一四

文化史——周興起之狀態……周文王之業……周武王及周公之業……封建制之起原

……周之封建制……官制之起原……周的地方制……夏殷周之田制……税法……周的兵制……周的法制……選舉……學制……中國文字之起原及其變遷……古代的書籍……文章詩歌……學術興起之原因……儒學……孔子的事蹟……思孟子荀子……道學……老子的事蹟……列子與莊子……楊家之學……墨家之學……法家之學……名家之學……兵家之學……縱橫家之學……賦家……天文學……曆法……醫術……音樂……繪畫……雕刻……器物的製作……織物……農業……商業……禮……衣服……冠冕……雜佩……頭飾……飲食……住居……人民的區別……家族之關係……祭祀……喪葬……冠禮……婚禮……鄉飲酒之禮

第三章 兩漢及三國時代之文化

歷史概說──秦始皇帝之內政……始皇帝之外征……秦之失政與羣雄之興起……秦之滅亡……楚漢分爭……漢高祖的政策……高祖與匈奴……呂氏之亂……文帝之治……吳楚七國之亂……武帝之文治……朝鮮征伐……南方經略……匈奴征伐……和西域的交通……武帝之失政……宣帝之治……匈奴衰微……西域的服屬……宦官外戚之專權……王莽之篡位……後漢光武帝之一統……後漢之初政……匈奴之分裂……西域諸國之叛服……和大秦的交通……大月氏……興隆與佛教……佛教東流…… 六七

高句麗百濟新羅之建國……後漢宦官外戚之專權……黨錮之禍……後漢之衰亂……羣雄割據……後漢之滅亡……三國之交戰……諸葛亮之出征……魏與高句麗……司馬氏之專權……三國之滅亡

文化史——評秦始皇……評漢高祖……評後漢光武帝……漢代人民的風氣……秦的官制……漢的官制……秦的郡縣制……漢的封建制……漢的郡縣制……秦的兵制……漢的兵制……三國的兵制……法制……選舉……儒學的復興……經學的傳統……易……尚書……詩……禮……春秋……儒學的大家……文章賦……詩……史學……天文學……曆法……五行說……讖緯學……佛教……道敎……音樂……繪畫……雕刻與石刻……印刻……建築……農業……商業……和外國的通商……貨幣……祭祀……婚姻……喪葬……衣服冠冕……家族制

第四章 兩晉及南北朝時代之文化

歷史概說——晉室之傾倒之原因與八王之亂……清談之流行……五胡之蜂起……漢(前趙)之興亡……成(漢)之興起……前燕與高句麗……後趙之興亡……東晉之治亂……前秦之興亡……江北之分裂與後魏之興起……東晉之末路……後魏之統一江北……宋之衰亡……後魏之隆盛與分崩……齊梁與東西魏……陳北齊北周……柔然之………………一二五

目次　五

文化史——南北風氣之相異……魏晉的思潮……南方風氣……北方風氣……北朝殘忍之風……南北朝之篡弒……脅尚門閥之風……任用寒人之風……南北朝的官制……晉的田制及稅法……北朝之田制及稅法……晉之兵制……晉的官制……兵制……晉及南朝之法制……北朝之法制……選舉……學制……兩晉之儒學……南朝的儒學……北朝的儒學……兩晉之文章……南北朝的文章……兩晉及南北朝之詩……反切之學……音韻之學……史學……天文及曆法……兩晉及南北朝之佛教……佛教之諸宗派……佛教東漸所及於文藝之影響……儒佛兩教之流傳於韓半島……道教……清談……音樂……書……繪畫……農業……商業……貨幣……婚姻……喪葬……衣服及頭飾……輿馬

第五章 唐時代之文化 ……………………… 一八一

歷史概說——隋文帝之治績……煬帝之業……羣雄並起……隋之滅亡……唐之一統……太宗貞觀之治……隋與高句麗……唐太宗之高句麗征伐……百濟高句麗之滅亡……新羅之朝鮮半島統一……渤海之興起……突厥之興起……東突厥之滅亡……西突厥之滅亡……薛延陀回紇黠戛斯之興亡……吐蕃之盛衰……波斯大食之興亡……

……武韋之禍……玄宗開元之治……節度使之設置……玄宗之輟怠……安史之亂……藩鎮之跋扈……宦官之專權……朋黨之爭……唐末之大亂……唐的滅亡

文化史——評隋文帝……評隋煬帝……評唐太宗……唐中央政府的官制……唐的地方官制……六都護府……十節度使……唐的兵制……唐的法制……隋唐的田制及稅法……唐的選舉制……唐的學制……唐的儒學……漢唐經說之差異……隋唐的文學……唐文……唐詩……唐的史學……唐的佛教……唐代佛教的八宗……三論宗……淨土宗……禪宗……天台宗……華嚴宗……法相宗……眞言宗……唐的道教……祆教……唐的祆教……摩尼教……唐的摩尼教……景教……三夷寺……景教碑的眞僞……囘教……隋的音樂……唐的音樂……五代的音樂……唐的書法……唐的畫法……唐的農業……唐的內地商業……東西陸路之交通及外國貿易……海路之交通及貿易……唐的貨幣……養蠶術之西傳

第六章 宋時代之文化

歷史概說——後梁……後唐……契丹的興起……後晉……後漢……後周……宋太祖太宗的一統……宋遼的衝突……高麗的興起……宋與西夏之關係……宋仁宗之治……王安石的新法……元祐的更化和紹聖的紹述……建中靖國及徽宗的紹述……遼的……一二六二

目 次　　五

衰替和金的勃興……宋金連盟及遼的滅亡……西遼的建國……靖康之難……宋室的南渡……秦檜的和議……金之極盛……宋的叛盟……高麗的盛衰……西夏的衰微……金的衰亂……西夏的滅亡……金的滅亡……宋的滅亡

文化史——評宋太祖……宋人的風氣……宋的官制……遼的官制……金的官制……宋的稅法……遼的稅法……金的稅法……宋的兵制……遼的兵制……金的兵制……宋的法制……遼的法制……金的法制……宋的選舉法……遼的選舉法……金的選舉……宋的學制……遼的學制……金的學制……契丹文字……女眞文字……西夏文字……宋的儒學發達之原因……宋的儒學……宋的文學……詞曲的發達……小說戲曲及雜戲……金的文學……宋的史學……宋的佛教……宋的道教……宋的書風……宋的繪畫……書籍的印刷……宋的音樂……宋的農業……宋的海外貿易……貨幣和交鈔

第七章 元時代之文化
歷史概說——蒙古之勃興……太祖的西征……子弟之分封……太宗的南征……拔都的西征……大汗嗣立之爭……大理吐蕃交趾的降服……憲宗及世祖的南征……旭烈兀的西征……世祖的東侵……世祖的南侵……蒙古大帝國之版圖……東西的交通…… 二二一

……世祖的治勣……海都之興亡……繼承之爭及大臣之專恣……元的衰微……元的滅亡

文化史——元時代的評論……元的官制……元的稅法……元的法制……元的選舉制……元初任用外國人之例……蒙古文字……元的兵制……元的學制……元的儒學……元的詩文……元的戲曲及小說……元的史學……元的科學……元的喇嘛教……元的道教……元的伊斯蘭教……元的基督教……元的音樂……元的書畫……元的農業……元的工商業……元的漕運……元時代的東西交通及通商……元的交鈔

第八章 明時代之文化 ……三七二

歷史概說——明太祖的經略……太祖的政策……靖難之役……成祖的南征……成祖的北伐……宣宗之治……土木之變……宦官擅權的跋扈……大禮大議……蒙古復興……俺答入寇……交趾的叛服……緬甸與暹羅……明初的倭寇和日明的交通……倭寇的猖獗……朝鮮之興起……萬曆朝鮮之役……滿洲的興起……東林的黨議……明的衰微……滿洲的強盛……流賊蜂起及明之滅亡

文化史——評明太祖……明的官制……明的兵制……明的稅制及役法……明的法制……明的選舉制……明的學制……明的儒學……明的詩文……明的戲曲及小說……

……明的史學……明的科學……明的佛教……明的喇嘛教……明的道教……明的基督教……明王太后之遣使羅馬……明的音樂……明的書畫……明的農業……明的商業……明的外國交通……明的幣制

第九章 清時代之文化 ………………………………四二四

歷史概說——世祖的一統……聖祖之業……平三藩……征服台灣……締結尼布楚條約……親征準噶爾……鎮定西藏……聖祖的文德……世宗的西北征伐……高宗之業……征伐金川準噶爾回部……緬甸和暹羅……安南……廓爾喀和台灣……清朝衰替之兆……回部之亂……英清通商……鴉片戰爭……長髮賊之興起……阿羅號事件……南的一統與法蘭西……安南法蘭西交戰……清法戰爭……新疆之亂與伊犂紛議……朝鮮和日本的關係……安英法的北清侵伐……長髮賊的平息……清俄的關係……朝鮮日本的交涉……琉球問題和台灣事件……朝鮮的變亂……清日戰爭……北清事變……俄羅斯之滿洲占領……日本之韓國合併……清朝的列國之壓迫清國及獲得權利……北清事變……俄羅斯之滿洲占領……日本之韓國合併……清朝的滅亡……中華民國的建設

文化史——評清聖祖及高宗……清的中央官制……清的地方官制……清的兵制……

八

目次

清的稅制……清的法制……清的選舉制……清的學制……考證學……清聖祖高宗之獎學……清的詩文……清的小說……清的戲曲……批評……清的史學……清的科學……清初基督教徒之事業……清的音樂……清的書畫……清的佛教……清的喇嘛教……清的道教……清的回教……清的基督教……清的農業……清的商業……清的製造業……清的幣制

九

中國文化史

第一章 周以前之中國文化概觀

中國乃亞細亞東方的一塊大平原,其東南面太平洋,西南有喜馬拉亞(Himalaya)山脈,西則蔥嶺西北則阿爾泰(Altai)山脈限之,而北有黃河南有揚子江都自西東流以橫斷這大平原。而中國文化的曙光實自黃河流域的地方開始輝煌而開拓這文化的便是漢族。先是,黃河流域固有種種土著民族住着;迨距今約五千年前漢族的一團從黃河上游沿流東進和土著民族衝突或征服之,遂占領了黃河沿岸,而分爲許多部落各各統轄於酋長之下;這些酋長裏面有燧人氏伏羲氏神農氏等傳說的君長。燧人氏始鑽燧而教民以火食之法,伏羲氏始畫八卦結網罟教佃漁,神農氏始作未

黃帝的一統

耜，教耕稼，日中為市以交易云云，於是後人思其功德遂尊崇他們，稱為三皇。

其後各部族互相攻伐而爭亂以起。黃帝乃起自熊（河南省開封府新鄭縣）出而平定這些爭亂：破神農氏之裔於阪泉之野（山西省的北部），又在涿鹿之野（直隸省宣化府保安州的山）擒獲了他的強敵蚩尤他遂為各部族所推戴奉為天子，而建設一個西至於崆峒（甘肅省肅州高台縣西南）東至於海北至於釜山（直隸省宣化府保安州西南）南至於揚子江的大帝國。中國的文化上自官職衣冠的制度下至宮室舟車文字音律曆數

……許多許多都說是起於這個時代這便是中國統一之始。

黃帝之後，經顓頊、帝嚳至帝嚳之子堯立賢明而有仁德，都於平陽（山西省平陽府臨汾縣）。用力政治命羲和二氏掌曆數以三百六十日為一年而立曆法之基。到了他的晚年，因黃河漲水洪水為災，乃命鯀盡力治水但是沒有成功；這時堯已舉舜於微賤之中使之輔政。舜為瞽瞍之子父頑、母嚚、弟傲然舜能克諧以孝德望極高遂為堯所舉用堯因為兒子丹朱不肖打算將

唐虞之世

夏之盛衰

帝位讓給舜，但鯀却聯合共工、驩兜、和三苗之族，起來反抗。舜乃相堯除去這四凶而即位都於蒲阪（山西省蒲州府永濟縣）舉鯀的兒子禹使治洪水。任用禹、稷契皋陶等名臣，中央設司空司徒以下的九官地方置四嶽十二牧的職司，創巡狩朝貢的制度布五刑於是天下大治因爲堯是起於唐（直隸省保定府唐縣）舜起於虞（山西省解州平陸縣）故這二帝的時代稱爲唐虞之世而爲理想的聖代；自黃帝至舜，其間君主五人是曰五帝。

禹以治水之功而受舜禪國號夏，都安邑（山西省解州夏縣）。他是備嘗了艱苦來的，故極能通下情又因爲他能十分休養民力人民咸服其德死後遂推立他的兒子啓中國王家的世襲至是遂確立了。啓的兒子太康立盤遊不返，有窮（國名，山東省濟南府德州）之后羿乃立其弟仲康專政後又立仲康之子相旋逐之而自立未幾被臣下寒浞弒篡。其後相的遺子少康依夏的舊臣靡舉兵滅浞中興禹蹟夏自失國至此凡歷四十年。少康之子杼時候國勢隆盛外藩俱來朝貢然經六世至孔甲又亂。孔甲之後三世至癸，暴

商之興亡

虞荒淫世號曰桀,遂失民心為商之湯王所滅;夏自禹至桀,凡十七代十四世,四百三十九年而亡。

商湯王乃舜司徒契之後,而商(陝西省商州)之君,覩夏的國政紊亂,乃用賢人伊尹,內收民心外服諸侯,遂滅夏放桀於南巢(安徽省廬州府)都亳(河南省歸德府)國號商湯王死其孫太甲立放縱不守湯之典伊尹放之於桐宮(山西省絳州聞喜縣)後三年,太甲悔過自責乃奉之歸亳使復位由是諸侯咸服稱之曰太宗。太戊以伊陟為相修王之政國勢復興號曰中宗。然自是以後國勢漸衰都城亦屢遷直至盤庚平內亂都殷(河南省河南府偃師縣)從此改國號曰殷又二代而至武丁以甘盤為師傅說為相國威煥發號曰高宗高宗後國勢又衰遷都於朝歌(河南省衞輝府淇縣)至受辛稱紂,智辯才力過人顧賦歛繁重刑罰嚴酷加以荒淫無度以致諸侯離畔百姓怨嗟卒為周的武王所滅;殷自湯至是凡二十八代十六世六百四十四年而亡。

中國國名的起原

第一章 周以前之中國文化概觀

中國是一個奕世革命的國，異姓互相作帝王的緣於國家的興亡而有周、秦、漢、唐、宋、元、明、清等不同的國號。至於一般稱爲中國、中華、中夏華夏的，這是對於夷狄而自尊的稱號。蓋中國人自信其國爲世界的中心自誇其爲獨自文明開化的國爰有此稱故這並不是正當的國名這和古代的波斯人一樣自稱其國曰伊蘭（Iran 光明之義）而稱北方之國——中央亞細亞一帶——曰土蘭（Turan 暗黑之義）恰是同一理由而外國人則一般稱中國爲支那又因漢唐兩代都曾遠遠和外國交通故或亦稱爲漢或唐支那一名原爲外國人所呼的名稱固非中國人自加之名尋繹這名稱的起原，却有種種異說難於決定。

但最通行的一說以爲或者是秦始皇帝威勢振於四境其附近的人民稱其地曰秦（Chin），後遂轉訛而爲支那（China），乃由海陸兩方面傳於印度中央亞細亞、波斯、西亞細亞以至歐羅巴復經佛教徒之手而入中國本國。比如西紀第一世紀希臘人的著書裏面有秦（Thin）、西內（Sinae）乞內（Thinae）等稱，而中

漢族之起原

國的佛典裏有至那、脂那、震旦振旦等稱。這麼看起來，便可推測得了。只是震旦和振旦乃乞義斯坦（Chinistan）的對音，而乞義斯坦又為乞那斯他那（China Sthana 支那人的住所之義）的轉訛。至於為歷朝名號的唐、虞、夏、商、（殷）周、秦、漢、隋、唐等，都是用那君主初起的地名或封地爵邑之名當作全國的總稱以別於前朝；惟如元如清所採則為佳品而正式公文裏於國號之上加以大字乃起於元明清二朝遂亦襲用不廢。

中國文化之開實為漢族之力。至其起原，則或者以為是從中央亞細亞移住的，又有一說謂其和西亞細亞有關係；然兩者都沒有可以信憑的證據不過因為這個民族其初係繁殖於黃河沿岸遂推測他們的根源地是在那河的上流地方；又因為加爾迭亞（Chaldea）的斯麥爾（Smer）及阿卡德（Akkad）二民族的文化偶然和這個民族的有其類似之點，遂謂其根源地為西亞細亞實則這個理由未免有點太早計了。大概漢族之先原來是住在支那土耳其斯坦（China-Turkestan）地方的；但他比起別的民族來蕃殖力要強而且是具有可

以發達的要素之優良民族，於是遂向東南移動；及到土著於黃河流域時，受了地勢氣候及其他天然的影響遂勃然而興。將先住民族或者征服了或者驅逐了，次第開擴其占領地，從此我們乃見有中國文化的發達。而通古斯族、圖伯特族、印度支那族、土耳其族等，即中國人所謂東夷、西戎、南蠻、北狄者，都各各曾占據過中國的大平原來，這是一宗無疑的事實；而漢族勃興的當初就和這些民族衝突，經了無數的戰爭以後遂自黃河流域占有至揚子江一帶的地方，這也是可以確實承認的。在這許多民族的當中和漢族抵抗得最烈的，乃印度支那族中之苗民，其次則為土耳其族的戎狄。

漢族之土著於黃河沿岸也，乃是各處點在著的許多部落，初無一統的君主；此時似各部落各有其酋長而互相攻伐。中國人於此期間乃造為天皇氏、地皇氏、人皇氏等假設的君主欲以神聖其往古但這是不足信的。（其他古書尚記有大庭氏、柏皇氏、中央氏、栗陸氏、驪連氏、赫胥氏、尊盧氏、祝融氏、混沌氏、昊英氏、葛天氏、無懷氏等名）。其所記天子之中，有有巢氏、燧人氏、伏羲氏、神農氏等，

傳說的諸軍長

第一章 周以前之中國文化概觀

七

三皇五帝之說

但這也大抵不過是些酋酋中之強有力的。若夫有巢氏教民架木爲巢，燧人氏教民以鑽燧取火始火食始用金屬製作器具；伏羲氏畫八卦作書契定嫁娶之法教佃漁牧畜傳庖犧（故又稱庖犧氏）之術；神農氏作耒耜教耕稼創醫藥日中爲市以交易這些傳說將社會進步的情態人化之而歸諸於個人的事業殊難置信。

中國人又將這些各傳說的君長某某等，稱爲三皇次於三皇的稱五帝而這三皇五帝遂當他們作聖君賢主的典型。但是關於三皇五帝的選擇異說甚多極不一定：有以天皇氏地皇氏人皇氏爲三皇的，有以伏羲氏神農氏黃帝爲三皇的，又有以燧人氏伏羲氏神農氏爲三皇的，至於五帝則有稱伏羲神農黃帝顓頊帝嚳堯舜者亦者又有稱黃帝炎帝大皥少皥顓頊者又有稱燧人氏伏羲氏神農氏爲三皇黃帝顓頊帝嚳堯舜爲五帝。之最通行之說，則爲燧人氏伏羲氏神農氏爲三皇黃帝顓頊帝嚳堯舜者爲五帝。

這些三皇五帝所以這樣紛紛其說不能一定的原因大概是後世根於天地人三才的思想或則基於五行之說遂將古書中所記載諸帝王的名字排列而成

黃帝之業

三皇五帝的名稱，是這樣便當然不能一致了。

根據傳說去想像，則一統中國而創建出一個大帝國的是黃帝。黃帝生於軒轅之邱（河南省開封府新鄭縣）國於熊與神農氏之末裔戰克之又與蚩尤戰擒之，遂爲諸侯所推戴而爲天子。他更北逐匈奴祖先的葷粥而建一東起海西至於崆峒南起江北至於釜山的大帝國奠都於涿鹿之阿，劃野分州得了上萬數的百里之國營國邑作舟車定官制衣冠使蒼頡作文字容成作曆隸首作數伶倫作律呂命元妃西陵氏教民以蠶業是這樣則黃帝乃中國文化的先驅而統一事業的完成者。但是文化這個東西是漸次進步，而非急切就可起來的。縱令以黃帝的神聖羣臣的睿智而要說是在一代之中便會成功如許的創作這也會困難吧。蓋後世欲令黃帝神化而假託附會者殆不在少數。今試舉一例，像文字製作的這件事大約在原始時代，言語旣經發達因沒有文字不能傳久，遂結繩爲符信以補言語不足的方法以起終至於發明文字。這是一種自然的進步，而必定說是黃帝的時候蒼頡所首創這就難信了。或者蒼頡是把向來

堯舜之事蹟

的文字加之以改定或統一，那麼，黃帝的時候已經就有文字這是我們可想像得到的。

據說顓頊的時代以建寅之月爲曆元而爲後世之曆之宗，故曆會是在此時代完成的。又說制九州以統領萬國，北起幽陵（幽州之地），南至交阯，西及流沙（甘肅省安西州敦煌縣西南）東至蟠木（東海中之山）。由這麼看起來，那是比黃帝的時代領土又擴張了。又據記載上說，堯命羲氏、和氏（蓋謂遣羲仲於嵎夷，遣羲叔於南交，遣和仲於昧谷遣和叔於朔方使從事天象的測量）治曆象，正四時測日行一週天又使定仲春仲夏仲秋仲冬之夕中天之星也）治曆象，正四時測日行一週天之期定十二個月三百六十日爲一年每三歲置閏月定七閏爲一章又配當干支以記日云。曆法至是大體都已完備後世曆法都只不過加以修治罷了。曆法所以老早就這樣完備了的，這是因爲農業上耕耘播種須置有一定的時期所以有這樣精密地觀測天文的結果蓋據說那時候就已經有所謂璿璣玉衡的機械用來觀測天象。這事不獨中國爲然若埃及，若加爾迭亞，若印度等諸古國，

禹的功業

都有這同樣的事實。舜定羣后（諸侯）朝聘之禮，天子五歲一巡狩，會羣后於方嶽之下，又定制羣后須朝覲四次而納貢賦，制定墨、劓、荊、宮、大辟等五刑中央則設九官——禹爲司空後爲百揆所舉總理庶政；棄爲后稷掌農事；契爲司徒布五教；皋陶爲士掌五刑；垂爲共工治百工；伯益爲虞掌山澤；伯夷爲秩宗掌祭祀；夔爲典樂諧八音；龍爲納言出納帝言。——地方則置四嶽（四方的總督）十二牧（十二州的長官）之職。以上堯舜的事蹟都記載在書經裏面的堯典和舜典。雖記得很明白可是是否事實或是出於傳說這就不能明言我們只能就古書所說如是叙述罷了。

禹受治水之命八年於外勞心焦思，過家門而不敢入。開九州，通九道，陂九澤，度九山，遂竟全功；乃定九州之貢賦，立五服之制，四夷賓服。他的事實具在書經的禹貢裏記着有這一篇而後中國的地理於以大明，故後世中國又稱爲禹域的，便是因爲禹有平水土的大功的原故。九州者，乃冀州、（當今直隸山西兩省之大部分在黃河以北所謂河北之地也。）兗州、（當今直隸省之東南部及

第一章 周以前之中國文化概觀

十一

山東省之西北境,蓋在黃河濟水之間。青州、(當今山東省之東北部渤海與泰山之間。)徐州、(當今山東省之南境及江蘇安徽二省之北部泰山與淮水之間。)揚州、(當今江蘇安徽二省淮水以南之地及浙江江西二省蓋淮水與南海之間。)豫州(含今之河南省及湖北省北部黃河與荊山之間。)荊州、(當今湖北省南部及湖南省自荊山迄於衡山之南)雍州、(當今陝西省北部及甘肅省蓋西河之西也。)梁州、(當今陝西省之南部及四川省之地而華山之西南。)在舜的時代更將冀州之東分為幷州,東北分為幽州的福建廣東廣西、雲營州,凡十二州但至周仍復九州之舊從這麼看起來於今的南貴州各地在那時都還沒有歸入州域裏面。五服者乃所謂甸服,侯服綏服、要服、荒服是:甸服言國都附近地方千里所謂中國之地方千里天子所直轄侯服在甸服之外綏服又在侯服之外言都是羣后之國的所在。要服在綏服之外,荒服又在要服之外則皆各種夷狄所居之地卽東夷、西戎、南蠻、北狄是如此禹以治水之功而受舜禪為天子,但不稱帝而稱王原來所謂帝所謂王的都同是

五帝的系統

一種至尊之號,初不似後世之各有區別,故禹王以後,夏殷周三代的天子,都是稱王。

又據古傳似乎五帝及禹都是屬於黃帝的系統,但這頗難信,今據史記作五帝的系譜表如下:

```
黃帝 ┬ 玄囂 ── 蟜極 ── 帝嚳3 ── 堯4
     │
     └ 昌意 ── 顓頊2 ┬ 窮蟬 ── 敬康 ── 句望 ── 蟜牛 ── 瞽瞍 ── 舜5
                    │
                    └ 鯀 ── 禹6
```

就上表看去,盡屬於黃帝的系統,但舜之所自出,就不能無可疑之點。何以呢?蓋照這個表看則舜為黃帝的八代孫,而代這舜的禹却為黃帝的四代孫,舜乃堯的四世從孫,且又是禹的四世從孫,乃將帝位一受一授,這事將堯、舜、禹的年齡一比較,我們不能不說這是不可能的事實,所以我們或當是認左傳及國語所記載的,說是舜的祖先國於虞,其系出自虞慕;然就是這樣,雖則證明了舜非屬於黃帝的系統,而其餘帝王的所自出,在我猶不能無懷挾疑問的餘地。

禪讓與王位世襲

在這以前除去像黃帝那樣的以其勢力由諸侯（諸部的君長）推戴或選舉而爲天子以外帝位不消說是世襲的；但不知何時，却一變而爲禪讓遂成一有德之人從先代君主受禪而即帝位的局面或者以爲禪讓就是選舉或推薦但事實似不止此。自禪讓之局開以堯禪舜禪讓禹宜若可爲理想的授受然禹死後此例即跟着破壞。先是，禹也想把王位讓給伯益可是禹一死人民懷其功德乃不歸伯益而推禹之子啓使繼禹爲王伯益遂自行引退顧有扈氏（扈國民，陝西省西安府鄠縣）却不承認啓的紹繼而舉兵畔。這時啓想必會還有別的諸侯響應他也未可知。於是攻有扈氏而破之於甘（鄠縣西南）畔亂旋平如是，我們便可想到，大概是因啓能把這起畔亂平息，以至諸侯就都承認他的王權了。此事我們現在讀書經裏面的甘盤便可以得到想像。至是禪讓之局又一變而王位世襲的基礎於以確定常思所謂禪讓者，乃是一種理想的事情除了堯、舜、禹的那種例而外我們不能認爲是那樣可以行得通的我們但看後世所行的禪讓竟完全是虛僞的不獨不是揖讓雍容實際還是强迫篡奪便可以

十四

明白此中消息了。而況就是堯舜禹，都還有以爲這只是理想的君主我們不能便認他作事實之說。所謂有德之德，初非如後世儒者所解釋爲道德之德，乃是一個得字的意義宜歸着到力字上去。果爾則有德之人便是有力之人而當其接受禪讓之際，殊難言其便能太平無事理想地以行去；其中固亦有可認爲出於選舉或推薦者而大抵則我們以爲只是如後世一般的一些篡奪的實例：於此我則不能不認禪讓乃是理想地美化了的一種形式。

商（殷）的湯王說是堯舜之際爲司徒而封於商的那位契的後人而契的事件故人有以爲這只是一個荒誕無稽的神話這當然令人首肯。玄鳥乃燕的一種晚春時來人家作巢生子待子長成及秋而歸以此中國古代的婦人便有這麼一種風習無子則俟玄鳥來時身往郊野祈天授之以子這事讀詩經裏面的詩我們便可十分明白那麼契的母親大概也是從過這種風習因而生出契來，遂變成神話流傳下來。湯王滅了夏而爲天子以建丑之月爲歲首定封

據後人傳說乃是其母吞玄鳥所遺之卵而生的。吞鳥卵而生出人來這是不可能的事件故人有以爲這只是一個荒誕無稽的神話這當然令人首肯。

湯王的事蹟

第一章 周以前之中國文化概觀

十五

殷的國情

建之制，設井田之法，創興學校，獎勵農業，（關於封建、井田、學校等項，次章當詳說，此處且從略）而自第三代以後忽啓兄弟相續之端，而因繼承之爭致內亂屢起，迨統一以後國勢纔又重行興盛起來加之名君賢相繼踵挾武遂成中興之業。這大概是因爲殷人有一種壯烈剛健之風的原故：我們試讀詩經中所殘留的殷詩這種風概便時時發露在我們眼面前就可想而知了；又當其滅亡之時，乃其箕子、微子、比干等孔子所謂殷有三仁者出便足可證明上所說的不虛。像殷的次代周人便大不同了。周人雖有把制度文物弄到完備的偉大的功績，然而結果則流於文弱以致一蹶即不復振，除宣王外更無有可稱中興之君者，這樣一比較這兩代豈不相差得很遠麼？殷又有迷信鬼神之風並且很盛然有善用這個風氣的一位賢王，則高宗武丁任用賢相傳說的一事是據云，武丁一夜夢得賢人乃使人盡其相貌宣示天下果得傳說爲相，這大概是因爲傳說出身微賤，在當時尊重門地的慣習上欲重用之勢有所不能，乃利用這種迷信託之於夢遂從民間將他拔擢起來。總之自夏至周千數百年之間國民的氣質屢

隨其時代而有變遷，所以古人說，夏忠、殷質、周文。大概夏禹承洪水之後，須努力休養民力，凡百以儉素為主而行忠厚之政，其結果，則人民自然養成一種忠實的氣質。其次至殷，則忠實或逐轉成質樸，雖其質樸故壯烈剛健之風於以育成。顧吾意質之弊則流而為愚，遂迷信種種祥瑞敬鬼之風以盛，又其次至周則禮樂繁盛文物昌揚人民乃靡然崇向文化而涵泳成功一種優美的氣質，前代質樸之氣至此則又一轉而為文然其弊也則流而為文弱。

殷滅夏而有天下周又滅殷而有天下，這便叫做革命；其後每代帝室的興替，即有一次革命。有德之人代不德之君以治民，民亦得以去不德之君而就有德之人這是中國人——不論是古時或是今世——一般的信念而『撫我則后虐我則仇』的兩句話，最能明白地表現這種思想；我們試看最近清朝滅亡的例，豈不就大可知道麼？又商湯放夏桀於南巢周武伐殷紂這又叫放伐。

革命的意義與放伐

表現就是為人臣的，也可以放伐無道之君的思想，然而桀紂雖是暴君，湯武以臣下而放之伐之之際難道心中就毫無所疚於中麼？我們於今試取夏的甘誓

商的湯誓,周的牧誓把來一比較,便可窺見此中真相了,三誓俱載在書經:甘誓乃禹之子啓征有扈氏時的誓辭;湯誓則成湯伐桀之際的誓辭,牧誓則武王伐紂之際的誓辭。這三者的事情都從同而啓以天子誅臣下故內無所慚其文直壯;乃若湯則是欲以臣放其君神明內疚懼天下義士或將以已為作亂犯上也,懼後世賊臣或將用已為口實也故其文如有所恐又若武其處境與湯同顧湯既已作俑於前彼亦遂恬然無所恇怯故其文只數紂之昏愚,而未嘗毫末自為辯護。

食物

中國人的祖先,也和別的原始民族一樣,其初祇是恃天然的產物如禽獸之肉草木之實之類以為常食迨人口漸漸增加知識從而漸漸進步僅恃天然產物常食遂形不足於是乃發明耕作之法與牧畜之業,即所謂伏羲氏教佃漁牧畜及庖犧之法,神農氏作耒耜教耕稼者乃將社會進步情態人化之而為個人事業之謂要言之則至是時人民一般乃兼穀食及肉食也。

衣服

太古的中國人只知以獸皮木葉遮蔽身體尚未知有織布帛裁衣服的方

住居

法。傳言黃帝時定衣冠之制，教民以蠶桑，則是那時已經有了衣服。而堯舜之代，說是施五采作朝衣分日月、星辰山龍宗彝藻火粉米黼黻十二章。則我們又可認出衣服之制，到這時已稍稍整齊。至於以蠶絲製絹麻絲製布這是從上古以來就傳下來了的。

至於住居，太古時代也是極其粗陋，或結巢樹上聊避猛獸毒蛇之害，或掘穴土中以避風雨寒暑之侵據傳言至黃帝時始漸有家屋的建築。至於堯舜之代，則我們就其衣服冠冕的制度看去，要不能不信其有相當於這種冠服的宮室，故可以想見家屋的構造已是進步了。但是墨子裏面說：『堯堂高三尺土堦三等，茅茨不剪采椽不刮』。又韓非子裏面說：『堯之王天下也茅茨不剪采椽不刮糲粢之食藜藿之羹冬日麑裘夏日葛衣雖監門之服養不虧於此矣。』這些話和堯舜當時的衣服之制不合似不足信豈有堯身穿施着五采分了日、月星、辰山龍宗彝藻火粉米黼黻十二章的朝衣，而住在那茅茨不剪采椽不刮土堦三等粗陋不堪的家屋裏面的道理故墨子及韓非子裏面的記事，怕只不過形

婚姻

容堯的生活的質素罷了。如是，到夏殷之世家屋的構造，便大大進步。我們只看殷末紂王與造宏大的宮殿臺榭，便知當時一般住居的體裁已是完備不過偏僻之地還往往有造土屋或穴居的，我們看詩經裏面記着周的古公亶父為陶復陶穴以居便可證明這話。

太古的民族，男女雜居沒有夫婦的分別，亦有掠奪婦女，或以婦女和物品交換的行事。就是中國也說是至伏羲氏之時始創嫁娶之禮，則婚姻的儀式或於此時已漸次發達。但尚有一夫娶數婦及姊妹共嫁一夫之事。像堯以其二女嫁舜是以帝王之尊貴而以下民為女壻之一例。然至夏殷之世則大抵王的后妃則娶自諸侯王女則下嫁諸侯及朝臣其他就可類推了。

喪葬

喪葬此時也還沒有一定的儀式有直以尸棄之溝壑之中的，但後來相信死者魂魄的存在乃衣死體以薪而葬之野外遂定葬禮作棺槨而夏殷之世則益發制成了極鄭重的禮式。

祭祀

太古的中國人也是崇拜自然力而以之為神的。以故日、月、星辰、山川、河海、

器具

風雨雷霆地震等，都以為一一皆有其主管之神靈而信仰之像舜時類上帝禮六宗（指四時寒暑日月星辰水旱或謂水火雷風山澤又或謂天宗三日月星辰地宗三河海岱其他異說尚多）。望山川的儀式可知還都是太古人民崇拜自然現象的遺風而殷世信鬼神之風甚盛則民間尤有許多迷信的崇拜自更不消說。

原始民族，不知金屬的用法，故器具都是用石頭造的。太古的中國人也是一樣使用石器所以從地下發掘出許多石器來，如石鏃、石斧、石鎚、石鑽、石杵石臼等類而這種石器的使用一直傳到後世的例，我們由他們祭祖先用的那塊牌位名稱曰祏便可看出來。蓋祏字便是示和石的合體字，示乃祭祀時擺設祭器的一個象形文字如神祇祀禮祝社祠諸字便都是從這個字所以曉得祏是石頭造的。但到後世祏卻是指那裝木主——牌位的石室而言，然原來固是牌位。如此太古的中國人不止使用石器木器土器等並且也造作貝、甲骨角之類的器具不過據說到燧人氏時纔發明用金屬製器，到黃帝時纔知鑄造銅

第一章　周以前之中國文化概觀

二十一

器。而自是以後我們便可以看出金屬的器具，便大大地使用起來了。殷世有土工、金工、石工、木工、獸工、草工等官又據傳說紂王曾作玉杯象箸那麼可知製造器物之術此時已是大開，我們試看今世所存古器物中有為殷世所製作的其中精巧者甚多。

繪畫

繪畫的起原無由知道但既說是堯舜的時候，已將日月星辰山龍華蟲的六章畫在衣上那麼可知那時就已經有了繪畫之術，其後至於殷世武丁之時，曾畫傳說之像求之四方。至於雕刻之術，大概也是從太古以來和繪畫之術一同傳了下來的，不過在夏殷的時代，我們找不出什麼可以徵信的實物，或者太古時代的中國人因為沒有崇拜偶像所以繪畫雕刻兩樣都沒有發達此外關於文字詩歌、音樂、天文、曆數、醫術等，當於次章詳述此處暫且從闕。

農業

不管是那一種原始民族其初都是從事遊牧而後移入農業的，故太古中國人也說是伏羲氏教佃漁牧畜神農氏作耒耜教耕稼。那麼農業會是在黃帝以前就已經開了的，次至夏殷時代，遂大大進步卒至以農為立國之本而天

交易

貨幣和商業

文學亦因之發達起來。又太古的民族，都是以物與物交易去補充需要和供給，故中國也說是神農氏日中爲市使民交易，那麼似乎商業這時候還沒有起首。次至黃帝之代，謂其統一天下奠都涿鹿之阿，割野分州，得百里之國萬營國邑，作舟車……是這樣則似乎道路也開了，交通運輸都已經便利。在這時候便自會感到以物與物交易的不便，遂要使用一種爲買賣的媒介的貨幣，而商業因之以起；但這只是把來當末業要受政府的干涉，故比之農業商業的發達要遲。而最初的貨幣初非如後世之用金銀銅鐵之類，乃以貝爲之者，故貨財賣買賄賂貸貰賦等字悉從貝字。又有以刀或布代用貨幣之事，故後世鑄造貨幣尚取象於刀與布留存於今世所謂刀布的便是此物。

第二章 周時代的文化

周之基業

周之祖先，據云乃堯舜之際作后稷的那位棄，至古公亶父為獯鬻所逼，乃移居岐山（陝西省鳳翔府岐山縣的山）之下，國號周。亶父之孫昌為殷的西伯（西方諸侯的首領）德高諸侯多歸服之，謂其已保有三分之二的天下云。昌子發立，與呂尚（太公望）謀乃率諸侯討殷王紂，破之於牧野（河南省衞輝府淇縣南），遂代殷而即位都鎬京（陝西省西安府）。爰追尊父昌曰文王，分封宗室功臣於諸方，立五等（公、侯、伯、子、男）和叔監之封箕子（殷的王族）於朝鮮。當時為諸侯者凡兄弟十五人同姓四十人異姓二十餘人，其他前代的諸侯皆仍其舊。

周之盛時

發死，諡武王。其子成王幼弱，周公為冢宰攝政，召公為太保，護王。周公有

周之衰運

經綸才，在他攝政的七年之間，制作制度禮樂完備中國古代的禮制文物，垂為後世模範。成王之子康王立，召公復輔翼之，故成康兩代天下盛治謂刑措不用者至四十餘年云，這實在是周的極盛時代了。

康王之子昭王時周室始衰。其子穆王好遠略周遊天下，失諸侯之心。次至厲王暴虐無道為國人所逐行宰相共和之政者十四年追其子宣王立四夷離畔獫狁（後來的匈奴）至於逼至京師，王乃命尹吉甫伐獫狁方叔討荊蠻召虎征淮夷王則親伐徐戎。那時仲山甫輔王行政周室乃復興隆後世至稱宣王為中興的英主然已不能更恢復到周初的那種盛況了。而宣王之子幽王又因無道為犬戎所弒子平王立為避戎狄之勢乃遷都於東方的洛邑（河南省河南府）是謂周之東遷實西紀前七七〇年也。

春秋之世

周自東遷以後天子的威嚴便一天一天薄弱下去諸侯强橫互相攻爭，夷狄頻頻侵寇中國便現出所謂春秋之世來。春秋之世者指自周平王四十九年至敬王三十九年凡二百四十二年（西紀前七二二——前四八一年）

第二章 周時代的文化

二十五

霸者

之間而言，係根據孔子所修這時代的魯的史記，(自隱公元年至哀公十四年)名曰春秋而來的。

在周的初期諸侯之數，差不多有一千八百，到了春秋時代大併小強兼弱，就減到只剩下百六十餘國其中與周為同姓的魯、衞、鄭、晉、吳、燕、蔡、曹八國異姓的齊、宋、陳、楚、越、秦六國為最強。是時周的王威越加不振諸侯恣其攻伐，夷狄亦從而侵暴中國。於是諸侯之大有力者乃以內扶衰弱的王室外攘凶殘的夷狄為名而振其威力於天下這便是諸侯之長號稱霸者如是成功霸業來的世號五霸此外吳和越也曾各各稱霸一時。

五霸之業

齊是周的元勳呂尚所封之國治薄姑(山東省青州府博興縣)為東方重鎮有征伐之權的一個大諸侯桓公述有大略用管仲，改革稅法和兵制，於是國富兵強乃會諸侯於北杏(山東省泰安府東阿縣)以平宋亂復魯之侵地救邢等各國於戎狄之苦而邊境以靜遂會諸侯於鄄(山東省曹州

府濮州），而爲霸者。先是，楚之熊渠，趁着王室的衰微，乃掠取江漢之間僭王號武王文王成王相繼立復併有淮南的各國遂雄視湖北北上中國以迫王室。桓公於是率諸侯以伐楚屈之於召陵（河南省許州偃城縣。）似此，桓公固能以威力攝服諸侯然乃心則常在王室尊王之義未嘗或忘。可是能令他這樣稱霸一世，九合諸侯，一匡天下的，這實在都是靠的管仲的力量迨管仲一死，齊勢隨着也就不振到桓公又死而霸業遂全然衰頹了。於是宋的襄公遂代之而起會一時統率諸侯顧與楚戰於泓水（河南省歸德府拓城縣渙水的支流，）爲楚所敗遂把霸權失掉初、晉獻公之子重耳爲避國難流寓各國者凡十九年至是得秦穆公之助乃歸國爲中國盟主攘赤狄安周室破楚於城濮（山東省曹州府濮州南）挫其北上之銳這便是晉的文公其後子孫甚能守其遺業與秦楚鼎立而爲諸侯逮周室東遷得其故地而始大至穆公之時以爲周平王攘犬戎之功得爲諸侯雄立兩百年。秦在襄公用白里奚、蹇叔等襲鄭滅滑破晉得河西之地納文公爲晉君又攘戎增國

第二章 周時代的文化

吳越之爭

二十拓地千餘里,遂爲西方諸侯的霸;秦後至於強大者實植基於此時、楚的莊王滅庸伐宋攘陸渾之戎觀兵於洛水之濱以侮襲周室又平舒與吳越盟定陳亂伐鄭破晉之援軍於邲(河南省開封府鄭州東)而闖宋遂乃威振華夏諸侯皆惟其命是從傳至昭王國勢始大衰。

吳自稱爲周文王的伯父泰伯之後建都於姑蘇(江蘇省蘇州府)傳至壽夢國勢日趨於強大與晉同盟屢屢侵略楚國。至其孫闔閭用楚昭王顧其亡臣伍子胥之謀發兵大破楚陷其都城遂代楚而握南方的霸權稱王闔閭其時越已新興南來侵吳遂有吳越之爭。越自稱爲夏少康之後都於會稽(浙江省紹興府)。至允常屢與吳戰而敗而其子勾踐卻破闔閭於欈李(浙江省紹興府秀水縣)而闔閭之兒子夫差謀復父仇三年而大破越勾踐至屈身降旋勾踐用范蠡文種之謀蓄養實力精練士卒處心積慮及二十年,會夫差赴北方的中國會諸侯於黃池(河南省開封府封邱縣)勾踐遂乘虛襲吳繼破夫差遂滅吳而有其地踰淮水會諸侯於徐州(山東省兗州府

戰國之世

春秋的時候雖說是周室已經沒有了主權然而總算還保持着幾分王家的威嚴所以五霸迭起都一定要藉口尊王為收攬人心之計其後周室日益衰微諸侯的勢力卻繼長增高於是周室更無恢復之望而大的諸侯則無一不汲汲以侵略兼併為事各自僭稱王號便所賴以藉口的尊王二字亦不復放在口頭了。加以從春秋的末年起諸侯漸安於富貴習於遊惰以致重臣專擅國事主權自然從此下逮這些所謂重臣的於是就市私恩以收民心托使節而結外援終至生出圖謀篡立的來。至於田氏篡齊，韓、魏、趙三分晉國周王不僅不能制止反從而承認他們作諸侯以故從此以後遂入了所謂戰國之世自周威烈王二十三年起至秦的統一止其間凡百八十三年便是這個時代若把春秋以後就作為戰國則共為二百六十年間。

於是田齊割據東方占山海之利；韓、魏、趙鼎足中原，區域雖小，然地肥而民衆；楚亦在南挽回其國勢燕則據東北而南向爭雄；秦則拓地西戎厚積富

戰國的七雄

（滕縣），致責於周，遂執中國之霸柄然踐死後，越勢頓衰，卒為楚所併。

第二章 周時代的文化

合從與連衡

力，徐徐而東向中國圖發展是這樣子，天下的大勢遂歸了這七國之手，此之謂七雄。至於周室及宋魯鄭衞等纔不過夾在當中聊保其餘喘罷了若夫其他諸小國則更都只是似有如無的一些狀況。

秦在穆公之世曾一度爭霸中原然未幾卽收兵不出。在列國互相攻爭，消耗國力之際，秦則據險要之地登用人材靜默地努力內治徐圖富強者垂二百數十年至於孝公用商鞅之策家有二男者則倍賦勤於耕織者則免其力役以爵位獎勵軍功增財練兵國力便驟然強大起來這時候差不多便已有宰制天下之勢是時洛陽有辯士蘇秦者赴秦見惠文王獻兼併六國之策，惠文王不納秦遂去而之燕說以六國合從之計從便是縱當時六國之地南北縱列，故六國的攻守同盟策名曰合從。燕王很聽蘇秦的話秦於是更走趙、韓魏齊楚五國說以合從的利益約他們加入秦乃自爲這聯盟的長兼佩六國的相印至受周顯王的郊迎。秦王聞之大恐乃用離間之計以破合從又破了楚趙魏韓燕的連合軍秦威於是振於六國之間而張儀者又爲秦頻論合

六國的爭攻

從之難，盛言連衡之利，屈六國使服事秦，衡便是橫，六國在東，秦在西，故六國服事秦名曰連衡。其後惠文王死，張儀去秦，連衡遂亦隨之而敗，然自是以後，遊說之士輩出，遂成了諸侯的公子大臣們爭相招致之風，如齊的孟嘗君、趙的平原君、魏的信陵君、楚的春申君等都是各各的門下養食客至數千人以相誇耀。

此後六國一時合從，一時連衡，初無一定之計；又都各自不和濫耗他們的國力略不一慮強秦之窺伺於其後。於是齊湣王破楚侵燕挫三晉（韓、魏、趙）滅宋而有其地雖則盛極一時然燕國的昭王以樂毅為將與秦、楚、三晉同盟伐齊遂陷其國都臨淄（山東省青州府臨淄縣）使湣王出奔降齊七十餘城但是到昭王一死樂毅一去燕齊國的田單馬上就用奇計破燕軍盡恢復了以前的失城以上是為齊燕的報復是時趙的武靈王胡服教國民騎射，略代、雲中、九原，破林胡、樓煩等北狄，更南下欲以衝秦之背，不幸被弒不竟其功。其子惠文王時有廉頗藺相如等輔佐猶能抗秦而張其國威。

秦之強盛

在這各國自擾的期間，秦的勢力卻日益趨於強盛；惠文王從魏奪取上郡，令司馬錯取巴蜀，更伐楚略漢中，悼武王使甘茂伐韓，昭襄王以范雎為相，用其遠交近攻之策而致諸侯孤立，又命白起為將，攻三晉破趙軍坑降卒四十萬人於長平（山西省澤州府高平縣。）時周室已分東西，西周的赧王見秦攻三晉大恐，乃與諸侯從約伐秦，為秦所敗而降，於是西紀前二五六年，西周先亡，更七年東周的惠公亦欲與諸侯伐秦，旋亦為秦所滅，周自武王至赧王凡三十七代三十四世合計惠公則為三十八代八百七十四年。

六國之滅亡

秦經昭襄王二代而至嬴政，先破楚、魏、韓、趙的連合軍，次用李斯之計，頻發反間離間六國的君相，然後遣將攻之，遂於西紀前二三〇年先滅韓後二年滅趙，更三年滅魏，又二年滅楚，翌年滅燕，又翌年滅齊而天下一統時則西紀前二二一年也。至是六國悉亡只剩下一個衞君，旋亦於秦二世皇帝時被廢，而封建諸侯的餘影更不留存舉天下便都成了秦的郡縣。

周與起之狀態

周之先世棄在堯舜之際爲后稷，封於邰（陝西省乾州武功縣），世世居陝西的西部迨不窋之時避夏亂乃走戎狄之間，又至古公亶父適當殷亂獯鬻南侵復避難自邠遷於岐山之下，始營城郭宮室國號周。他那近傍的人民懷其仁德來歸附的極多爾之後人始周的基業以上這個傳說，自棄至於不窋又不窋至於古公亶父凡互夏殷兩代約有千年間的事實不明，故所傳殊難徵信；而且據詩經裏面的緜之詩，則明明古公亶父原來曾在爾營過穴居生活而謂其爲后稷棄的後人更難爲信，故不如認他竟是戎狄之南下者還較好些傳稱古公亶父有泰伯仲雍季歷三個兒子，季歷的兒子昌賢明，古公想令兄弟相續，以便可由季歷傳世給昌泰伯仲雍知道父親的意思遂去國而赴荊蠻之地便作成了的傳說。季歷既立其後以功得爲殷的西伯昌嗣立尤能施仁政於是諸國讓給了季歷這我想大概是把立少子的戎狄習慣假托於殷的兄弟相續而

周文王之業

侯歸附的極多。殷王紂疑其有反志，乃囚之於羑里（河南省彰德府湯陰縣北）其臣憂懼爰竭國中的珍寶良馬以獻而諸侯亦爲之請命，遂釋之並委之以征

第二章 周時代的文化

三三

周武王及周公之業

伐之權這我們可以想見當時的周已經成了一大勢力。昌嘗獵於渭水得謀臣呂尚而還說他是先君太公（古公亶父）所切望的故號他叫太公望。用其言，伐密須及崇服之乃遷都於豐，（陝西省西安府鄠縣豐水西）謂歸服的諸侯已及天下的三分之二云。那麼已經就有代殷而有天下的勢力了又謂虞芮之君偶起爭訟欲往請周判決至其境則見百姓守禮耕者讓畔行者讓路兩君乃大愧而歸云；昌便是後來的周文王昌死子發嗣立，與太公望呂尚謀會諸侯於孟津（河南省河南府孟津縣）伐殷的紂王破之於牧野遂代殷而為天子這便是周武王。周之所由興也，古公亶父開其基文王樹其德又濟之以武王之勇武，而王業遂成了功。

周武王既為天子遂復商的舊政以柔和民心大封宗室功臣及前代帝王之後：以紂的兒子祿父為殷侯；封黃帝之後於薊封堯之後於祝封舜之後於陳以為三恪封夏后氏之後於杞封太師呂尚於齊封王弟周公旦於魯封召公奭於燕封庶叔高於畢更封弟叔鮮於管叔度於蔡叔虞於霍是為殷的三監計共

封建制之起原

封兄弟十五人同姓四十人異姓二十餘人。齊魯在當時還是僻遠未開的現今的山東省乃以這塊土地封給太師呂尚及周公旦的，大概是因爲旣已使前代的諸侯各安其舊領土，故更沒有大封可建的餘裕罷，再者如於殷則置三監於其他異姓諸侯之間則封同姓的諸侯我們也大足以窺見其用意之周到。分封旣畢，武王乃以建子之月爲歲首奠都於鎬京，養老建學立徹法作樂秩序於以大定。武王又問道於箕子受洪範九疇之學洪範便是大法之謂乃上世治道之要目傳稱此乃上帝所以賜禹的至於周之禮樂制度乃出於武王之弟周公旦之所制定蓋折衷夏殷之制又加以周公自己的創意而成者。

中國之封建制，據云起於黃帝之時。蓋黃帝之爲天子也大約一面令那些歸服了的各部君長使各安居於其舊領土；一面對於那些有功勞的使各分給以征服地於此我們總認出了封建的制度來。世言舜定羣后朝覲之制又言夏的禹王爲塗山之會時執玉帛者萬國又言周的武王伐殷的紂王時諸侯之來會者八百那麼我們便可知道唐虞夏殷之世也是在行封建制所以中國

周之建封制

的上世封建制已行得很久，故周之封建，是折衷夏殷遺制而定妥的。其制將諸侯分爲公侯伯子男五等的爵位公侯與以方百里之地稱大國伯與以方七十里之地稱中國子男與以方五十里之地稱小國；中央地方不滿五十里者稱附庸使隸屬於大國大國置三軍中國置二軍小國置一軍又中央地方千里是爲王畿以充王官之來邑計大國九中國二十一小國六十三凡九十三國而畿外五國爲屬，二屬爲連三連爲卒七卒爲州天下共分九州州有伯卒有正連有帥屬有長使之制馭地方。是這樣的初期謂諸侯之數凡千八百國云然追王室一衰併吞攘奪肆行無忌及春秋之際就只剩得百六十餘國向來謹嚴的制度也跟着破壞得不堪有以子爵而僭稱王號的亦有以公爵而降稱爲侯的尤有擁地千里或置六卿者終至降及戰國之世縱餘強國七及二三小諸侯而已。

官制之起原

至於官制也是黃帝之時開始訂定，歷代相繼加以改定，舜時中央有九官：

曰司空總理庶政；曰后稷掌農事；曰司徒敷五教；曰士掌五刑；曰共工治百工；曰虞掌山澤曰秩宗掌祭祀曰典樂諧八音曰納言出納帝言：地方置四方之總督，

周之官制

曰四嶽；十二州之長官曰十二牧。到夏世，云有三公、九卿、二十七大夫、八十一元士之制；殷世有二相六太（太宰、太宗、太史、太祝、太士、太卜）五官（司徒、司馬、司空、司士、司寇）六府（司土、司木、司水、司草、司器、司貨）六工（土工、金工、木工、石工、獸工、草工）等官云。

周的官制有三公——太師、太傅、太保三孤——少師、少傅、少保者作為天子的顧問。這種顧問初無常任的官守有有德之人則任之無則缺之蓋其職止於論道經邦燮理陰陽於行政事務曾無絲毫關係。執掌政務者則中央政府之組織有天地春夏秋冬之六官天官以大冢宰為之長總理諸政又掌內外出納及宮中事務地官以大司徒為之長掌民治教育及農商事務春官以大宗伯為之長掌祭祀及朝聘會同的禮式夏官以大司馬為之長掌兵馬出征秋官以大司寇為之長掌刑辟訟獄冬官以大司空為之長掌勸工勸農及土木以上諸官皆各有大夫士之屬官六十故官的總數凡三百又六十。而太師、太傅、太保曰三公大冢宰大司徒大宗伯大司馬大司寇大司空是曰六卿少師少傅少保

之三孤，則和六卿並稱而為九卿六官的職制，製為表則如左方所示；後世歷代的官制俱基於此。

周的中央政府官制表

官	長	職掌	屬官
1, 天官	大冢宰	總理諸政	各各有大夫、士之屬官六十，故官之總數為三百六十云。
2, 地官	大司徒	掌民政教育	
3, 春官	大宗伯	掌祭祀禮樂	
4, 夏官	大司馬	掌兵馬出征	
5, 秋官	大司寇	掌刑辟訟獄	
6, 冬官	大司空	掌百工土木	

以上為中央政府之組織，諸侯亦準此而有大同小異的官制，不過在異姓之國，則有有官名不同者，如楚的令尹，宋的左師，司城之類是至於地方制度則

周的地方制

以二十五家為閭，百家為族，五百家為黨，二千五百家為鄉，一萬二千五百家為州，各相統屬而奉中央政府的約束。關於官的考課之法亦自上世已來便已施

夏殷周之田制

行。至周世，則大冢宰每屆歲終，便察百官之勤怠記其功過，每三年則行賞罰黜陟一次。天子每六年則巡狩四方會諸侯於方嶽之下而行黜陟又士大夫初本世襲，迨春秋戰國之際以四夫崛起而為將相者極多世襲之風遂爾全隳。

田制在夏殷以前已莫可徵考故我們現在無從知曉然而當太古田野未開之始人民都各自開拓其土地故此時會是私有顧不知始於何代所有土地悉收入官乃轉以之貸與人民使納貢賦而班田收授之制以起於是夏世則行所謂貢法以田五十畝為一間以十間為一組而授之十家使各各上納其五畝之收穫；殷世則行所謂助法而用井田之法將一區七十畝之田九區即六百三十畝區劃成井字以中央的一區為公田其餘便作私田凡八家則給他們一井之田使共耕公田而以其收穫上納至周則折衷夏殷之制而依土地的情況兼用貢與助之二法如近都市而人家稠密之所（都鄙）則用助遠於都市而人家稀少之所（鄉遂）則用貢是故這名曰徹法徹者通也不過周世井田一井有九百畝一區有百畝這是和殷稍異的地方通於三代一家所受之田各有差異如

第二章　周時代的文化

三十九

稅法

此，但這只是依於時代計算各各不同罷了，至於廣狹，則說都是一樣的。人民年二十則受田百畝至六十乃歸還其田次子稱餘夫年十六受田二十五畝及周

夏的貢法	
五十畝	五十畝
五十畝	五十畝
五十畝	五十畝
五十畝	五十畝

殷的助法（井田）		
七十畝	七十畝	七十畝
七十畝	七十畝	七十畝
七十畝	七十畝	七十畝

周的徹法（井田）		
百畝	百畝	百畝
百畝	百畝	百畝
百畝	百畝	百畝

既衰，凡上所云的制度漸次破壞下逮戰國魏李悝以盡地力為教，秦商鞅廢井田開阡陌（田間的道路南北為阡東西為陌）任聽其所耕不復立分田之制，即各國亦俱破棄井地經界既淆井田之制至是全無存遺。

稅法則堯時禹治洪水立九等（上上、上中、上下、中上、中中、中下、下上、下中、下下）之別，夏世則依貢法以田五十畝授之一家而使納其十分之一，殷世則依助法使八家共耕公田而以其收穫為稅，周世則依徹法，既如殷之以公田收

穫為稅，又如夏之使納其十分之一。故周世如前所述，其由田而納的曰粟米之征別有令納絹布若干的曰布縷之征，又每年使用人民為夫役是曰力役之征；和稅便是同一個意義以上三征為後世行租、庸、調的濫觴抑此外猶有所謂山澤之征漆林之征等項凡是這些稅制我想一般諸侯都用過了的而且到了周末互相以攻伐為事需要費用既鉅說是遂取到了十分之二或十分之五。

周的兵制

周的兵制想來是沿著前代定的不過夏殷之制既已不詳我們難於斷言，抑周制則固極其整頓者當時周的王畿方千里除去山川邸宅等項約略可得井田六十四萬以六十四井為一甸而方里為井（八家），四井為邑（三十二家）四邑為丘（一百二十八家）四丘為甸（五百十三家）至於徵集的方法則以丘與甸為基礎；丘出戎馬一四牛三頭，甸出兵車一乘戎馬四四牛十二頭甲兵三人步卒七十二人人夫二十五人總計凡百人以故天子有兵車萬乘號稱萬乘之君而軍隊的組織則五人為伍五伍（二十五人）人），為卒五卒（五百人）為旅五旅（二千五百人）為師五師（一萬二千五百

人)為軍各皆有伍長、司馬、卒長、旅帥、軍將等以統率之。天子有六軍（七萬五千人）大國三軍（三萬七千五百人）中國二軍（二萬五千人）小國一軍（一萬二千五百人）。人民服役的義務從二十歲起到六十歲止每半年或一年則交代一次故一生之中少或一次多亦不過只有兩三次的服務云但是到了周末諸侯都互相從事攻伐際增軍加兵惟日不遑之時想來這些制度不會再能存在了。關於兵器，則有刀、劍、矛、戟、戈、鏚之類，皆屬銅造蓋太古兵器都用石造自銅器製作發明以來兵器遂亦皆銅製直至周末繞有說鑄造鐵劍的又有犀甲、兕甲合甲之類犀甲以犀皮為之兕甲以兕皮為之合甲則把革合攏來造成的又冑大概是用革或銅所造成的又還有弓、箭、杆、楯之類，但於今都沒有傳我們無從詳知。

周以前的法制，除舜時曾定過五刑以外便沒有什麼顯著的例但到周的時候都似乎有很明顯的一大進步不過關於刑事者多關於民事者少。於是周以前之刑五刑（墨、劓、荊宮、大辟）而外尙有流刑（有三等之別）鞭刑、朴刑、

周的法制

中國文化史　　　　　　　　四十二

贖刑等類，各各依其所犯之輕重大小而適用之。遇有眚災，則赦罪犯；出於故意之罪則雖小必罰；罪之可疑者則有從輕論減之例。而至周時則更增設刑、髡、桎、梏、焚、辜、肆、徒等刑；其幼弱、老耄白痴者犯罪無罰；又不知而犯與誤犯及遺忘而犯之罪，則皆有恕宥及減等之寬典。又據書經裏面的呂刑看起來，我們可知在周穆王時曾經有改定過刑章的這事。至於周末則益復生出種種酷刑如夷族、車裂、體解、鑿顚、抽脅、鑊烹等類。又有所謂鬼薪城旦之刑者。鬼薪乃使之採薪以奉宗廟，刑期三年；城旦則使之旦起治城，刑期四年。刑事的訴訟，須先訊之於羣臣吏民而後判決。若所決為死刑，則士師受其宣告書而擇日執行刑事，然有特例。王族及有爵者不刑於市，又婦人亦不得肆諸市朝。此外士大夫與幼弱者及老耄之徒無使服徒刑；命夫命婦（大夫之妻）不能自出而身與獄訟者以鄰人為證，關於土地者以邦國之本圖為標準。貸借的訴訟以約劑為據而共斷決之聽訟下代替民事訴訟之關於人事者以訟者之鄰人為證關於賣買的訴訟以證券為本之日史官則將原被告之所陳述者記錄了下來。關於犯罪之訴訟則有使之先

選舉

入劵書及鈞金之例關於貨財之訴訟則有使之先入束矢之例。至於出訴的期限，不論民事刑事隨着地方有其一定之法經過了那期限則不復受理訴訟於是每屆歲終則收集一年間得之於判決了的獄訟之中的稱之爲法例藏諸天府，以備他日的參考。

中國自古代以來，即有貢舉或曰選舉的一種官吏登庸法。不過這事曾否在夏殷之世行過不得而知惟周世則貢舉便偕着學制而具備了的在周則鄉曰俊士。俊士既經爲司徒所舉者則雖在鄉而亦免其鄉役亦不奉社事供田賦；既舉於學者，則雖在學而亦免其司徒之役亦不赴軍旅奉祭祀：而俊士既舉於學又獲免於役是時則曰造士大樂正又舉造士之俊秀者，送於司馬是曰進士。司馬乃論其才調而授之以爵賜之以祿由鄉進者鄉大夫掌之大司徒用之；由國學進者，大樂正掌之大司馬用之。自選士而成爲造士者得爲鄉遂之吏國學之所進，由進士而升者得爲士大夫以上云云的這種制度，

學制

大概在周初或許曾經行過幾分然當着那種尊重門閥世襲的時代，以此法取士，殊不見得便多然我們由春秋戰國之際絕不依賴選舉以匹夫崛起而為將相者之多的這一事看起來足知這個制度已全然不能通行了。

學校制度及教育之道，在堯舜之際便早已發其端卽書經裏說的舜使契為司徒敷五教使夔為典樂教冑子這都不外是宣布的教育大方針其後學制漸備夏世大學曰東序小學曰西序殷世大學稱右學，小學稱左學周謂以為習禮養老及學造文藝之所及周而更形發達進步周世大學設於京師曰辟雍，或曰成均，使自十五歲以至二十歲之王世子、羣后世子、卿大夫及元士之嫡子與地方俊選之士入學而授以禮樂射御書數之六藝（軍人還征之日受賜獻馘亦於大學行之）。小學則州（一萬二千五百家）有序黨（五百家）有庠教八歲以至十四歲之庶民之子弟，使習簡易的學科及室家長幼之序洒掃應對之節又閭（二十五家）有塾選閭中之有德而致仕者使教閭民。至於諸侯之國也有大學、小學大學稱泮宮比之天子的辟雍其制稍殺學制是這樣的完整教育之

中國文字之起源及其變遷

道又是這樣的得法，無怪春秋戰國之交，一時學者輩出，而爲中國的思想界，放其燦然的光輝了。

太古的中國無文字而用結繩傳稱黃帝之時，蒼頡始制文字，其真否不可知。但黃帝既要幹統一的政治則想必文字便也有統一的必要故可以推測那時已經有了文字這是不會錯的；而蒼頡與其謂爲製作文字無寧說他是統一文字，或者還對些然那時的文字和現在的文字形體不同多爲象形（摸擬物形而作如日、月、山、水等字。）追後世應於時代的要求乃逐次增加其數從而造爲指事（以象形爲本增減其點畫表現事物的性質如一、二、三、四、上、下、本、末等字）會意（合二以上的意義之已經成文者而抽其意義如武、信等字）假借（已有語言聲音顧無其字則借用與此聲音相符的文字之謂，如竹節之節，假爲節操之節竹管之管，可假爲管轄之管是）諧聲（合兩文爲一字半以表示形質半以發出聲音如江、河等字）轉注（轉換其義使注之於或一意味而言其轉化之字之謂，如音樂之樂一轉而爲快樂之樂尺度之度，一轉而爲忖度之

古代的書籍

度是）等文字。周宣王時，史籀作大篆，遂漸見有字形的進步及秦始皇時李斯作小篆，已趨於簡易，逮程邈隸書（今之楷書）出世遂愈加進步了，至漢遂生出真行草諸體來。周世還沒有用紙筆也沒有印版的發明寫字乃擊碎細小的竹木的尖端，使含漆而書於布帛或板上，書籍則寫在竹簡上面用革連綴攏來，乃合而卷之以便保存這便是今世稱數書籍為卷或篇之所由來。

古代的書籍云有三墳（三皇之書）、五典（五帝之書）、八索（八澤之誌）、九丘（九州之地理書）之類俱不傳於今世今所傳的三墳屬後人偽造。但尚書詩易禮已傳及今茲則這三書籍便不能不算是最古的尚書又叫書經記自堯舜以來，至秦穆公之歷代君臣的典謨誓誥等類有虞書五篇，夏書四篇商書十七篇周書三十二篇原來比這還要多據稱被孔子刪去了。詩由風雅頌的三類而成國風載各國的歌謠雅乃燕饗朝會的樂歌分大小頌乃宗廟的樂歌。據稱原來凡有三千餘篇也是被孔子刪削過只剩下來三百十一篇今又失六篇云。易為卜筮之書被稱為諸學之本據云伏羲畫八卦文王作彖辭周公又作

第二章 周時代的文化

四十七

文章詩歌

炎辭。禮由記周的官制之周禮和記冠婚喪祭燕射朝聘等之儀禮而成，云是周公所作，而禮記則孔子以禮教授門人時，據周禮、儀禮所編纂而成者。此外之古籍，有管子、老子、春秋、論語、墨子、孟子、莊子、荀子、韓非子及其他諸子百家之書與左傳、國語、戰國策等。

中國文章之起源，在太古時候便已有了，然夏以前的文章不傳於今，莫由知悉。而如尚書的堯典、舜典、禹貢等會是夏的史官所作，若湯誥、若洪範，據云為殷人所作，那麼把這些文章看起來，可知夏殷兩代文學的進步。若夫周世則文辭日益華美，降至春秋戰國，遂呈一極大偉觀，後世至謂此爲文章極盛的時代。照世界各國的通例，凡韻文皆起於散文之先，故中國的詩歌想來也是要比文章早起，但太古之作既已不傳，只有舜和臯陶的股肱元首之歌，便是最初詩歌之見於書中者。其次由夏而殷有一稍稍進步之事實，則讀詩經裏面的商頌，便可窺見其一斑。至於周世則詩歌大見尊重，太師掌之於王朝，樂正以之教國子，天子聽政之時，使公卿以下列士獻詩諷刺，並且巡狩之際，使宋詩之官陳列國

學術興起之原因

之詩，以察知民俗，窺見情僞，於是詩人以此爲敘情之具，王者以此爲政之資，學官以此作爲教育的科目；這大概不獨是當時的詩歌發達進步，並且是致於隆昌之極而流行於天下之所由然而當時的詩或爲四言或爲五言句的長短，雖無一定然善能抒情寫景質實無後世浮華纖巧之弊，大足爲窺見是時人情風俗之助。

周初重禮樂文物典章極一時之盛美，已陷於繁文縟禮之弊，顧有造言之律（周禮卷十地官『以鄉八刑糾萬民一曰不孝之刑二曰不睦之刑……七曰造言之刑八曰亂民之刑』鄭註造言訛言惑衆亂民亂名改作執左道以亂政也）以取締言論的自由禁制異說的流行故新學無自而興逮春秋以降王室衰於上諸侯爭於下，因而解脫思想的束縛開出言論自由的道路來，於是說治國濟民者多有及至戰國天下益加廝亂上下階級全毀政府的管束社會的制裁都成了束手無可施爲的狀況。如是信道篤而欲以救民之士亦有欲以求名立身者遂四方蜂起，各述其說各鬪其意見結果則諸派之學並興而漢族的

四九

第二章 周時代的文化

儒學

孔子的事蹟

智力學問也就以這一時代發達臻於絕頂。當時勃興起來的學派，則有儒、道、楊、墨、法、兵、名、縱橫等諸家，是之謂諸子百家之學。

儒學之祖為孔子。孔子名丘字仲尼生於西紀前五五一年魯之昌平鄉。十五歲即志於學三十而學成五十五歲仕於魯定公未一年而國政大整遂為司寇。至哀公因不能用其所言乃辭官而去周遊諸國者十八年歸魯後遂叙書、刪詩、序易作春秋以西紀前四七九年七十三歲而卒。孔子之說以仁為人的行為之大本以修身齊家治國平天下為目的以詩書禮樂為至德的工具門人集錄其言行為論語二十篇這部書便是窺知孔子學說的唯一經典其門人有三千人，而學德俱勝六藝兼通者凡七十二人就中德行則顏淵閔子騫冉伯牛仲弓；政治則數冉有子路言語則數宰我子貢文學則數子游子夏是為孔門的十哲云。後來這些徒衆分居四方祖述孔子的學說次至子思孟子荀子出均倡道儒學而儒學遂普及於天下及漢而大被采用遂成後世中國政教的基礎乃更經朝鮮而波及於日本在東洋風化上遂給與以極偉大之影響。

第二章 周時代的文化

子思孟子

子思為孔子之孫而鯉之子名伋受學於孔子之門人曾參長著中庸一書，以誠為人的行為之基礎明孔子之道。孟子名軻鄒人西紀前三七一年時生受學於子思之門人孟子之說雖說是全祖孔子但尊王賤霸重仁義輕功利唱性善固自有其獨到之處遊說諸國既不見用遂歸，退而與萬章之徒問答作為孟子七篇。孟子至漢以後始漸見尊崇及唐之韓愈稱其有和孔子相等的價值迨宋儒叛性理之學而孟子遂被推崇為儒學的正統。

荀子

荀況亦曰荀卿趙人後孟子五十餘年生曾仕齊三為祭酒被讒而去之楚為蘭陵令又為讒退之趙則復被召還楚仍為蘭陵令。其所著有荀子三十二篇，著之點則說性惡和孟子的性善說作正反對如是荀子之學雖亦為祖述儒道，但因其詆排孟子及子思遂被視為邪道而其學識卓見，議卒以孟子稱儒學的正統。

道學

道學之祖為老子老子姓李名耳差不多和孔子為同時代的人生於楚之苦邑（河南省歸德府鹿邑縣）云仕周為藏書室史然其事蹟極不明瞭惟據

老子的事蹟

傳稱，則彼見周室的衰微，遂去欲往西方過關時，令尹喜說：『子將隱矣，請強爲我著書』遂著一書飄然而去不知所之云故很有人對於他的實在甚爲懷疑之說其書分上下二篇凡五千餘言後人名之曰道德經老子之說主於清靜無爲故仁義禮樂在所排斥以絕聖棄智服從自然爲極則蓋不外懲於周末之紛紛失其秩序實原於盛周之繁文縟禮故欲使之復返於太古醇朴之世云爾。要之，老子之說欲直以之應用於人的行爲上面其事極爲困難，故我們與其稱之爲真理無寧說他的是一種理想顧其所言至爲奇拔其用意又至爲飄逸以此之故遂有大影響及於人心以至文子關尹子列禦寇莊周之徒出皆祖述老子而別出機軸後世則尤以老子之說本於黃帝遂假託附會之而創興一種所謂道教的宗教大行於世。

列禦寇鄭人著有列子其說本於老子所主張的，則齊是非，一生死，故世稱其說出於老子而較老子更加逸出方外云莊周者宋之蒙人（河南省歸德府城東北）會傳其爲漆園吏，但亦莫知其詳其行動也極類似老子，或傳其却楚

楊家之學

威王之聘,終身不仕云。他雖和孟子生在一個時代,然互不相知,其爲學極博,以其神絕的一枝奇鋒,著莊子十餘萬言其說自老子出而自立一家之見每笑儒墨的偏狹以寓言弄其奇幻汪洋自恣殆有不可以端倪者顧其文縱逸奇變已極允足爲諸子中之傑出的。

楊家之祖爲楊朱然其事蹟無傳我們竟一點也不知道。其說以自愛快樂爲主謂人生如朝露須全身逸而生樂拔一毛而利天下既所不爲悉天下以奉一身亦所不取。就是說人須以目前的快樂過其一生損已利人未見其可蓋所謂快樂說耳。

墨家之學

墨家出於墨翟。墨翟爲宋之大夫,後孔子而生,其所著有墨子。其說恰和楊子相反,以兼愛爲主,謂天既知且貴以主宰天地萬物而兼愛之,則爲人安可不敬事天又安可不則天而兼愛又彼排奢侈尚節儉去音樂省葬儀生不歌死不服,博愛施衆粗陋其住居衣服飲食不可以困窮介意……這也是墨說的特徵。

傳其說之有名者爲班鳩禽滑釐胡非隋巢等當時楊墨二家之說極惹世人的

第二章 周時代的文化　五十三

法家之學

法家之學以名正形明君臣上下之分信賞必罰以治天下；謂仁義禮樂非切要之圖遂主張廢棄仁義禮樂而以法術治天下法者吏之所以治民術者君之所以御吏。此一學派發源於管仲、李悝，其徒有申不害、商鞅、韓非等皆以法術助諸侯而策天下之治管仲相齊桓公既舉了實勣又欲風化天下乃著管子；李悝收集諸國的刑書作法經六篇（盜法、賊法囚法、捕法具法）大大鼓吹法術的要道申不害則專說術，商鞅則專唱法韓非則合法術而兼言之著韓非子以述其意韓非為韓之公子與李斯俱學於荀況長於法術刑名慨韓之不振作孤憤、五蠹說難諸篇張其峻厲之說每每出人意表遂為秦王政所招致而赴秦為李斯所讒而死但是後年始皇所施行政策的一端實在是從韓非的學說胚胎出來的。

名家之學

名家之學盡屬詭辯實不過論理學之一端。其徒以趙人公孫龍為始，後有鄧析、惠施等其所弄的詭辯如白馬非馬堅白同異雞三足臧三耳之類都是以

混淆是非真偽爲得意的。公孫龍的堅白異同論說：「堅、白、石三可乎？曰不可。二可乎？曰可。謂目視石，但見白不知其堅則謂之白石；手觸石，則知其堅而不知其石，則謂之堅石是堅白終不可合爲一也」云云，即可以知其一端兵家之說乃

兵家之學

論兵術者，當春秋、戰國之際，百家之學爭鳴於時，加之又是戰亂靡有底止的時代，於此時而有說道兵術者出這我們實不能不說是當然的果也孫武、吳起遂爲斯說之鼻祖而起。孫武齊人著孫子十三篇爲吳王闔閭之師；吳起衞人著吳子四十八篇初仕於魯後仕於魏武侯有功旋去而適楚爲悼王相後世言兵法者必取孫、吳之說然即其文章亦復莊重雅健故爲學者所樂誦縱橫家祖鬼谷子傳爲蘇秦張儀之師然事蹟不詳不能知惟其說則主於以陰謀權術操縱天下，抑又可以認出其曾斟酌儒墨法名諸家之說而自立其言的痕跡。如是蘇秦、張儀遂敷衍師說游說諸侯而立合從連衡之策。繼蘇、張而起者，有公孫衍、蘇代、蘇厲、周最、樓緩等人皆祖述其主義以上各家之外尚有尸佼陳仲、彭蒙田駢、愼

縱橫家之學

到鄒衍鄒奭、許行等亦各各自唱了一派的學說。

賦家

戰國之世是這樣的諸子論說蠭起雲湧，互鬭其主義主張，顧楚有屈原者，獨以文章詞賦顯。屈原名平字原，楚之同姓仕於懷王爲三閭大夫入則與王圖議政事出則應對諸侯謀甚行職甚修然卒被讒爲王所疏由是鬱鬱不樂輒不能禁其憂愁悲哀之情乃作離騷以寓其心懷以冀王之一反省顧懷王爲張儀所欺入秦不歸遂死於秦其子襄王立又信讒言遷屈原於江南原於是放浪山野又作九章援天引聖以自明乃王終不省悟遂投汨羅（湖南省長沙府湘陰縣北西的河）而死；而其離騷則爲後世詞賦的模範屈原遂被稱爲賦家之祖。其門人宋玉亦長於賦作九辨以悲其師之放逐；又作神女高唐二賦托之寓言以諷楚之君臣。

天文學

天文學至周頗見進步，推測星宿運行之術亦開，分天體爲二十八宿。（謂將周天之星分爲二十八，四方各有七星：即東方——蒼龍——有角、亢、氐、房、心、尾、箕，北方——玄武——有斗、牛、女、虛、危、室、壁，西方——白虎——有奎、婁、胃、昴、畢、觜、參，南方——朱雀——有井、鬼、柳、星、張、翼、軫是。）又將列國的領土，分配於

曆法

天體，名曰分野謂屬於分野之分星，若有變異之時，則此分野之國當有災難；如是看天象的如何以徵候吉兇的占星術（astrology）便發達起來了。齊有甘德，魏有石申俱以星占有名。曆法在周也多少起了一點變動。夏以建寅之月為正月，殷以建丑之月為正月，周以建子之月為正月。據北斗星光芒所指之方向而別為建寅、建丑、建子等故周之正月適當夏的十一月，而殷的正月適當夏的十二月，夏的正月子正南為午正東為卯正西為酉正北為子，故降及周世而用之者猶實繁有徒。則現在太陰曆的正月便是歷代的正朔，是這樣的各自不同然夏曆行得最古，

醫術

醫術說是神農氏的時候便已經有了的。然在古代其術至為陋劣，多以巫覡筮之藥劑則不過草根木皮之類。但周世則此道甚為進步有疾醫（內科醫）瘍醫（外科醫）掌視聽患者之容色聲音而治其病。又有獸醫則主管整治獸類的疾病而歲終則有使醫師報告其死亡者之數於官之規定醫師之有名而顯於春秋之際者，則有像扁鵲那樣的名手然大概則是時醫者之數甚少，諸侯罹

音樂

疾病時往往從鄰國去聘請醫師來，民間則許多依然迷信巫覡等的整治法。又鍼灸之術當時已行於世。

中國的音樂說是從黃帝時伶倫取崑崙山嶰溪之竹作十二律（謂六律六呂也。以黃鐘太簇姑洗蕤賓夷則無射的陽六為律；以太呂夾鐘仲呂林鐘南呂應鐘的陰六為呂）而起，其後歷代雖各有變遷，然至周，一則周公判定禮樂以之為治國的要具，故音樂遂大見進步，樂在舜時有舜的大韶之樂，在夏有禹的大夏之樂，在殷有湯的大濩之樂，在周有武王的大武之樂又有雲門咸池（黃帝之樂）之樂雲門以祀天神，咸池以祀地祇。至於祀四望則規定了舞大韶祀山川則大夏享先妣則用大濩享先祖則用大武樂器分金石絲竹匏土革木的八音以鐘為金磬為石絃為絲管為竹笙為匏壎為土鼓為革柷為木而鐘有頌鐘編鐘之類絃有琴瑟之類鼓有鼖鼓鼗鼓之類故樂器的種類甚為繁多。樂官有大師少師大胥少胥磬師鐘師笙師籥師多鐘有大司樂少司樂以掌舞樂有大師少師大胥少胥磬師鐘師笙師籥師等以掌器樂音樂的進步至於如是，故精通音律者輩出如州鳩師摯師襄師曠等

繪畫	繪畫至周,也似乎極其發達云有司繪之職掌繪畫之事以描畫衣服等物;皆顯名當世。然詳細的事實莫可得而徵故不能知唯論語有『繪事後素』一語和其他關於繪畫的二三史實散見載籍而已。
雕刻	雕刻則有所謂玉人者主於雕琢寶玉又有雕人之官掌雕刻之事所以似乎此道的技術也是很進步了的若夫器物的製作則有攻木攻金攻皮搏埴等諸工各專其業而作車之法與製弓之術最爲進步。
器物的製作	是時已知用漆之術,惟用於陶器的泑藥則猶未有發明者織物有絹與麻布之二者用以作衣服絹有綾羅之類麻布有絺綌之類各的種類都很多又
織物	有染草之官掌用染草以染絲之事若布帛則是時已有刺繡之術了。
農業	農業從古以來便上下都盡力於此故至周而大見進步發達周世有草人、稻人、司稼等官以監督田圃的稼穡之事人民各皆受田百畝從事耕作耕作的方法,兩人相並而耕故曰耦耕所播種的穀類概爲稻粱菽麥稷黍施肥料除害虫也有種種的方法養蠶亦已盛行人民各在自家宅地的傍邊,栽桑而耕作之,

商業

於農暇便養蠶繭成後，有稱繭稅者隨桑之多少而納繭。

商業在周也極其發達。然政府有種種的干涉大概在為政上有這種干涉的必要爾。其時有司市之官掌市的治教、政刑以禁止華靡之物絕去詐偽之風；又有肆長之官以監督陳列的貨物不令有美惡混淆之弊又有賈師之官則訂定貨物的價值使無貴賤不清之弊若夫賣買的物品則有種種的制限：賣圭璧璋服等宗廟之器與夫戎器兵車之類又用器不當其度布帛的精粗不當其數者也不許到市上去販賣。市有大市（以百族為主）朝市（以商賈為主、）夕市（以販夫販婦為主）之別大市行於日昃朝市行於早晨夕市行於晚間。又有旅商則周歷各地從事賣買者。而其時各地都有關門課出入貨物的稅若有竊關而圖漏稅者，則收沒其貨物。至於貨幣則齊的法貨周的大錢韓宅陽諸布，至今猶有存者很可相信。

人民的氣質

周與禮樂盛文物，故人民亦皆傾向文化而養成優美的氣質；然其弊則流於文弱失喪氣力。不過這也各各依於諸侯之地而各有其不同之點：如齊人之

儇黠，秦人之武勁，楚人之輕果，皆其顯著之例及到戰國之時則一般人士又生出活潑有爲的風氣來通古今而觀之中國人的氣質南北總不一其揆這是由於土地的形勢而顯出地方的特色來的原故蓋西北之地多山嶽東南之地多川澤，故西北之人勁直而勇悍東南之人寬柔而和易。勁直而勇悍之弊雖失於狠戾則須以嚴致平寬柔之弊則流而爲偸懦浮薄則須以寬爲治又勇悍爲關之弊雖失於亂其兵則有持久之便和易之弊雖失於弱其兵則有速戰之利故南北爭持時南方常至於不振北方則每制勝利。

中國自太古以來其人民就有士農工商的四大區別，至周世則這種區別甚爲嚴重士之子恆爲士農工商之子恆爲農工商卽職業是世襲的顧亦有特例往往有出身農工商而被選爲士的亦有士進而爲卿大夫的泊夫春秋戰國之際則一個人只要有材能縱是庶民亦能自致卿相而上言的區別，乃全然崩潰而家族之間則尊卑長幼之別極其嚴重子必從父妻必隨夫抑男女之間則相別尤嚴七歲便不許其同席卽授受亦不得相親。

家族之關係

人民的區別

第二章　周時代的文化

六十一

祭祀

周重禮樂以此為治國之要具其結果，則影響及於風俗習慣上面者極多。周禮之中有冠婚喪祭燕射朝聘等的儀式就中喪祭最為重視祭祀自太古以來即已盛行。而周則尤加尊重凡天地、山川、林澤等皆祭祀之中郊祀與社稷之祭允稱重典郊祀乃天子築壇於國都之南郊燔柴以祀天神中最尊之昊天上帝而以其祖配享之社稷之祭祀乃穀神以后稷配之郊祀只限於天子諸侯雖得建社稷然不能祀昊天與上帝天子可以祭九州的名山大川諸侯則國境以外的山川便不能往祭凡有旱災、日蝕等時必行祭事。

喪葬

喪葬天子及諸侯五日而殯大夫士三日而殯天子七月而葬諸侯五月而葬大夫三月而葬士踰月而葬而王葬同軌（中國諸侯之義）悉至諸侯之葬同盟悉至大夫士之葬外姻悉至庶人之葬族黨來會棺槨天子四重諸侯三重皆用松大夫二重用栢士一重用雜木又製竹器瓦器之類納於棺中名曰明器。

喪期若為父母者則服斬衰（不緝系的喪服）三年自天子以至於庶人皆同；

冠禮

若爲祖父母伯叔父母昆弟者則服齊衰（緝了系的喪服）一年；若爲從父昆弟者則服大功（喪服名布之精者曰大功）九月；若爲再從兄弟外祖父母者則服緦麻（黑色的麻喪服）三月。在父母的喪中則不論貴賤一般只食飦粥，年五十纔不毀瘠七十則只服衰麻並得飲酒食肉。

冠禮男子年至二十則行之以表其爲成人行時先卜日的吉凶次卜其加冠者，至期，則冠者之父著禮裝將爲子加冠之人迎來使爲子加冠且字其子。冠既竣事乃有見兄弟姊妹及鄉大夫鄉先生之禮以上爲士冠禮即此可以推知其餘，故以外略。

婚禮

婚姻以男子三十而娶女子二十而嫁爲常例。結婚必與異姓氏族雖別，若爲同姓則仍不得相婚姻有納采、問名、納吉、納徵、請期、親迎的六禮自王侯以至於庶人都莫能外便是將欲娶女之時以雁爲贄，使媒人致其意於女父是謂納采；若得了女父的允許則更問女的名字是謂問名媒人歸來乃卜吉凶若屬吉時則遣使者相告是謂納吉其次納玄纁之帛十端與皮二枚作爲證據是謂

納徵；納徵既畢則請婚期，是謂請期；期日既至，為婿者則乘黑車赴女家親往迎接是謂親迎諸侯之女嫁往列國時使其姑姊姪娣相從而為列妾薨夫人若死，則以姪娣相代，故謂諸侯一次娶九女云。而天子則后以外尚有婦人嬪御世婦等等，即庶人亦可公然蓄妾這固然是原於一夫多妻的遺風抑尚有一重嗣續的理由在內。

鄉飲酒之禮

鄉飲酒之禮乃每三年則集一鄉之人而為酒宴，鄉大夫為主人其鄉之父老為賓客。在父老之中則指定一習知禮儀之耆宿以為賓其餘則為眾賓乃自年長者起順次依年齡的長幼坐定飲宴之時有樂人來歌詩奏樂此禮為欲明長幼之序習賓主之儀故屬必要。

衣服

衣服依貴賤而有等差一般則有上衣下裳之別。以絹布及麻布之類作之，袖闊而裙寬為防寒之用，則盛用狐裘與羊裘若吉服之制，則有種種的區別：天子祭昊天及上帝時，則服羔羊之裘享先公時則着袞龍之衣享先公而為饗射時則衣畫上雉子之服祀四望及山川之衣，則上畫虎蜼（獸名猴之一種）祭

冠冕　社稷及五祀（春戶、夏竈秋門、冬行、——即路，亦有謂井者。——季夏中霤）時之衣則其上縫爲粉米之狀祭羣小祀之時則着玄衣以爲例；公的吉服自袞龍以下悉與天子同侯伯的吉服自鷩雉以下悉與公同自子男以至卿大夫，皆各降一等冠冕則夏世云有收及母追殷世有哻及章甫然其體裁已無可稽考。周世則有冕（有麻冕袞冕毳冕希冕等等）、雀弁（一云爵弁外尚有皮弁韋弁、武弁等）委貌等類其體裁猶能詳知佩帶之物其數極夥謂男子左佩紛（拭器之中）帨（手巾之類）刀礪小觿金燧右佩玦捍管遰（刀壳子）大觿木燧女子左佩與男子同，右佩箴管線纊縏袠大觿木燧頭飾男子爲小兒時將頭髪分開而結之是曰弁髦，長則以黑布裹髪而簪以笄以帛束髪根垂髻於後以爲飾；女子長則以髢束髪插以櫛笄之類。

雜佩

頭飾

飲食　飲食則每日三餐以爲常食物於穀類蔬菜而外並食鳥獸之肉穀類爲稻米、菽麥黍秫之類，多蒸而食之蔬菜爲葱薤薑荼之類，或以爲羹或雜入鳥獸的肉裏面鳥獸之肉以雞鴨雉雁及牛羊犬豕爲主而馬鹿熊狼等類亦供食用飲

用之物則有酒、醴、漿、湆酒（云夏禹王時儀狄始造之）為饗宴時的必備品；醴乃甘酒主於用在儀式之時漿乃酢類食時用之，湆則肉所煮成之膏汁亦用於食時。——此外飲料尚多。

住居在周世似極其發達進步尤以王宮之制作為最達於完全之域；設五門（皋庫雉應路）造六寢（路寢一小寢五）立內朝外朝之區別惟王侯之宮殿及官衙等屋上大概皆覆以葦茅之類亦似有蓋瓦者但若信史記裏面所說的『秦軍鼓譟勒兵武安屋瓦盡震』云云則到了周末想必都市的屋宇大概都是用瓦蓋了中流以上的住宅在屋內分設種種的房室敷筵以供坐臥之用；這是緣於當時有在戶外脫履登堂而坐的習慣之故。

住居

第三章 兩漢及三國時代之文化

秦始皇帝之內政

秦王嬴政，襲父祖之餘烈，平定六國，統一天下，自謂德兼三皇，功過五帝，遂號始皇帝都咸陽（陝西省西安府）。帝懲於周末諸侯之弊，亂納李斯之言，布郡縣之制，將天下分為三十六郡，置守尉監以治之，制賦稅之所得以支給諸子功臣，朝政掌於丞相，兵政掌於太尉，而使御史大夫監察之以分臣下之權；收民間兵器以防禍亂，聚天下富豪於咸陽以富京師，重中央君主之權，而弱地方臣民之力。帝又盛興土木建阿房宮於渭水之南，諸郡置離宮七百，屢屢巡幸各地方行封禪以示其帝威之盛。

始皇帝之外征

當時中國北方有稱匈奴（與獯鬻、獫狁、玁狁同，皆Hun之對音）之士耳其種遊牧民族者，戰國時屢屢南侵，至秦而其勢至為強盛，始皇帝乃命蒙恬將兵三十萬使擊匈奴，斥之陰山之北，盡收河南之地（內蒙古阿爾德斯

秦之失政與羣雄之與起

增築曩者燕趙等所設之長城起臨洮（甘肅省鞏昌府岷州）至遼東以殺其南侵之勢又征南方百越新置三郡曰南海桂林象郡（廣西及安南之地）。發兵五十萬駐屯五嶺（湖南和廣西境上的五山）至是而秦之疆域始倍於周時。

當是時，戰國餘習猶未盡泯，學者之中對於新政，有好爲是非議論者，始皇帝於是發挾書的禁令蒐集民間詩書而燔之；又坑殺儒生四百六十餘人，欲以鎮服人心顧土木繁興征役不絕奔命既疲民怨其上加以六國遺臣又正在相機伺隙隱隱欲動於是西紀前二一〇年始皇帝死二世皇帝立，既愚且暗秦政以亂：楚人陳勝吳廣起於蘄（安徽省鳳陽府宿州）楚之舊臣項梁與其姪項羽起於吳（江蘇省蘇州府，）用范增之計立楚懷王之孫心爲懷王沛人劉邦亦起兵於沛（江蘇省徐州沛縣）以應之此外起兵者尚夥二世乃遣章邯等先破陳勝吳廣之兵，進而斬項梁然旋爲項羽破於鉅鹿（直隸省順德府平鄉縣）遂降羽自關以東無復秦兵的遺留其間劉邦則受懷

秦之滅亡

王之命西進，破嶢關（陝西省西安府藍田縣）至霸上。先是，秦趙高專權，殺二世立公子嬰，嬰又誅高將欲振紀綱而劉邦之兵已至，子嬰遂素車白馬面縛請降，時則西紀前二〇七年也。秦自始皇帝至是凡三世僅十五年而亡。

楚漢分爭

項羽怨秦之殺項梁必欲滅秦。既定河北乃西行入關則秦王子嬰已經降了劉邦。乃燒秦宮室殺子嬰，復嫉劉邦之功聽從范增之計欲殺之於鴻門（陝西省西安府臨潼縣）而未果。項羽於是背懷王先入關中滅秦者則爲其地之王之約，而封劉邦以巴蜀漢中之地使爲漢王以關中與秦降將使斷劉邦出中原之道；稱懷王爲義帝移之江南旋遣人殺之。羽乃自據彭城（江蘇省徐州府）號稱西楚霸王而封其他諸將於各地。劉邦乃忍氣吞聲率兵就國任蕭何爲丞相張良爲謀臣拜韓信爲大將，以俟時機的到來。田榮及陳餘怒項羽之不封己乃在東北自立爲王項羽親率兵伐之，劉邦乃乘此機會襲關中復進而平定黃河南北入洛陽爲義帝發喪檄天下數項羽之罪，引兵五十六萬入彭城項羽聞之率精兵三萬急還破劉邦之軍劉邦乃扼之於

第三章　兩漢及三國時代之文化

漢高祖的政策

滎陽（河南省開封府滎陽縣），成臯（河南省開封府汜水縣）之間，別遣韓信徇河北搠楚之背以絕其糧道項羽不得已乃與劉邦和二分天下約鴻溝（汴河）以東歸楚西歸漢乃東歸然劉邦復用張良陳平之謀破棄和約，追躡楚軍圍項羽於垓下（安徽省鳳陽府靈璧縣。）項羽潰圍走烏江（安徽省和州城東北）自剄而死劉邦遂以西紀前二〇二年卽帝位初都洛陽，繼用劉敬之言遷都咸陽定名長安這便是漢的高祖。

漢高祖起身微賤而有天下大臣諸侯亦多出自四夫不嫻典禮遂有紊亂朝廷的秩序者博士叔孫通乃勸高祖定朝儀，旋取則於秦之舊制訂定官制及法制然高祖鑑於秦之滅亡乃廢郡縣復封建封子弟功臣爲王侯顧又懲功臣之漸卽於強橫乃竊備之如韓信、彭越英布等悉誅除之盡收其地以分封宗室之子弟以故高祖末年同姓之爲王者凡有九國各各模擬帝室制度置官馴至其富強殆不亞於帝室遂爲後年吳楚七國之亂的起因初匈奴乘秦末之亂南下侵河南又滅東胡其勢日趨於隆盛至高祖末年冒頓單于

高祖與匈奴

七十

呂氏之亂

遂大舉入寇，陷馬邑（山西省朔平府朔州，南抵太原（山西省太原府太原縣）晉陽（山西省太原府）。高祖親將伐之却被圍於白登（山西省大同府大同縣之山）用陳平之計，始漸解圍旋議和令單于尚公主贈以幣物，結其歡心北顧之憂於以緩和。

高祖死其子惠帝立柔弱多病。然其母呂后，饒有才略當創業之際，曾與高祖共艱苦，故常參與政治爲諸王諸臣所憚至是以帝多病不能親政乃乘此攬大權及帝既死遂親自臨朝稱制用諸呂以壓劉氏呂氏族人幾將奪天下。未幾，呂后死劉氏諸王與陳平周勃等謀共誅諸呂以絕其難於西紀前一○八年迎立惠帝之弟代王恆這便是有名的漢文帝。

文帝之治

文帝始居地方，深通民情，故既即帝位即以儉仁質素臨民除肉刑免田租，定賑窮養老之禮於是天下大治國用充實；後世至稱其治績爲秦漢以後第一然自高祖以來據形勝擁重兵的一些王侯見文帝以代王入承大統又見其是那樣的寬厚仁恕遂盆發驕縱不復把帝室放在眼裏。濟北、淮南諸王

吳楚七國之亂

謀反吳楚齊的諸王亦皆驕恣,賈誼看破這種患害,乃上治安策說急宜抑損諸王於是文帝於齊王襄死後分封其諸子為齊、濟北、濟南、菑川、膠東、膠西六國,以割其勢然吳楚二國猶擁有大封。

文帝死其子景帝立鼂錯為御史大夫屢進削藩之說每有罪過即削地,趙、楚、膠西等皆被削於是諸王皆怨朝廷既而削及吳地吳王濞遂反,楚、趙、膠西、膠東、菑川、濟南的六國都起而響應之以誅鼂錯為名北結匈奴南連東甌(浙江省之地),竊與齊、濟北等私通作亂是為吳楚七國之亂。帝於是大驚斬鼂錯以謝吳、楚,然反王等猶不服乃拜周亞夫為太尉領三十六將軍使討之。亞夫至洛陽與吳楚軍戰破之,反亂悉平時為西紀前一五四年此後帝遂留置諸侯王於京師以其所封之國的租稅衣食之,不許就國,由朝廷各遣國相以執其國政故有封建之名而實際則去郡縣不遠自是天下承平無事國家日益殷實府庫充溢至於太倉之粟紅腐不可食云。

武帝之文治

至景帝子武帝立雄才大略不可一世益以承父祖以來豐富之餘,故其

御世五十四年之間,文教盛於四海,國威振於遐方,自秦始皇燔書坑儒以後,學術久已不振,及高祖用叔孫通惠帝解除挾書之禁,又經文景二帝之世,而後學術始漸次勃興,然猶以黃老申韓之雜學異說為主,迨武帝即位始建年號,詔求賢良之士罷斥諸子而尚儒學設大學置五經(易書詩禮春秋)博士,又多多招集文人詞客,惟時淮南王安訪求四方學者,河間王德探尋先秦遺書,又有公孫弘、董仲舒、司馬遷、司馬相如、孔安國、東方朔、朱買臣、枚皋等學者文人輩出,如是文運遂勃焉以興,即武帝之武功實尤優於其文績,版圖之大,乃較秦時更增一倍。

古朝鮮之地乃當今盛京省之南部,東起大同江,西至遼河,謂堯時有祖檀君者曾建國於其地然史實無可考。殷亡後箕子奔其地為王,傳至後裔箕準,國為燕人衞滿所篡乃遁往南方的馬韓;於是衞氏代箕氏為王威振於四鄰。至其孫衞右渠恃勢不肯服漢,更殺漢之邊吏,武帝乃遣楊僕以西紀前一〇八年討滅之,置真番、樂浪、玄菟、臨屯四郡,遂與三韓之境接壤。三韓謂馬韓、辰

南方經略

韓，辨韓就中以馬韓為最大，據有半島南部，辰韓居其東，辨韓居其南。

初，秦南海郡（廣東省之地）尉趙佗，在楚漢紛爭之際，竝倂桂林（廣西省之東境）、象郡（廣東省廉州雷州二府及安南之北部）以為己有，而自立為南越王。會高祖統一天下，乃降漢受冊封。而南越之北有閩越（福建省之地）閩越之北有東甌（浙江省之地）武帝時，閩越勢強大破東甌侵南越。武帝乃討平閩越以救南越於東甌之故地封一東越王。其後南越亂殺漢使。接著東越王也反畔起來，武帝乃悉討平之。先是中國的西南部自秦滅後仍復其化外之舊。武帝時欲令唐蒙通於夜郎國（貴州遵義府）以便張騫經夜郎通身毒（印度）。然不果，僅達於滇國（雲南省雲南府）至是武帝以討平南越之餘威，遂降有邛、筰（四川省雅州府）、冉䮾（四川省茂州府）諸蕃。

匈奴征伐

匈奴有冒頓之後老上單于者出，奪月氏之地，其版圖遂東自朝鮮，西抵圖伯特（Tibet），日益強大，心輕漢室，屢屢寇邊。武帝欲雪累世之屈辱，乃命衞

和西域的交通

青、霍去病、李廣利等出師征討,越狼居胥山(在喀爾喀部),抵瀚海(外蒙古之杭愛山),盡收河以南之地置五原、朔方二郡,尋又出兵隴西斷絕匈奴和天山南路間的聯絡,定河西置武威、張掖、酒泉、敦煌四郡而實以屯田之兵;由是匈奴遠遁漠南,更不見有王庭,而往來西域的道路亦至是始開。

西域為中國本部以西的諸國之總稱,東起玉門關(甘肅省安西州敦煌縣西),陽關(敦煌縣西南),西至葱嶺,其間凡有三十六國,後又分為五十餘國,皆在匈奴之西烏孫之南,都為匈奴所役屬。葱嶺之西有大宛(Fergana)、康居(奇爾格司荒原)、奄蔡(Alani);其南有大月氏、安息、罽賓(Kashmir)諸國。安息為拔爾其亞(Parthia)的阿爾沙克司(Arsaces)朝,曩曾與大夏(Bactria)共畔條支(Sereukos 朝)而獨立旋破條支,國威頓揚,而大夏則為月氏所滅。月氏在秦漢之際奄有河西之地,其後見逐於匈奴西走,更為烏孫所逼,而移居媯水(Oxus)河畔,旋滅大夏而據有其地,建大月氏國。武帝之征匈奴也,遣張騫於大月氏,欲結之謀與挾擊匈奴,顧大月氏安於其居,無復復匈奴之志。

武帝之失政

雛之念張騫遂不得要領而歸。然自匈奴遠遁北方，西域來往之道更無阻礙，由是東西交通漸致頻繁史謂蕃客之來居留於長安者極多云。

武帝又迷信方士之說而求神仙大起苑囿池沼，建造樓臺宮觀屢行巡狩封禪加之頻動外征之師以故國用浩繁，前代蓄積消耗淨盡帝於是擢用孔僅桑宏羊等創作新法許賣官贖罪搉鹽鐵酒酤稅緡錢舟車發白鹿之皮幣以代錢貨行均輸平準之法以奪商賈之利皆欲以救濟財政的困難然而人民犯法者多遂任用酷吏嚴刑峻法以致民心動搖羣盜起於東方長安則有巫蠱之亂天下岌岌已入了危險的狀態。既而武帝悔其既往罷輪臺（甘肅省迪化府界內）屯田之議下詔以謝天下乃幸得無事復歸於平穩。

宣帝之治

西紀前八三年武帝死其子昭帝嗣位帝時年幼由霍光受遺詔攝政收拾了上官傑的謀反賑濟貧民減輕賦役令人民大加休息。昭帝死無子霍光乃迎立武帝之曾孫病已是為宣帝，帝在民間久深悉民隱故霍光死後帝親政乃專心用意民治兼之賢能之臣接踵而出君勵於上臣掖於下如是內治

匈奴之衰微

之盛，稱前後殆無其比。帝又紹武帝之後圖，修邊防，破匈奴服西域，復討平西羌；以故漢室之隆至武宣之世而極，向後則漸趨衰運了。

宣帝初年匈奴怒烏孫之通漢攻之，多失人馬，帝於是發援兵助烏孫，命常惠為將大破匈奴。自是匈奴國勢日傾，其別種丁零迫其北，東胡的一部烏桓迫其東，烏孫迫其西，漢又迫其南，如是羈屬之國盡畔而其內部五單于之間又起相續的爭亂，其領土遂全然分裂，其後呼韓邪單于入朝謝恩漢支單于相爭而敗，便在元帝的時候降漢，得漢之助，恢復其故土，屢侵烏孫、大宛勢妻以宮女遂為漢婿。郅支單于則西奔阿爾泰依康居以居寖盛，然於西紀前三六年為漢西域都護甘延壽襲而殺之，匈奴自是衰微先是，西域在昭帝時樓闌屢殺漢使霍光征服之，改其國名為鄯善（Cherchen）。

西域的服屬

逮宣帝時車師（Turfan）叛通於匈奴，鄭吉擊破之於其地屯田，後來統領匈奴的西方諸國之日逐王降漢，而蔥嶺以東遂盡行內附，鄭吉乃始為西域都護建幕府於烏壘城（天山南路 Chator）以鎮撫天山南北三十六國。

宦官外戚之專橫

王莽之篡立

西紀前四九年宣帝死其子元帝立柔弱多病以致宦官弄其威福及子成帝立而外戚王氏又代宦官而專權凡顯要地位都被他一族占領就中王莽尤有奇才懷大望佯為謙恭以博名聲而為大司馬。莽女為皇后而自稱宰衡位在諸侯王之上而其時天下士民皆阿諛之上頌德表者至四十八萬人之多王莽遂弒帝而立孺子嬰自攝政事者三年西紀八年卒廢之而篡天下改國號曰新漢自高祖至孺子嬰凡十二代二百九年而亡。

王莽盡革漢之制度而採用周制然政令過於繁瑣法禁過於周密州縣不堪其煩人民苦於重歛匈奴及西域相繼離畔豪傑起於四方天下遂大亂時漢景帝六世孫劉演、劉秀兄弟舉兵舂陵（湖北省襄陽府棗陽縣）合下江、平林之兵與諸豪傑共擁立同族劉玄為帝大破王莽之兵於昆陽（河南省南陽府葉縣）於是劉演兄弟威名大震劉玄忌之乃殺劉演別遣將陷長安斬王莽王莽自稱帝至亡凡十五年時西紀二三年也。

後漢光武帝之一統

王莽既亡，劉玄入都洛陽旋遷長安。是時劉秀正徇河北一帶，平王郎及銅馬諸賊遂於西紀二五年卽位於鄗（直隸省趙州府高邑縣）旋奠都洛陽，這便是後漢的光武帝。已而赤眉賊攻長安陷之殺劉玄帝遣將破赤眉降之。然是時羣雄割據諸方者猶不少成都（四川省成都府）有公孫述成紀（甘肅省秦州府）有隗囂河西（甘肅省甘州涼州諸府）有竇融河南（內蒙古阿爾德斯）有盧芳，都不服漢而南方也是為羣雄所割據，帝於是遣諸將次第討平之不十年而一統天下。

後漢之初政

光武帝改王莽諸政悉復漢舊與諸外國斷絕關係專心一意於內治修經術，尚禮樂因欲矯前漢末年詭誶之風乃極端獎勵名節如是國內大治學術甚盛名節之士亦輩出。明帝立亦能紹其遺緖崇尚學問努力政治。明帝子章帝亦復以寬厚臨天下，百姓安樂戶口遂滋殖起來計自光武帝至此，凡三世六十餘年漢的威勢，輝於內外實致天下於泰平之域。

匈奴之分裂

前漢之末王莽篡立中國正在大亂之時，匈奴乃乘機復起；東則結托烏

第三章　兩漢及三國時代之文化

七九

西域諸國之叛服

桓、鮮卑西則結托西域諸國，連刦山西陝西。既而日逐王比和蒲奴單于起爭端，據南匈奴以內附漢朝而與北匈奴相攻伐，匈奴乃分裂而爲南北明帝初年，北匈奴屢擾邊塞，帝命祭彤竇固等合南匈奴之衆北征取伊吾盧(Hami)。又令班超往服西域以斷其右臂。繼而丁零、鮮卑、南匈奴及西域諸國乘北匈奴之衰亂，乃四周起而攻之；後和帝外戚竇憲，亦率大軍至燕然山（外蒙古之杭愛山）大破匈奴單于乃偕其餘衆，遠向西方遁逃，鮮卑遂入其地漸臻強大，鮮卑和烏桓同爲東胡之後。

後漢初，西域諸國請內屬光武帝時專力內治，不欲與諸國多啓事端，故不許。逮明帝破北匈奴倣前漢武帝之舊圖遣班超使西域。班超先至鄯善斬北匈奴之使者以威服其國王乃乘勢下于闐(Khotan)、疏勒(Kashgar)，漢乃置西域都護使監諸國明帝死，西域諸國叛陷都護府漢遂欲抛棄西域，班超上書自請征討，乃進略莎車(Yarkand)下龜茲(Kucha)，襲焉耆(Karashar)、招烏孫，破大月氏遂爲西域五十餘國都護旋遣部將甘英經安息欲與大秦

和大秦的交通

大月氏之興隆與佛教

通，甘英進至波斯灣頭，不能渡而歸。大秦乃中國指羅馬東領之地而言。如是班超在西域凡三十年振國威於葱嶺東西暨任尚代之失邊和，西域諸國乃皆叛漢。是時羅馬領有細利亞(Syria)以西曁與安息，其王安敦遣使從海路自印度洋經不能赴彼而歸。後至桓帝時，大秦破安息及西亞細亞爭，故甘英安南而通於漢安敦蓋當時的羅馬帝馬克思奧烈留思安敦尼思(Marcus Aulerius Antoninus)也。自是大秦人因欲得中國的絹和別的貨物遂屢來中國；而中國商船亦往來於印度洋上，彼此貿易漸盛。

大月氏在前漢末年曾分裂為五部，及丘就卻(Kozulo Kadphises)王出乃統一之西破安息南倂高附(Cabul)。其子閻膏珍(Huemo Kadphises)王，更討滅罽賓的塞種(Saka)，倂合北西印度其版圖直自北印度經中亞細亞而到葱嶺以來此際在中印度婆羅門(Brahman)教又已恢復其勢力，佛教漸見不振，如是佛教徒之北奔而投大月氏者極多，北印度之地遂成了佛教的中心欽至迦膩色迦(Kanishka)王君臨大月氏，深信佛教極盡皈依於西

佛教東流

紀八〇年頃會僧侶五百人開第四回結集；這便是北派佛教而為大乘教。但是沒有與於這一次的結集的南方佛教徒乃別以師子國(Ceylon)為中心，而傳所謂南派佛教。

先是，中國自前漢武帝以來，與西域諸國交通那樣頻繁，所以佛教想必在那時便似乎傳了過來，不過不見得流行罷了。但到了後漢的明帝之世佛教入大月氏更傳播於天山南路諸國帝乃遣蔡愔等往西方求之。蔡愔等抵大月氏得經論佛像偕迦葉摩騰(Kashapa Matanga)、竺法蘭(Dharmarakcha)二僧而歸時西紀六七年也於是明帝建白馬寺於洛陽，使迦葉摩騰習漢語翻譯佛經，這便是佛典漢譯之始。接著漢的威稜遍及西域，交通也便利了，於是支婁迦讖(Rokarakcha)來自大月氏安世高來自安息，康孟祥來自康居，都在中國努力從事譯經而諸帝皈依者也眾多從後漢末年起，佛教乃漸次弘通，到三國時代魏最盛及晉便大興隆起來。

高句麗百濟新羅之建國

前漢末年占領了今盛京省之北部的扶餘部人鄒牟，避國難入古朝鮮

後漢外戚宦官之專權

之故地，奠都於浿流水（鴨綠江上流），征服附近諸部而建立高句麗國，時為西紀前三十七年繼高句麗於前漢末乘王氏之亂侵寇邊境，為後漢光武帝所擊退，由是屢寇遼東一帶鄒牟之建國也其少子溫祚統率南扶餘南下入馬韓滅箕氏據慰禮城（朝鮮忠清道稷山縣）而立百濟國，實西紀前十八年也先是，西紀前五十七年，辰韓的朴赫居世也建都於金城（慶尙道慶州，）國號徐羅伐經四世至昔氏稱國號曰雞林更至金氏乃改名新羅始稱王與高句麗百濟鼎足而立又當時辨韓之地有小國曰駕洛介在新羅百濟之間不能當二國之強盛乃求日本的保護垂仁天皇賜名任那使之內屬而是時日本的九州土豪中有納貢於漢而受其印綬者。

後漢章帝子和帝即位年纔十歲，由竇太后聽政，竇氏一族恃外戚之勢遂擅政權以至於企圖逆謀宦官鄭衆輔帝而黜竇氏之黨以功封大長秋遂開宦官弄權之端次及安帝少帝亦俱以幼少即位外戚宦官相凌轢遂惹出漢室衰亡之禍來順帝時，皇后之兄梁冀以外戚擅威福旋毒殺

第三章　兩漢及三國時代之文化

八十三

黨錮之禍

質帝而立桓帝，帝後惡冀之專橫與宦官單超等謀悉殄滅梁氏，由是宦官代外戚而專政權，於是清節氣概之士皆憤宦官的跋扈乃結連大學諸生肆行譏議朝政反抗褒貶朝官宦官於是稱他們作黨人誣告於帝悉禁錮之所謂漢黨錮之禍便是此事。桓帝死靈帝立大將軍竇武與名士陳蕃等謀誅宦官，事洩宦官誣之以大逆不道殺陳蕃、李膺以下百餘人凡不與己合者皆加以廢徙禁錮暴威乃越發恣張。

後漢之衰亂

宦官是這樣跋扈，帝室威令不復能行，天下將卽於大亂之時，鉅鹿張角的黃巾妖賊數十萬以起其勢甚盛漢廷命皇甫嵩等討平之然其餘衆散在四方騷擾州郡。漢廷乃任重臣爲州牧欲以鎮壓這些騷動顧目是外權漸重，遂啓羣雄割據之漸。靈帝死子辨立袁紹悉誅宦官詎董卓牽河東（山西省的西南部）之兵入京師廢帝辨而立其弟獻帝袁紹遂奔關東，與諸將連合伐董卓卓乃挾帝遷往長安旋爲王允及呂布所殺。

羣雄割據

當是時，關東諸將皆以兼幷爲事：曹操據山東袁紹領山西，其從弟袁術

後漢之滅亡

取河南，劉表據湖北，孫堅保有湖南，公孫瓚佔有直隸一帶之地，公孫度雄視遼東，劉璋據居巴蜀，天下乃全然四分五裂。其後曹操迎獻帝於許（河南省開封府許州），挾之以臨四方。南滅袁術收河南江淮之地，其勢頓盛；袁紹擴地河北，斬公孫瓚併有直隸、山西，然卒為曹操破滅；公孫度之子康亦歸服曹操時，操於是乘勢進襄陽（湖北省襄陽府襄陽縣）討劉表會表死，遂陷襄陽，漢景帝之裔孫劉備在襄陽得名士諸葛亮，及襄陽陷遂奔江東投孫堅之子權，權用謀臣周瑜之計與劉備共邀曹操大軍於西紀二〇八年大破之於赤壁（湖北省武昌府嘉魚縣東北）遂奄有江南。繼又聽魯肅之說謀以湖南之地貸與劉備使劉備進取巴蜀夾擊曹操，既劉備溯江而上，劉璋降而入備手，孫權索還湖南，劉備不應卒持之，餘以湘水為界而中分之，備使其義弟關羽守江陵（湖北省荊州府）而自北進取漢中。自是曹操領有河北，孫權蹯踞江東，劉備在西遂三分天下。

其間，獻帝雖在位實不過徒擁虛名，初無天子之實封曹操為魏公旋晉

三國之交戰

爵爲王。操以西紀二二〇年卒，其子曹丕嗣遂迫帝讓位，國號魏，都洛陽，這便是曹魏的文帝。後漢自光武帝至是凡十三代百九十六年而亡。其明年劉備聞之乃據巴蜀遙承漢之帝統都成都，這便是蜀漢的昭烈帝。後九年，孫權亦卽帝位，國號吳，都建業（江蘇省江寧府）是爲吳的大帝，以後便是所謂三國之世。

先是，劉備將欲入巴蜀時留關羽於江陵，使當曹操及孫權。旣而關羽之勢大振，取襄陽將襲許，曹操大恐說孫權使襲其後殺之。劉備旣卽帝位欲爲關羽復仇親將侵吳，然爲陸遜所破，遂以憂憤死。子劉禪立，諸葛亮輔之，與吳修好，以共向魏。於是魏的文帝親率大軍南向征吳者兩次，都沒有渡江便班師而回。

諸葛亮之出征

蜀的諸葛亮鞠躬盡瘁勞形於內外之事，專心一意謀以伐魏。先征服南蠻以絕後顧之患，然後興北伐之師，進至祁山（甘肅省鞏昌府西和縣）其將馬謖違節度，致蜀軍大敗於街亭（甘肅省秦州府秦安縣）其次北征圍

魏與高句麗

陳倉（陝西省鳳翔府寶雞縣），復因兵糧俱盡而還。乃專用其力於勸農講武。三年之後與吳約共侵魏，是時魏文帝已死，其子明帝親出卻退吳軍，命司馬懿禦蜀軍。諸葛亮挑戰，司馬懿不應，兩軍相持於五丈原（陝西省鳳翔府郿縣西南）。正勝敗不決之間，諸葛亮遂攖病死於陣中，時西紀二三四年也。姜維收軍歸蜀，勢自是衰。

高句麗於後漢末侵遼東，為公孫度所擊敗；迨公孫氏被魏滅後，高句麗又入寇遼東，復為魏幽州刺史毌丘儉擊走之，屠其都丸都城（朝鮮平安道寧遠府南劍山），高句麗東川王乃遁走南沃沮，後歸略樂浪帶方之地，建都黃城（平壤之東），國勢乃再恢復。

司馬氏之專權

初，魏之諸帝多刻薄寡恩，疏害骨肉，以致帝室孤立。明帝死，廢帝芳立，司馬懿殺曹爽自為丞相專國政，次至懿子司馬師尤專恣，卒廢帝而迎立明帝之姪髦；其間毌丘儉文欽諸葛誕等，前後舉兵討司馬氏皆敗死，迨司馬師之弟司馬昭為相國，封晉公，屢行廢立，國家實權遂盡入司馬氏之手。

七 三國之滅亡

蜀自諸葛亮死後，姜維掌兵權恃其才武屢出狄道（甘肅省肅州）祁山，北侵魏，因是國力耗盡加之後帝劉禪寵用嬖臣內政不修。魏司馬昭乘其弊遣鍾會鄧艾伐蜀，鍾會乃自斜谷駱谷子午谷侵入至劍閣（四川省保寧府劍州）為姜維所扼會鄧艾經陰平（甘肅省階州文縣）而入成都，帝禪降。蜀自昭烈帝凡二世四十三年而亡，時為西紀二六三年。嗣是司馬昭威望益高加九錫為晉王西紀二六五年其子司馬炎逼魏的元帝遜位而自篡立國號晉是為武帝。魏自文帝凡五世四十六年而亡。又經十五年至吳亦為晉所滅自大帝以來凡四代五十二年三國自分立後總凡六十年至晉又一統中國時則西紀二八〇年也。

評秦始皇

秦自勃興而統一宇內其原因有五：（一）其根據地在陝西，占著險要的位置；（二）其人民質樸而剛健（三）自穆公以來，卽敦求人才而任用之以圖富國強兵（四）有始皇帝英邁之君主；（五）六國濫自攻伐而無一定方針抑秦之勃

興，乃與希臘馬其頓尼亞(Macedonia)隆興一事，絕相類似。即秦據險要之地，有剛健之民，而以其偏在西方，致受中國諸侯的侮蔑不得與於會盟及秦穆公始稱霸孝公以後，廣攬天下人材用商鞅、范雎、李斯等圖富強，迨始皇遂滅六國而囊括四海。而馬其頓尼亞之人民本與希臘人為同族，顧以風俗鄙野，常為希臘諸國視如番夷，不得加入列國的隊裏，於是歷代諸王皆努力輸入希臘文化欲以進於開明之域。其結果，則斐立勃司(Philipos)王時始得參加到列國當中漸振其勢遂至其子亞歷山大(Alexander)大王出，而併吞希臘諸國征服波斯(Persia)埃及(Egypt)侵略印度遂建設成功一跨有亞細亞歐羅巴之大帝國。這豈不利秦事很相似麼？始皇雖不如亞歷山大大王之能親自將兵於以戰必勝攻必取而為一不世出之雄將，然其利用辯士驅使猛將以討滅六國遂安坐而有天下，蓋亦蓋世之英主也。始皇既撫有天下，自稱德兼三皇功邁五帝乃號皇帝（這大概是因為戰國諸侯都已稱王，更稱王於至尊之義似嫌已經不穀了。）以古來諡法子議父臣議君為非禮乃令廢諡而立一世二世三世以至於

萬世之制,乃自稱始皇帝。廢封建而布郡縣制,改中央及地方官制,總攬行政、兵馬監察三大政而確立帝權欲防叛亂於未然,乃收民間兵器而銷之鑄爲鐘鐻金人移諸郡富豪十二萬戶於咸陽以富國都;命李斯作小篆以統一文字役刑徒七十萬八造阿房宮於咸陽,數數巡狩海內以示帝威以行封禪惡學者誹議新政搖動民心者之多,乃發挾書的政令聚天下之詩書及百家之語而燔之坑咸陽諸生四百六十餘人又驅逐北方的匈奴築萬里長城南則征百越(兩廣之地)置三郡屯戍於五嶺(廣東和廣西境上的山)凡以上諸所作所爲無一不是盡力於統一的大事業。史稱:『始皇爲人天性剛戾自用天下事無大小皆決於上至以衡石量書,日夜有程不得休息貪於權勢至如此!』讀這些話我們可以想見其勵精的那種狀況。百事皆取決於自己,雖則似乎過於量狹,然若非這種剛愎而英邁之恣又何能完成這樣統一的大業呢?故我們寧當稱他爲古今的英主繞能得其平允顧後世因其有燔書坑儒一事遂大都非難他爲古今的一大暴主爰略爲之辯明於此。秦滅後,兩漢四百餘年之間,爲什麼

收拾經籍，費去極大的勞力？為什麼對經術的授受，感到非常的困難一世的人心為什麼弄到助長成功尚古之風？一代的學者為什麼訓詁以外竟不復能幹出別的大發明？以上種種論其原因雖則多端而始皇燔坑一舉實不能不推為主因。夫始皇所燔之書固非必總括天下羣籍而悉加以焚燒即始皇所坑之儒亦非必網羅天下學者而悉加以殺戮。顧自三代以來着着進步卒達於全盛之域的文學經術，一經秦火邊頓挫於一朝遂令兩漢以後數百千年之間只能徒耗其心血光陰孜孜汲汲一意於補修彌縫此其罪固除始皇火坑莫屬。抑始皇者，一世之英主也天下既經統一以後，初無僅恃武力圖治之意故彼於滅六國時固然所使役者皆屬猛將及欲治天下與太平彼固又極欲任用文學之士。這確實是他的理想。我們試看他東遊登鄒嶧山欲刻秦功德於石，乃徵魯諸生議其事又置博士七十人供顧問這便很可以知道他也是足能與儒者共樂守成的一個人。而且他曾重用了一代文宗李斯，又嘗讀韓非之書乃嘆不能得此人而用之，這固然或者是醉心於非的法術主義卽非的文章想來會令他也不

能無渴慕之處。就是說，他對於文學也多少是有趣味的，決非僅止是以殺風景的文學破壞者自命的一個人。既是這樣那麼為甚麼所坑殺了的四百六十多個儒生都是無辜受戮的呢?這實在是我們非得公平地去考慮不可的問題。蓋如李斯上書所說的：「異時諸侯並爭，共招遊學，今天下已定法令出一百姓當家則力農工士則學習法令諸生不師今而學古以非當世惑亂黔首聞令下則各以其學議之入則心非出則造謗」云云可知對於始皇急激的統一政策，持保守主義的儒生們便往往要非難新政，搖惑民心而承周末學術競鳴的餘響當時學者各各主張自家學說，互相排擠，故海內雖已統一而海內思想則殊未嘗統一於是始皇遂決從李斯之議蒐集藏於民間的詩書及百家語悉燔之次則以誹謗當今的罪名捕咸陽諸生四百六十餘人悉坑殺之；這不消說是極其殘忍的處置而從為政者的那一方面看起來或者也有其不得已而如此斷行了的苦衷，故對於始皇的這種大英斷似宜與以同情為得且據李斯的建議則一切書籍皆由當時秦博士官

許漢高祖

保存；除醫藥卜筮種樹之書而外民間所藏詩書及百家語始取而燔之，故非天下之書盡遭燒阬，逮後年秦滅亡時，項羽焚咸陽博士官的藏書亦盡在一炬之列而後書繞真燒盡了。所以那些爲始皇時書籍即已滅盡之論者，殊欠妥當；又若阬殺諸生一事試從爲政者的一方面去着想則彼諸生者大抵皆爲妨害治安之言動者，其中還當夾雜着放蕩無賴之徒：這麼說起來所以專止非難始皇的行動這實可謂爲大誤。

漢高祖之爲人從一面去觀察固然他是從大言謾罵的一名亭長出身只因一朝際會風雲遂爾滅秦倒楚卒開漢室萬乘之基的一個幸運兒他有武略而無文德乃逐鹿場裏的高材逸足只知汲汲於功名富貴馬上得天下便欲以馬上治之總之彼蓋亂世之英雄而非治世之明主創業之材而非守成之器故擾勁敵成洪業是其所長然其能耐亦止於狡兔死走狗烹至於興一代之文化，定百世之典禮則其所短也。但是我們又試另換一面以去觀察那麼他是器度宏遠極能收攬英雄豪傑之心又極能言聽計從而成大事的一個英主比如他

能豰令後趙的石勒這樣說：『若遇過高祖當北面事之，與韓彭比肩耳；若遇光武，當並驅中原，未知鹿死誰手。』又漢的諸將也說：『陛下使人攻城掠地，因與之，與天下同其利；項羽不然，有功者害之，賢者疑之，戰勝而不與人功，得地而不與人利。』便可知高祖是怎樣的擅場收攬人心之術。這不能不說是由於他天性的度量寬宏故梟雄如韓信至於說：『漢王授我上將軍印，解衣衣我，推食食我，言聽計用，故吾得至於此。且彼又善將將，此信所以為陛下禽且陛下所謂天授非人力也！』而謝去歸向項羽有利的勸說卒不背又說：『陛下不能將兵，而善將將，此信所以為陛下禽且陛下所謂天授非人力也！』深深感嘆一至於此。且彼又能使張良運籌帷幄之中決勝千里之外令蕭何守國家，撫百姓給餽餉使糧道不絕任用陳平酈食其、陸賈叔孫通等而各令能抒其計略從其論說於以輔成大業但是有一部分的論者因為高祖素行是見有冠儒冠者至輒解其冠而自溲溺其中遂謂其本來憎惡儒者不好詩書又因其嘗過魯祀孔子僅用中牢遂謂崇拜孔子初非出於衷心只不外是收攬天下人心一種英雄的詐略。他們又說高祖雖善陸賈之言然非心服詩書只是為其口

辯所動；卽其任用酈食其亦非歡迎儒生，只不過把他當說客看待罷了。就是叔孫通也並不是喜歡他的典禮實在只是享受他那曲學阿世而已，結局，故漢初文學經術之所由不與實緣高祖不悅學術之故以上的一些說法，都是只知其一不知其二的一種見解何以呢？蓋漢初學術所以不與實原於戰後瘡痍乍難即癒，而直接對於建設新國家之必要的諸般設備自當爲其所先，而裝飾太平之業的文學經術的復興不覺因而落後。況不重學術之理由，不止由於高祖對於學術沒有理解便是當時多數的將相也是懵然不知。漢初諸臣以張良生於韓相家爲最貴次則張蒼爲秦御史叔孫通爲秦待詔博士蕭何爲沛主吏掾曹參爲獄掾任敖爲獄吏周苛爲泗水卒吏傳寬爲魏的騎將申屠嘉爲材官若夫其餘則大抵皆出身卑賤如陳平、王陵、陸賈酈食其、夏侯嬰等皆白徒樊噲乃狗屠周勃乃織薄曲吹簫而給事喪事者，灌嬰販繒婁敬輓車，韓信家貧至於寄食漂母英布曾爲刑徒而高祖自身則不過泗上的一亭長。這麼一班的帝王將相那麼他們把文學經術當作不急之務而不之顧這又何足爲怪？所以我

評後漢光武帝

們看到惠帝時纔解挾書之禁，便足窺此中消息了。當時秦的博士及老儒，固猶有存者然自火坑以後皆狼顧狐疑屛息束手只不過徒自保其餘喘以送殘生，這實在不能不說是漢初學術何爲不復興的一個頂大的理由。

後漢光武帝不獨才智勇略爲一世傑出卽其博覽經術淹通文學深明政治，亦一前世曠無儔匹之聖主。故彼以武勘定四海以文經緯天地，一面旣爲創業之英主他一面復具守成之資格也。把高祖來和光武比較則高祖豪放倨傲，而極能令將士折服，光武謹厚溫柔而深得羣臣懷慕。高祖有欲以馬上治天下之陋習，光武則有厭棄兵事敦崇名敎之美風；高祖本來便不好儒，反之而光武則厚擢儒雅之士抑制功臣之跋扈旌獎循良之吏禁止武夫之橫凡是這些大概都是原於二者乃出身於沒有受過敎育的亭長一者則生於名門而爲受過敎育的宗室所以兩人性格是這樣的不同。先是，經過了王莽的一次簒立以後，名敎掃地學者都陷於詔佞阿諛，光武乃極端砥礪名節，推崇氣槪以經明行修四字作爲進退人士之標準待處士周黨、嚴光等以殊遇隆禮賞賜強項令董宣，

漢代人民的風氣

中國人民的氣質概有隨着那一時代政府的方針而變遷之風故秦行武斷之政則當時人民自具勇武之概；漢世武帝大崇文學而當時士大夫遂富於文雅之風及詔郡國舉極言直諫孝廉之士廉吏遂輩出。迨後漢之世光武帝興學校盛教育，勵名節尊處士九重孝廉一科而人民相尚以節概之風從而養成。下逮桓靈之代官操持國柄朝政日非之時而清節氣概之士皆投袂而起赴義犯險與之抗衡遂致成為黨錮之禍抑這一種潮流不獨是搢紳之間如此流行便是巾幗社會亦從而風披以故後漢風俗之美世謂其就令說是上凌三代下駕六朝亦非溢美過譽云。三國之世，士風概屬勇武不意魏、晉之際，清談盛行士風遂墮於優柔懦弱這大約是因為漢末過尊名節之餘，或不無流

嘉獎譙玄、李業、溫序等的高節，或則旌表其門閭，或則繪畫其像貌，或則贈以幣帛，或則祠以中牢要皆不出欲以一矯前漢末年士倫俗弊之習之意帝又極好學深知文治之必要首與大學稽武古典修明禮樂以故後漢之世文物粲然具備有名的學者文士接踵繼軌而出。

為狷介之弊以致到了魏、晉生出反動遂輕視砥守節義而生出棄置禮法於度外的風氣來。

秦的官制

秦始皇既一統天下,中央政府置丞相、太尉、御史大夫丞相以總諸政,太尉以掌天下之兵,御史大夫則輔丞相而監察諸政。是這樣則行政兵馬監察三權分立,便無一人專權之患,而始皇則總攬此三大權於一身,帝權於是漸次確立。又奉常掌祭祀禮儀郎中令掌宮殿掖門衞尉掌門衞屯兵宗正掌帝王之親族治粟內史掌穀貨廷尉掌刑辟典客掌兵客太僕掌輿馬少府掌山海池澤之稅。

漢的官制

而是時尚未有三公九卿之稱,而漢之三公九卿,則實根於這些秦官而來的。漢初亦承秦舊制,設丞相、太尉、御史大夫,至武帝時遂改太尉為大司馬冠以將軍之號(如以衞青為大司馬大將軍,以霍去病為大司馬驃騎將軍等例);成帝時改御史大夫為大司空,哀帝時改丞相為大司徒,如是大司馬、大司徒、大司空,遂稱三公。然王莽篡天下,官制盡行改做周制,光武帝重興漢室,始又稍復舊觀,以大司馬為太尉,而大司徒、大司空則去其大字,如是太尉、司徒、司空,遂稱三公

亦稱三司。其後起了如車騎將軍儀同三司的儀同三司之號;然後漢諸帝多以幼年嗣位遂以太傅錄尚書事故又起了太尉大傅司徒司空為四府依漢舊制則大將軍之位在三公下然自霍光以大司馬大將軍受遺詔輔政以來外戚之輔政者往往為此官故大將軍的權與位便都在四府之上了。後漢末罷三公之官再置丞相御史大夫逮魏世則又復三公以下置太常(秦之奉常)光祿勳(秦之郎中令)衞尉(有時亦稱中大夫)太僕廷尉大鴻臚(秦之典客)宗正(有時改為宗伯)大司農(乃秦之治粟內史有時改為大農令)少府是為九卿;即太尉之下有太常光祿勳衞尉司徒之下有太僕廷尉大鴻臚司空之下有宗正大司農少府各各分掌事務而尚書之下有尚書以掌祕書但後來卻參與政治而尚書令及尚書僕射遂為重要之官又到後來置中書監及中書令以後其權力又移而歸於中書(原為執掌詔告之官但後來遂至參與政治)云。

秦在始皇時懲於前代封建之弊改郡縣制,自是歷代各鑑於其時勢或

漢的封建制

為封建制或布郡縣制。初始皇之一統天下也，丞相王綰等建議謂如燕、齊、荊等僻遠之地若不置王則難於鎮撫，遂請立諸子為王。然李斯反對此議謂：「周武王所封子弟同姓甚眾，後屬疏遠相攻擊如仇讎。今海內賴陛下神靈一統皆為郡縣，諸子功臣以公賦稅賞賜之甚足易制，天下無異意則安寧之術也。置諸侯不便。」於是始皇從李斯之議將天下分為隴西、北地、上郡、河東、上黨、太原、雁門、代郡、雲中、九原、邯鄲、鉅鹿、上谷、漁陽、右北平、遼西、遼東、齊郡、東郡、碭郡、薛郡、瑯琊、泗水、三川、潁川、南陽、漢中、巴郡、蜀郡、南郡、長沙、九江、會稽、南海、桂林、象郡三十六郡，更小分之為縣，每郡置守尉監，守以治民，尉以掌兵，監以監察。秦於是遂成為中央集權諸王大臣不能私有土地民眾，然始皇死後羣雄蜂起，諸郡無守禦之力而瓦解，秦室遂以孤立而亡。漢世高祖鑑於秦之以孤立亡國，乃兼郡縣及封建兩制度而用之，大封諸王及功臣於各地，又各任諸臣為郡守縣令，惟漢之封建制度，凡皇子之被封者為諸侯王，其諸臣異姓之以功封者為徹侯。其後高祖懼異姓諸侯王之漸臻強橫，乃誅除之，而以其地封同姓諸王，故

能比於古之諸侯者只有諸侯王，其數凡九人，這些諸王皆倣帝室之制，置太傅、丞相御史大夫等官，殆與朝廷不異，大者有七十餘城，小者亦有五十餘城，其勢如此，故合其所領已過天下之半租稅之入於帝室者繞不過三分之一；如是中朝威信漸輕。加以諸王亦日卽驕恣，朝廷政令不復聽從。文帝時，賈誼患之，乃上抑損諸王之策；景帝時鼂錯斷行削地之政，是致吳、楚七國之亂。自是朝廷懲於諸侯王之強大欲漸削其力，乃採分地之策，並將諸侯王留置京師，使衣食其封國之租稅，不許就國，由朝廷各任相以執其國政。至武帝時則益復因事而分諸侯之地大削其力，如是雖曾強大之諸侯王，至是亦成微弱終至徒存封建之名，實權一切俱亡。所領繞不過三四縣之地罷了；是以王莽得乘漢宗室之微弱不振安坐而篡帝位。後漢初，光武帝封宗室及絕國之後百餘人又封功臣三百餘人，但封建之實既已消滅止不過僅存其名，有甚至只給虛名毫不分以土地者。迨魏世益加抑制諸王其所領有，不過一縣，封建制度至是完全空虛。

秦的郡縣制已如前述，漢亦仍秦制郡有太守，司治民進賢決訟檢姦之事，

稅制

春則巡回屬下諸縣冬則決囚並論部吏的殿最（考察功勞以上功為最下功為殿）縣有令長治萬戶以上之縣者曰令治萬戶以下之縣者曰長太守稱二千石蓋用其年俸之額言之如漢書百官表『郡守秦官掌治其郡秩二千石』是。至武帝時郡上置州為冀州、幽州、幷州、涼州、益州、交州、兗州、青州、徐州、豫州、荆州、揚州等十二州，每州置刺史巡回屬下諸郡，監察郡守的施為。成帝時以刺史位卑乃更為州牧位於九卿之次其後再為刺史又為州牧逮後漢末年其勢盛強，直等於諸侯遂乘天下騷亂割據諸方。

秦時廢井田之制許民以土地私有如是貧富懸隔相差殊甚，貧者佃作（同於耕作）富者之田而納其收穫十分之五於地主是所出之稅較井田制約為五倍之多並生出地主與佃戶的關係來。漢世察人民困苦如此乃減其稅率只徵十五分之一其後又減到只徵三十分之一並且文帝十二年減其田租之半翌年又全免之然是時佃田而耕者多故這種輕減的利益只是給了地主要之、文景兩帝之世海內晏安國家殷富史言：『自漢興掃除繁苛與民休息孝文

加以恭儉,至景帝遵業,五六十載之間,移風易俗,黎民醇厚,國家無事,家給人足,都鄙廩庾皆滿,而府庫餘貨財,京師之錢累鉅萬貫,朽而不可校,太倉之粟陳陳相因,充溢露積於外,紅腐不可勝食,為吏者長子孫,居官者以為姓號,故有倉氏、庫氏人人相愛而重犯法,然罔疏民富,或至驕溢兼并之徒,武斷鄉曲,宗室有土,公卿以下奢侈無度,物盛而衰,固其變也』由這一段的記載,我們可以確認出是時土地兼并之風盛行,貧富懸隔日甚的一件事實來了。又田租而外,有從各個人徵收像人頭稅一般的稅,起初是從十五歲到六十五歲為止者使各出百二十五錢,自十歲到十五歲者出二十錢,其後減輕為三年間出四十錢,迨至武帝以雄才大略之姿,承文景豐富之後,內盛土木外征四夷,便把前代所有的積蓄蕩盡,於是遂至稅及緡錢、舟車、馬口,而人民乃大告困窮。猶幸諸稅皆止於為救濟當時財政的缺乏而起,並沒有繼續到後世,而至宣帝勵精圖治時,史謂其民皆安居樂業,則租稅或許已減輕了。王莽篡漢,更名天下之田為王田,禁止賣買,而行井田之制,無田者則受田,然因習既久,人民深以為不便而不悅,想來富

第三章 兩漢及三國時代之文化

一百三

民亦一定反對，故王莽遂至失其人望。後漢百事皆復前漢舊制，後又檢墾田且將田分爲三等而使以布帛出稅。至曹操秉政凡田一畝出粟四升家一戶出絹二匹綿二斤，以此爲始遂行田租戶調之制而租稅之額稍重。

秦的兵制

秦時中央政府有太尉掌天下之兵，其下有衞尉及其他諸種之官以率軍隊，諸郡置尉使掌兵又有材官（謂有材力而善於挽強弓者）及始皇築長城守五嶺乃發及謫成（謂發罪人使服兵役）閭左（謂貧民之服兵役者蓋閭門之右住富民其左住貧民故云）。漢世兵制甚備京師有南北兩軍南軍屬衞尉守宮城北軍屬太尉保衞京師，這樣子設置兩軍的理由想來會是使之互相牽制的緣故。武帝時分北軍爲中壘屯騎步兵越騎胡騎長水射聲虎賁八校更置羽林期門之兵以屬南軍亦相制之意。其在郡國則選引關蹶張材力武猛之士爲輕車騎士材官樓船之兵各依其地勢而配置之卽平地置輕車騎士山阻置材官川澤置樓船也足可以知其用意之周到了。調兵之制人民年自二十三至六十五者爲正卒以一年赴京師入南北兩軍爲兵，一年在郡國爲材官騎

漢的兵制

三國的兵制

士、樓船等兵，其後則歸住鄉里以待調發而為上番。然武帝時將北軍分八校而為募集兵置羽林期門之兵為世襲兵，於是京師軍制一變及武帝征討四夷郡國之兵不夠徵發遂徵及謫吏、謫民，而郡國兵制便也稍稍變動。後漢初也是在京師置南北兩軍因廢去輕車、騎士、材官的都試（謂檢閱兵士，前漢之世行於秋冬間）於是郡國武備遂弛；又南北軍亦得以納錢穀而為兵，故京師軍備亦漸衰遂為後來宦官掌握兵權而招致漢室滅亡的原因。三國之世史但言魏於京師置南北兩軍州有都督以掌兵權蜀置五軍，吳則多備舟師如是而已以外詳細的兵備不得而知。

法制

秦時刑罰同於戰國時代極其苛酷。如二世時刑李斯具五刑，腰斬復誅三族。漢高祖入關先除秦苛法約法三章殺人者死傷人及盜者抵罪。然這原不過是出於一時的便宜之計而且在當時高祖也並沒有在關中為王，故這三章的約法我們以為實際還沒有行過而況高祖直到天下一統之後，草創之際，制度沒有確立。故如誅除韓信及彭越等功臣時所用的仍舊還是夷三族的酷刑直

至文帝時這誅三族的辦法，纔得廢棄並且肉刑也除去了。肉刑在當時猶有黥、劓刖之類乃代之以黥則髠鉗而爲城旦舂（城旦謂旦起治城舂謂婦人不預外徭而舂米皆四年刑）。劓則笞三百刖則須刖左趾者笞五百右趾者棄市顧因笞而死者尚多景帝時乃減笞數爲五百三百者爲二百（後又減二百者爲一百）遂爲後世法則。這實在是中國刑法的一大變革期此後魏、晉之世雖屢有欲復肉刑之議，然卒不果行。武帝時曾設有見知故縱腹誹等處死刑之嚴罰然未幾卽除去。又有連坐而處腐刑之刑總之漢世刑法總可算是很寬大的。至於牢獄則有廷尉之獄掖庭之獄（卽後宮之獄）等對於老幼則稍稍從寬處置。如景帝時八十歲以上及八歲以下者孕婦耆者、短人等雖繫獄而免其桎梏。又如哀帝時婦女及八十歲以上七歲以下之男子若非自己犯罪或緣家族叛逆，得不連坐由這些看來都可以見其寬大法律書漢初蕭何於李悝法經六篇之外又增三篇凡爲九篇。叔孫通又作傍章十八篇武帝時謂律令有三百五十九章大辟四百九條後漢之世曾大大削除律令魏時更作新律十八篇。魏之新

選舉

律，比之漢律凡增刼掠、詐偽、毀亡、告刼、繫訊、斷獄、請賕、驚事、償贓九篇通於漢、魏，刑事的法律皆已大具，顧民事的法律獨不能知其詳。

秦承戰國之後，且統治之年數又少，故無選舉法。漢世則以賢良方正、孝廉、博士弟子三種取士；賢良方正的選舉始於文帝之時，孝廉及博士弟子的選舉始於武帝之時。而由郡國舉士則依人口的比例而定其人數，限以四科。十萬以下者每三年舉一人，二十萬以下者，則二年一人，二十萬以上者一年一人，四十萬以上者二人，六十萬以上者三人，八十萬以上者四人，百萬以上者五人，百二十萬以上者六人所舉之人四科之中必當其一乃得與選。四科：一、德行高妙志節清白者；二、學通行修中經博士者；三、法令明習足以決疑者；四、剛毅多略遭事不惑者。其後選舉之法不必同一，而孝廉及賢良方正之科則直至後漢猶在盛行，其中特以孝廉一科為尤盛，其結果故氣節之士產生亦盛。但是上言的選舉不經簡試便爾拜官，故漸漸就生出弊端來。順帝時，乃設限年之格，非年至四十以上者則不得應選舉，而且儒者須試以經學，文吏須試以章奏，嗣是簡試

儒學的復興

遂成常法，乃稍稍得人。魏時廢限年之格；州郡置中正官以選擇人物依學行之差而有上上、上中、上下、中上、中中、中下、下上、下中、下下九等之別，各授以官是謂九品中正。此法先由郡邑的小中正定人材之品，乃上之大中正，大中正檢其實乃上之司徒，司徒再檢乃付尚書然後加以選用，其後通兩晉南北朝皆行之，亦因時而有變革，逮隋世乃罷中正而改定選舉法。

春秋戰國之世，社會秩序崩壞，解放了言論的束縛，如是諸子百家雜說並起，互相論駁罔知所屆。既是這種情狀，故秦始皇一旦統一天下，患學者之橫議，乃燔書坑儒，那麼秦世沒有設過學校這自然不消說得了；況就李斯上書所說的「若有欲學法令以吏為師」的話看起來則其不認有設立學校以教育民之必要又是一件很明瞭的事實。漢初當諸事草創之際，也無暇去設學校與教育，直至武帝始建太學置博士學術乃以復興。先是，惠帝時解挾書之禁，文景之代又徵老儒為博士甚為優待儒者，然二帝皆好黃老，諸儒屏息所謂博士只不過備員罷了；故所興起的只有黃老申韓的雜說，若儒學卻還沒有講起。迨武

經學的傳統

帝時衛綰、田蚡相繼入相,乃共勸帝排除黃、老、申、韓的雜說,而崇尙儒學;公孫弘、董仲舒又皆以春秋起身於是與大學置五經博士對策考課俱採用通習儒學者;又開獻書之路置寫書之官以求散亡了的書籍河間王德搜求先世經與於民間遺經學之材於後世淮南王安優禮學者加以保護;如是天下靡然皆趨於儒學一途。自是學者各立一家之說,而五經的討議諸傳的論駁遂爾大盛其弊則黨同門排他派肇後世朋黨之端;不過儒學根柢的確立也委實是在此時,而劉向劉歆父子實在與有力焉。這樣,故到成帝的時代大學弟子員增至三千人。然王氏簒立之際,士大夫多遁往山野繼而漢室中興肥遯之徒乃皆出仕光武帝亦重儒術起大學尊禮淸節之士以節義倡率民衆,故前代儒者皆集奠都洛陽,自長安運書籍二千餘輛至學術至是又大興次至章帝會諸儒論經書異同作白虎通義及明帝順帝增建大學校舍,桓帝時大學學生至三萬餘人可謂隆盛已極然而登儒籍者不過萬人儒風漸衰詩賦文章則益臻發達。

儒學在戰國時就已經分爲數家而成各各專攻一經師弟授受之風迨漢

武崇儒定爲政教標準而註解先哲遺經之事遂盛行於世通一經而爲博士者很不少，而經解書之出世者也極多現在試先略述經學的傳說次乃就兩漢及三國時代的儒學大家而一述其梗概。

易

易在孔子之後有卜商（子夏）之傳，漢初田何亦作易傳何授丁寬寬授田王孫王孫授施讎、孟喜梁丘賀遂有施孟梁丘三氏之學而別有京房作京氏之學費直作費氏之學後漢之世大學並置施孟梁丘京四氏之學其後施及梁丘經西晉之亂而亡。

尚書

尚書遭秦火而亡至漢濟南伏勝口授鼂錯傳二十七篇是爲今文尚書其後魯恭王破孔子之故宅得蝌蚪文尚書是爲古文尚書武帝詔孔安國定其書作傳義五十八篇由是尚書有今古文之別；但有爲古文尚書僞書之說者學者間頗信之。伏勝以其學授張生張生授歐陽生之子，遂起尚書歐陽氏之學；張生又別授夏侯都尉都尉授族子始昌，始昌授族子勝勝又授其子建遂又有大小夏侯之學起以勝爲大夏侯建爲小夏侯氏：歐陽大小夏侯三氏之學俱得立於大學，其後亡於西晉之亂。

詩

禮

在漢世有魯詩、齊詩、韓詩、毛詩之別；以魯申公培之訓詁為魯詩，齊轅固生之傳為齊詩，燕韓嬰之傳為韓詩，趙毛萇（趙人荀卿以詩授魯國毛亨，亨作詁訓傳授趙國毛萇）之傳為毛詩。四氏之詩並行已而齊詩亡於魏，魯詩亡於西晉之亂。禮有禮儀周禮及大戴禮小戴禮，漢初高堂生傳士禮十七篇即今之儀禮，有后蒼者最通儀禮以授戴德戴聖慶普遂有三氏之學。又劉向好周禮，始置博士，周禮遂亦行於世，戴德曾刪劉向所纂錄之古文二百餘篇為八十五篇，是為大戴禮。而戴聖又刪其書為四十六篇是為小戴禮。後馬融又增三篇共為四十九篇，自是儀禮、周禮禮記稱三禮並行於世。春秋有公羊、穀梁、左、鄒夾之傳，公羊高之所傳述其玄孫壽及胡母子都乃錄而成書後傳於董仲舒始顯於世。穀梁傳為周穀梁赤所撰述漢宣帝好之遂行於世前漢之世此二傳並立大學。左傳乃周左丘明所撰述賈誼為之訓詁經劉歆之考證然猶未行於世直至後漢始

春秋

立博士鄒、夾二氏之傳史稱其已亡於王莽時故後世公羊傳穀梁傳、左氏傳稱春秋三傳以上五經的傳統列為表則如左方：

易 田何—丁寬—田王孫 ⎧施讐
　　　　　　　　　　⎨孟喜　京房
　　　　　　　　　　⎩梁丘賀　費直

尚書 伏勝—張生 ⎧歐陽生—兒寬（歐陽氏）
　　　　　　　⎨夏侯都尉—始昌 ⎧勝（大夏侯氏）
　　　　　　　⎩　　　　　　　⎩建（小夏侯氏）

詩 ⎧申公培（魯）
　 ⎨轅固生（齊）
　 ⎨韓嬰（韓）
　 ⎩毛亨（毛）

禮 高堂生—后蒼 ⎧慶普（慶氏）
　　　　　　　⎨戴德（大戴氏）
　　　　　　　⎩戴聖（小戴氏）

春秋 ─┬─ 公羊傳（公羊壽）
　　　├─ 穀梁傳（穀梁赤）
　　　└─ 左氏傳（左丘明）

舉漢代儒學的大家來言，則前漢有公孫弘、董仲舒、孔安國、劉向、劉歆、揚雄；後漢有賈逵馬融許慎鄭玄何休服虔。這些學者多為考究諸經的意義而為之作註釋者，就中鄭玄為馬融之門人深通諸經作周禮儀禮禮記及詩書易的精細的註釋孔安國解釋尚書服虔解釋左傳許慎作說文解字此外為諸經作註釋者亦復不少然皆止於訓詁之學別無有創新說者蓋後漢之世訓詁之學所緣流行之理由一因以當時思潮皆傾注於儒學再則前漢已將修補經籍的事業弄完根於時世的要求或者逢不期而皆從事於文字的訓詁。至三國之世則魏王肅出而創一種簡約華美的學風以與鄭玄之敦厚深遠的學說相對立而何晏王弼則出而以老莊之意義解釋經書開後來清談之基。──何晏註論語，王弼註易。

第三章　兩漢及三國時代之文化

文章賦

中國古代的文章語短意長簡古雄勁，乃自周末至於秦世則漸趨於華麗，若李斯之徒皆極其能文之士，然秦除李斯之文外竟更沒有留下可觀者。至前漢則文帝以來遂見有長足的進步，賈誼司馬相如司馬遷劉向揚雄五大家乃輩出。賈誼為文帝時人長於論策理論精確文辭雄渾可稱漢代第一；司馬相如為武帝時人最精詞賦有雄麗之作傳世，司馬遷長於敘事著史記同時董仲舒亦善論說；劉向為元帝時人長於經術及政論揚雄長於詞賦亦作工麗之文惟當時政教學術俱帶尚古之風故文章亦復模倣古文然武帝愛文學之士而淮南王安梁的孝王武亦俱嗜文章詞賦，於是王褒鄒陽枚皋東方朔等輩出對於古文而別為流麗的詞賦尤其如司馬相如以詞賦為武帝所寵用以後遂益加流行凡稱文學者都無有不能作賦的，卽如揚雄亦常慕司馬相如而作賦焉。以故逮後漢之世此風猶未衰歇如班固崔駰張衡蔡邕輩亦俱作賦，一般文章遂亦漸受其影響稍稍趨向之蹟以詞賦流行如此之盛風聲所被而華美。漢末及三國時魏曹操兼文武才擅長詩賦其子文帝亦嗜文學文學之士

遂多集其下；與曹植並稱建安七子之孔融、陳琳、王粲、徐幹、阮瑀、應瑒、劉楨等，皆以文名馳譽當世。顧詞賦既日盛文章遂亦日陷於輕美纖巧，卒至風靡一世而開出六朝文體來至於像蜀諸葛亮的那種謹嚴真率的文章則在三國時殊為少見。

三代之詩真率簡樸追周室既衰天下大亂詩遂帶出一種慷慨之風來其句則多為四言或六言至漢而五言七言之詩始起能描寫及於人情的隱微之作很不少五言之詩以古詩十九首（其中有九首云枚乘所作）及李陵、蘇武之作為始七言之詩以武帝時柏梁臺唱和詩為始又和著樂器而歌的樂府體之詩亦起據漢書禮樂志武帝定郊祀之禮立樂府以李延年為協律都尉采司馬相如等所作詩賦論其律呂使和於八音之調。——以此為始，後世倣其調而作詩遂稱樂府。後漢張衡三國魏宗室皆長於詩，而建安七子，自曹植王粲以下，所作皆工麗綺靡傳於後世。

中國歷史之起原，發端於記載帝王言行之史官的紀錄，然卽至周世而歷

史之形體猶未見有完備者出世。春秋雖可稱爲編年體之初祖然殆只類於年表之類，至左傳始可稍稍認出點進步的形跡抑猶不足稱爲大成乃若國語及戰國策等，則不過冗漫誣淫的雜談罷了。故中國歷史不得不說是至漢世始見其進步發達。武帝時，司馬遷之父談爲太史令，乃據左傳國語戰國策楚漢春秋等撰述自太古以來至漢的歷史未成而卒；遷乃紹其遺志上起黃帝下至漢武帝，取其事跡纂而記之，爲十二本紀十表八書三十世家七十列傳凡百三十篇稱之曰史記本紀以敍帝王事蹟世家記諸侯沿革列傳述英雄豪傑偉人志士之經歷表所以使史實一目瞭然書則凡關於禮樂刑政天文食貨諸事實悉詳敍無遺。自司馬遷創設此體例後歷代正史皆準據之，故我們不能不承認其在史學上有極偉大之功績惟史實不免有粗漏的非難然其文辭雄健才華縱橫，究竟非後世史家所能企及。至後漢班彪惜其自武帝太初以後記載闕如乃補綴遺事摭拾異聞作後傳六十五篇其子班固繼父志，更加入自漢高祖至王莽之史實倣史記作十二本紀、八表、十志、七十列傳凡百篇，名曰漢書後世乃以

固此書與史記並稱曰史漢云。然以漢書比起史記來，雖則史實精確而文辭已大劣矣。惟班固並沒有及書大成即獄死其八表及天文志由其妹班昭（曹大家）踵成之者云。

漢的天文學同於周，多不過星占術有名的天文家則前漢有唐都及李尋，後漢有蘇伯朗及雅光。又世言張衡製渾天儀蔡邕及譙周曾有關於天文之著述，則此學似亦可認出多少曾著進步。而尤為特出者則有唱地動說者出以地動比於行舟與第六世紀印度之大天文學者阿利雅巴達（Aryabhatta）所設之喻全然符合。阿氏主張地球之迴轉而這迴轉的理由，他就這樣說明；『人若乘船，則跟著船的前進，將見凡不動的對象都往後退，這和星辰本來不動而我們見其像天天在動一樣，恰是一個道理。』蓋古代的諸國民無一不是相信天動說的。像希臘的大哲學家亞里斯多德（Aristoteles）還說：『日月星辰奏着音樂在地球的周圍打迴轉』而第二世紀的大天文學家普托勒買阿斯（Ptolemaios）也唱天動說直至第十五世紀歐羅巴始有德意志的大天文學家哥

白尼(Copernicus)主張地動說。果爾，則最初唱地動說的我們便不能不歸之於漢時代的中國人了。漢世並又發明大章車及候風地動儀。大章車發明於前漢之世；說是在車上設一機關走着走着之間便可以知道里數這大概會和現在的他克西汽車(Taxi-cab)上面所裝着的他克西米突(Taxi Metre)有點相像；候風地動儀為後漢張衡所發明。後漢書張衡傳：『陽嘉元年復造形風地動儀。以精銅鑄成，員徑八尺合蓋隆起形似酒樽飾以篆文山龜鳥獸之形，中有都柱傍行八道施關發機。外有八龍並銜銅丸下有蟾蜍張口承之。其牙機巧制，皆隱在樽中覆蓋周密無際。若一龍發機而七首不動尋其方面乃知震之所在：驗之以事，合契如神自書典所記未之有也！』由這段記述可知這是一個地震測知機了。

又中國自太古以來便已有指南車而且關於磁石一物，在鬼谷子裏便說：『其察言也不失若磁石取鐵。』又淮南子裏也說：『磁石能引鐵』又漢書藝文志裏也說：『度箴石湯火所施，調百藥劑利之所宜；至劑之得猶磁石取鐵。』那麼，

曆法

指示方向的磁石盤，想必也在此時就已經有了；後遂傳至歐羅巴作羅針盤以供航海之用。——但這事卻遠在後世。

曆法秦時以建亥之月為歲首，但並沒有改月名，故十月為一年之始，九月為一年之終。漢世初亦沿用秦曆，迨武帝時作太初曆，遂據夏正以正月為歲首。其後成帝時作三統曆，平帝時作四分曆，後漢靈帝時又作乾象曆，故曆法凡四變，然都無大差。三國時吳蜀依漢曆用夏正，魏則改正朔以建丑（十二月）之月為正月。

五行說

五行謂水、火、木、金、土其說蓋已起自太古，箕子的洪範說：『五行者，一曰水，二曰火，三曰木，四曰金，五曰土：水曰潤下，火曰炎上，木曰曲直，金曰從革，土爰稼穡。潤下作鹹，炎上作苦，曲直作酸，從革作辛，稼穡作甘。』照這些話去看此時的五行還並沒有成功一科之學，但自戰國時起以之與陰陽之說相和，遂成為一科之學了。下逮漢世便益旺盛深入人心詳其大要則萬物都是由陰陽二氣所形成火木屬陽水金屬陰土則居中而由其相生相剋以起變化於是將人事及

第三章 兩漢及三國時代之文化

一百十九

讖緯學

世運的變遷遂盡以歸於五行的推理。而所謂相生，則木生火火生土土生金金生水水生木所謂相剋則木剋土土剋水水剋火火剋金金剋木也。漢儒的多數都大大數衍此說即五常、五聲、五味、五色之類都配之以五行，如董仲舒這樣的大儒也用五行來說春秋便可以想見其盛了。

讖緯學蓋脫胎於五行之說而開始於前漢哀平之際。讖說文驗也，則讖緯者，蓋豫言將來的效驗之謂而記載未來事情的文書如蜀志孟達與劉封書云:『夫不經之言而有應驗者，號曰讖也其以緯言者即對經之義也』便可證明這是怎樣一門學問。讖緯有易緯書緯詩緯禮緯孝經緯春秋緯等之書錄載奇異之言王莽最信之後漢光武帝亦極尊信依照讖文以即位即用人行政亦往往取決於讖，如讖文有『王梁主衞』之語便以王梁為大司空有『孫咸征狄』之語便以孫咸為大司馬由是讖緯之學大興直至後漢之末鉅師如鄭玄亦復不疑顧張衡獨不以為然力駁其說其後至晉武帝太始三年十二月乃禁之悉取緯書付之一火。

佛教

佛教之傳來中國，當以後漢明帝時為始，雖有在明帝以前便已傳來之說，但全不足信。佛家之徒欲更古其傳來之說，則謂秦始皇時有釋利房者曾在中國南方傳布佛教。但是在中國卻沒有可以證明此說的史料。據錫崙(Ceylon)的傳說則印度的摩揭陀(Magadha)國阿輸迦(Asoka)王於西紀前第三世紀之中葉曾派遣宣教僧於四方，其中有赴緬甸(Burma)及馬來(Malay)半島方面者，但往中國布教卻沒有傳過這話；始皇統一中國時為西紀前二二一年，去阿輸迦王派遣宣教僧約後二十餘年，又有一說謂漢武帝時破匈奴得金人，接著統領匈奴西方的昆邪王來降時也得祭天金人，金人本其國俗燒香致祭，遂以為金人便是佛像而佛像入中國便會是以此時為始。然當武帝之時便是西紀前第二世紀，那時在印度都還沒有鑄造成雕刻佛像的事實，又怎能說到中國？況中國的正確史料裏面也並沒有載着燒香致祭金人的這回事，而且當時出使西域的張騫的報告中關於佛教竟不曾有一語提到。至於昆邪王的祭天金人，想來怕會是希臘人所作的銅像一類由中央亞細亞將來者，然沒有證據

第三章 兩漢及三國時代之文化

一百二十一

我們不能斷言是故佛教說是秦皇、漢武之時便已傳來，這話我們究竟難於承認他作事實惟其後平帝時說是博士秦景憲曾受過大月氏使者口授的佛經，這傳說似乎還有幾分近於事實先是，占領了中央亞細亞阿庫士(Oxus)河畔的月氏為五翕侯所分領逮西紀前三〇年頃，貴霜(Kushan)翕侯丘就却(Ku-zulo Kadphises)滅其餘四翕侯而稱貴霜王，西破安息(Parthia 的 Arsaces 朝)，南併高附，(加普爾附近) 又擊占據罽賓(Kashmir)的塞種(Saka)，至其子閻膏珍(Huemo Kadphises) 遂滅之及領有北西兩印度後始皈依佛教。而平帝之世恰當閻膏珍王之初年，故謂其時來至中國之大月氏使者口授秦景憲以佛經這事是實際可能有的只不過流傳不會廣罷了。故佛教之公然傳來中國仍須歸着到後漢明帝時候，明帝得着傳聞便命蔡愔前往西域去求他了。蔡愔等於是至大月氏得佛經及佛像又得迦葉摩騰(Kasyapa Matanga)、竺法蘭(Dharma-raksha) 二僧為伴，乃以白馬駄經像從大月氏流傳到支那土耳其斯坦地方的時候，的威稜振於西域而且正是明帝得着傳聞便

道教

於西紀六十七年還中國。明帝於洛陽建白馬寺，命二僧先譯佛說四十二章經爲漢語，這實是中國設立佛寺譯佛經之始。佛教由是稍稍流興，如楚王英以信仰的結果，遂繪像供禱祀，桓帝亦信之於宮中建祠。又以明帝以後，漢威遍及西域，從而交通便利，如是支婁迦讖（Lokarakcha）從大月氏安世高從安息竺佛朔從印度康孟詳從康居相繼來中國從事譯經，其勢便漸漸旺盛起來。我們看靈帝時有筰融者起佛寺於浴佛日招致五千餘戶施以飲食，便足知後漢末年佛教弘通的盛況。然當時只許西域人為僧則尚在禁止之列，至魏文帝時始開此禁，自是中國人中稱名僧者輩出。如此三國之世佛教以魏為最盛，西域僧之來建寺院譯經文者亦多，就中如中印度僧曇摩迦羅（Dharmakala 法時）居洛陽譯戒律，實中國有戒律之始。吳亦有印度僧渡海來者。

中國自古以來，便有神仙之說，學其道者稱曰方士，戰國時，燕、齊之地最為盛行。因為這兩處地方，當今直隸南部及山東省，人們見著那濱海一帶星羅碁

布的島嶼,遂以爲其間有蓬萊、方丈、瀛州一類神仙們所住的島島上有不老不死之藥云云;而大概從這些地方又必出了許多稱說奇怪的神仙之蹟的。如是秦始皇信齊人徐市等方士之言,使偕童男童女五百人俱入海求神仙及不死之藥,而如漢武帝及宣帝亦復信任方士高起樓閣以求神仙而製不死之藥試思以一個窮極人生之慾的帝王而去講求長生之法,這不能不謂爲當然然武帝遂悟其詐喝破道:「天下豈有仙人,盡妖妄耳節食服藥差可少病而已。」然如列子及莊子等道家之徒亦說神仙遂推老子爲天仙之長而唱導引、服餌、長生飛昇之術更敷衍之而謂去邪累清心神積行樹功累德增善便可白日昇天而獲長生云云至其刼數之說有類佛氏化金銀而行符水則又有似乎巫術了。方士之徒日漸蔓延及後漢末年有張陵者入蜀之雞鳴山修練自稱得受老君祕錄行符水禁咒之法講長生之術謂著道書二十四篇後遂爾登天其徒有張角者靈帝時以符水療病派遣弟子於四方使詭誘徒衆十數年間遂得數十萬人,乃置三十六方大方萬餘小方六七千各立渠帥,窺漢室之衰弊一時蠭起遂

音樂

出了所謂黃巾之亂,這也就可見道教勢力的不弱了。而張陵之孫張魯亦以符水禁厭推廣其教,由是張氏遂世世世襲。

秦始皇時前代廟樂只大韶、大武僅存。漢高祖時,叔孫通用秦樂人制定宗廟之樂,又作昭容禮容樂,至武帝則甚為獎勵音樂立樂府任李延年為協律都尉,舉司馬相如等作詩賦論其律呂使合於八音之調作歌十九章張騫之還自西域也傳胡樂二曲李延年乃依胡曲作新聲二十八解云然二十八解魏晉之際大抵亡失僅傳出關入關出塞等十曲。至後漢明帝時立大予樂周頌雅樂、黃門鼓吹樂短簫鐃歌樂大予樂用之於郊廟上陵等之祭周頌雅樂用之於辟雍六宗社稷之祭黃門鼓吹樂用之於天子大宴羣臣之時短簫鐃歌樂則列軍陣時用之。其後天下大亂音樂亦衰曹操討平荊州得杜夔乃命之創定雅樂夔乃與鄧靜、尹商、馮肅等參考經籍採摭故事遂復古樂故魏世云有正世樂(漢之安正樂)迎靈樂(漢之嘉至樂)武頌樂(漢之武德樂)昭業樂(漢之昭容樂)及昭武舞(漢之巴渝舞)鳳翔舞(漢之雲翹舞)靈應舞(漢之育

第三章 兩漢及三國時代之文化

一百二十五

書

命舞)、舜頌舞(漢之武德舞)、大昭舞(漢之文始舞)、大武舞(漢之五行舞)等。

文字在秦始皇時，李斯曾省約大篆而爲小篆以統一之而舉同文之實其次，程邈作隸書。王次仲作八分至漢世而真行、草飛白諸體出乃漸漸與今字形相近。隸書漢書藝文志：『秦時始造隸書，起於官獄多事苟趣省易施之徒隸也』此爲徒隸所用，蓋易小篆而作者後世遂誤八分爲隸書八分者有謂其取於篆者八分取於隸者二分故名又有謂以其字勢像八字一般有偃波之文也。二說未知孰是，要之，即後世所謂隸書也。飛白原爲後漢蔡邕所造。邕在靈帝時見工人用聖帚修飾鴻都門而成字遂創此書體。漢、魏之間善書者稱杜度、崔瑗、張伯英、羅叔景、趙元嗣鍾繇等而蔡邕的八分及飛白尤極有名又筆秦始皇時蒙恬始作紙則後漢和帝時蔡倫煑溶樹膚麻頭敝布魚網之類創製之墨則魏、晉時已製墨丸(用漆煙松煤所作)及膠墨。

繪畫

繪畫則漢宣帝時畫功臣十一人像於麒麟閣後漢光武帝亦有畫功臣像

二十八人於凌煙閣事。而毛延壽、陳敞、劉白、龔寬陽望樊育等俱元帝時人云,皆以畫有名於時者則當時繪事之盛蓋可想見然關於其畫法則此時已殊不能詳知惟就武陵石室及孝堂山石室之畫圖觀之,可知是時之畫尚極其素朴雕刻似乎多少亦有進步其施於宮殿樓閣者以外則秦始皇刻石於泰山、芝罘碣石等處以銘功德後漢竇憲亦立石勒功,又順帝時曾有以古文篆隸的三體將五經刻於石上之事今據武陵及孝堂山石圖及其他現存漢碑以觀可見是時石刻甚為流行又當時天子及諸士大夫所有之印璽俱尚雕刻文字故印刻極可觀。——秦始皇玉璽文受天之命皇帝壽昌云五代時尚存總之繪畫及雕刻似乎在南北朝之世因佛教盛行之故須用畫像及雕刻,而後乃大大發達進步。

建築

秦始皇役刑徒七十萬人作阿房宮,史記其東西二百間(五百步)南北五十丈上可坐萬人下可建五丈之旗周馳作閣道由殿下直抵南山表南山之巔以為闕作複道由阿房渡渭以屬於咸陽云云。但阿房宮始皇在時並沒有完工倫使完了工,那一定是一個壯麗已極的建築。秦滅不幾時,項羽屠咸陽燒秦

農業

宮室，說是火三月不絕，便大概可以想像其雄偉之致。史又言當時尚有宮殿關中三百關外四百那麼我們便也可以認出是曾經大興土木來。漢武帝時作柏梁臺云其上立有仙人銅像捧著大有七圍的承露銅盤，其高凡二十丈又建蜚廉桂館、通天基臺等之樓閣作首山宮建章宮等之宮殿東有虎圈北有太液池池中有漸臺、蓬萊方丈瀛州壺梁之勝南有玉堂璧門，而又立神明臺作明光宮皆窮極侈靡。又三國時魏的曹操在鄴所作的銅雀臺——亦名銅爵臺，因屋上置銅製鳳凰故名據鄴中記：『鄴城西立臺皆因城為基址；中央名銅爵臺北則冰井臺西臺高六十七丈上作銅鳳』而明帝亦治許昌宮營洛陽宮，極稱壯麗云當時的建築術已無由詳知而其發達的狀況，則據以上所言各事實可以推測而得。

農業自井田破壞，一變而為貧者佃作富者之田能耕作自家田地已屬少數，顧猶極稱發達。漢武帝時趙過為搜粟都尉設代田之法以改良農業代田者，一畝作三甽（古畎字乃廣一寸深三尺的溝）每年則易其甽而耕之謂趙過

又作田器教授耕種、養苗等事，又不能用牛耕者則令人耕，一日開墾多則三十畝少亦十三畝。如是史謂代田之法，勞力少而收穫多故當時農民多採用之云。其後田野益開史謂平常時有田八百二十七萬五千三十六頃（百畝爲頃）故以當時戶數一千一百二十三萬三千除之，一戶當有田六十七畝四十六步餘。

商業

商業 秦時稱爲末利而卑之，即漢世亦禁商人著絹衣乘車，顧租稅雖重而營商業者仍然不少。文帝至命商人的子孫不許入仕也依舊無效。武帝時以賣鹽及鑄私錢而致富者甚多至於有隱然使令縣官之勢，於其行鹽鐵酒榷之法，設均輸平準之法使爲商人者不能獲巨利又商亦課稅；凡是這些都是因爲當時國用不足的原故，一面也是抑貶商人的一種手段。王莽時倣周官起五均及司市之官使於四時之中月定物價而爲市五穀布帛綿絲若有不能售者則檢其實而官出原價收買之以俟物價騰貴之時平其價賣出此法看去似是極好的制度可是奪去了人民的利益以致農商失業食貨俱廢人民涕泣於市道

和外國的通商

後漢光武帝悉廢莽制，但對於商業方針，則依然探抑制主義，我們試看其後來用桓譚的上疏舉農業抑商業使諸商人相糾告便可以知道他的用意了。

武帝時和西域的交通既開以後，遂有與外國通商之事，蕃客之留長安者甚多。宣帝時，西域諸國服屬卽至明帝以後，亦皆歸服，故外國貿易未嘗中絕中國輸出者以絹爲主而自外國則輸入寶石、藥劑、香料之類。又交趾、印度等南方諸國是時交通也開，貿易往來不絕。尤其在桓帝的時候，大秦王安敦就是羅馬(Rome)的馬克思奧烈留思安敦尼思(Marcus Aulerius Antoninus)帝遣使自海上齎象牙瑇瑁等至先是，中國為絹的出產地已夙為歐羅巴人所知曉，而極其珍重這種絹布但這是要經過中央細亞人的手而輸入的，其價非常之貴一時節羅馬的中國絹至於以同一重量的黃金的價格遂禁止其輸入，並且不準人民再着用絹布。及到後漢之世羅馬領有細利亞(Syria)以西屬與安息卽拔爾其亞(Parthia)爭西亞細亞之地。而在中國則稱羅馬東方的領地曰大秦和帝時，西域都護班超，遺部將甘英欲與通，顧甘英行及波斯(Per

貨幣

sia)灣頭,以不獲渡乃不果其使命而歸。而羅馬亦欲自陸路與漢直接交通,顧每為拔爾其亞所阻,安敦帝遂破拔爾其亞取波斯灣頭之地,乃由海路遣使者經印度洋至日南(安南)納貢於漢以求絹布及其他貨物,實西紀一六六年事也。但是在羅馬的史料裏面沒有發見安敦帝遣使中國的這件事恐怕是當時羅馬東領之一的埃及(Egypt)的希臘商人自稱帝使者罷了。此後羅馬商船屢至,而中國商船亦達於錫崙島附近此往彼來交易日盛。

貨幣秦時以黃金為上幣銅錢為下幣,而秦又鑄造之並有人民私鑄之錢。武帝時因財政困難特製皮幣又作馬幣龍幣龜幣皮幣史記平準書言:『以白鹿方尺緣以藻繢為皮幣直四十萬』而這種幣使王侯買之,以作為獻璧的袛席之用;而馬、龍、龜各幣,則皮幣之上繪有此各物的幣也。王莽時更造錯刀、契刀、大錢等貨幣旋罷錯刀、契刀五銖錢等而立錢府更作金銀龜、貝、錢布五物六名二十八品的寶貨。五物六名二十八品者謂金貨一品銀貨二品龜貨四品貝貨五品錢貨六品布貨十品然而因為是這樣數數變更以致弄

得信用一點也沒有，而民間以私鑄獲罪的遂多，而幣制乃大亂。後漢光武帝中興乃一復漢的舊制。

祭祀

祭祀秦時以四時（祀白青黃赤四帝）之祀為主。始皇時屢行封禪之祭。封禪者築土為壇而祭曰封，除地而祭曰禪，禪同於壇，指祭庭而言。古者天子巡狩而至四嶽則必有封大山以祭天禪小山以祭山川之例，如管子言：『封泰山禪梁父者七十二家』是。漢高祖入關中奠都長安更增立一時（祀黑帝）曰北時，由是關中有五時。文帝時曾郊見五時又立五帝之廟與壇。武帝亦郊見五時巡行海內屢行封禪之祭至於祭天地則歷代都必行之。

婚姻

婚姻的儀式和周代初無大差，惟身為王侯而有娶甥或外家之諸姑者則民間亦必有違禮犯分之婚事可知。又史言長安市民當嫁娶時，有先論財貨多少之風云喪葬不無與周稍異之處，尤其在漢的末年三年之喪縮短到只有三十六日這是極其顯然的變動棺槨用木材或用瓦石王公則有用雲母埋屍者。

喪葬

又有視土地之好否卜埋葬之吉凶而稱為葬術者亦起於此時；魏晉之間其術

盛行葬時則歌所謂挽歌者，歌名薤露蒿里葬送王公貴人時歌薤露，士大夫及庶人歌蒿里其歌者則為送葬時執紼之人。搜神記：『挽歌者葬家之樂執紼者相和聲也挽歌辭有薤露蒿里二章出田橫門人橫自殺門人傷之悲歌言人如薤上露易晞滅也亦謂人死精神歸於蒿里故有二章至李延年乃分為二曲薤露送王公貴人蒿里送士大夫庶人使挽者歌之。』蒿里歌辭如下：『蒿里誰家地聚斂魂魄無賢愚鬼伯一何相催促人命不得少踟躕！』但是挽歌雖說是起於田橫，然而我們讀左傳哀公十一年條下記云：『為郊戰故公命吳子伐齊。公孫夏曰：「二子必死」』又疏：『禮、啟殯而葬，啟殯則下棺反而虞於日中。蓋啟殯而將虞時之歌，必死也』將戰，公孫夏命其徒歌虞殯』杜注『虞殯者送葬歌曲以示必死也。』是曰虞殯而送葬時得作歌者蓋挽引之人為歌聲以助哀也今之挽歌是』這麼看起來，可知挽歌的由來蓋很古很古。

衣服和周代也是大同小異，不過因時勢的變遷，自不免有多少不同之處。

如男子之冠有通天冠、遠遊冠、高山冠、進賢冠等，又有林宗巾的這麼一種頭巾。婦人則以綾羅覆面而結頭髮；頭髮因其樣式而有種種名稱。

家族之制與周無異惟富家豪戶使役奴婢極其衆多有一家置奴婢至千餘人者而史言漢武帝時所沒收之奴婢其數達一千萬以上又云王莽時長安市中設奴婢之市與牛馬同欄買賣遂禁之然人民反訴其不便無已復解其禁。考奴婢之起原，鄭玄註禮（奚三百）云：『古者沒從坐之男女入縣官曰奴婢，以其少有才智者爲奚今時之侍史官婢也。』又說文云『男入罪曰奴，女入罪曰婢。』又風俗通云：『古制無奴婢，卽以犯事者爲奴婢。』之奴婢者也獲者逃亡被獲而爲奴婢者也。』以上所云云，皆可供參考。那麼所謂奴婢的原來是沒下的罪人只供官家使役的但到後來民間也就使用起奴婢來了。我們又讀周禮秋官司厲註：『今之爲奴婢，古之罪人也』。則漢世奴婢，固不止罪人卽家庭普通所使用之男工女工，也都稱奴婢。

第四章 兩晉及南北朝時代之文化

晉室傾倒的原因與八王之亂

晉懲於魏室之敗亡多封宗室以爲屏藩，諸王威望甚重。加以武帝卽位之初，江南尚有吳國存在，故大用意於政治，追杜預王濬渡江滅吳，晉室遂漸漸倦勤，而耽於宴樂，又撤去州郡武備，許諸夷族得入內地雜居，遂兆晉室傾倒之基。武帝死其子惠帝卽位，不慧如是內亂驟起。時汝南王亮總國政弄威福極其專橫，賈皇后與楚王瑋謀除亮，繼而殺瑋又殺太子及太后而自握政權。如是趙王倫乃舉兵黜賈皇后遂廢惠帝而自立。而齊王冏河間王顒城都王穎又共起兵誅倫使惠帝復位。顧冏獨留京師恣其橫暴長沙王乂乃又舉兵殺冏。然顒及穎合力破乂，遂握政權。及東海王越奉惠帝黜二王，內亂始熄以上是爲八王之亂，前後凡亘十六年骨肉互相殘殺，晉室屏藩一空。

清談之流行

後漢之末清節之士多厭離亂肥遯山林，同時又因兩漢崇儒的反動，遂

五胡之蜂起

漢（前趙）之興亡

引起回想黃老的無爲；而又因受了佛教東流的餘響，如是魏晉之際，清談遂從而流行。清談者對俗論而言，棄置法度禮節，排除俗務塵網而專尙談論虛玄的空理之謂也。此風忽爾披靡一世，上自朝廷大臣下逮草莽處士無一不以卑名教任放達爲懷，至於八王之亂迭生，晉室已岌岌搖動，顧未有一人曾以國家人民爲憂者，五胡乘之蜂起，晉室因而南遷。

五胡者，謂匈奴、鮮卑、羯氏羌之五族。匈奴爲土耳其種，羯則其別部，鮮卑爲蒙古種，氐羌俱爲圖伯特種。此五族人自漢代以來，卽移住中國乘晉之世以所在競起割據建國者前後凡十有六，互相攻伐者亙百餘年，經東晉之世及南北朝之初也。

初、晉武帝時，匈奴多歸化而移入山西，及晉亂西紀三〇四年，匈奴中的劉淵起於左國城（山西省汾州府永寧州）旋遷平陽（山西省平陽府）稱漢帝。至劉淵之子劉聰，遣劉曜、石勒攻晉陷洛陽，懷帝被執，於是愍帝卽位於長安。而西紀三一六年劉曜又取長安，愍帝降而晉亡。劉聰死後，曜遂自立

成（漢）之興起

號趙王。而石勒亦據襄陽（直隸省順德府邢臺縣），號趙王併合河北山東，以洛陽為界與劉曜中分漢地——史家稱劉曜曰前趙石勒曰後趙。（石勒為匈奴別部羯人）

氐原散在自岷山至巴蜀之間，羌則居於青海一帶，後漢之世降馬援而移於關中河東其餘眾多居塞內至西紀三〇四年巴西之氐李雄入成都併有四川貴州旋稱成帝至其從弟壽乃改國號漢。

前燕與高句麗

劉淵及李雄之起也鮮卑之慕容廆亦併合諸部，奄有遼東遼西，據大棘城（盛京省錦州府義州西北）稱大單于其子皝嗣號燕王南侵後趙東破高句麗陷丸都城（朝鮮平安道寧遠州南劒山）其勢日熾高句麗之故國原王乃移都國內城（盛京省興京懷仁縣）以避其鋒。時百濟殆已統一馬韓之地其近省古王擊破高句麗故國原王而略取黃海道一帶之地遷都於北方之北漢山（京城）。二國原屬同宗而自是以後遂世世相仇。

後趙之興亡

先是，後趙的石勒擒劉曜於洛陽盡併漢之舊地南擊東晉取江淮之地

第四章 兩晉及南北朝時代之文化

一百三十七

東晉之治亂

前秦之興亡

而稱帝稍致太平。石勒死後，石弘、石虎相繼立，石虎死，冉閔遂篡國號魏帝。於是氐酋苻洪據關中號秦王，漢人張重華據河西號涼王，江北亦亂，燕王慕容皝之子儁遂乘機入河北，滅魏帝冉閔，併山東略河南，奠都於鄴稱帝，其勢振於江北。

初、晉愍帝既降劉曜，司馬懿之曾孫琅邪王睿在建康（建業）即帝位，用王導王敦分掌政兵是為東晉元帝。元帝明帝成帝三代以王敦蘇峻相繼起內亂未能伸其驥足於北方，經康帝至穆帝以桓溫督軍事乃西入巴蜀滅漢（成）乘勢攻秦主苻健於長安不能拔繼討燕敗於枋頭（河南省衛輝府濬州）而歸。

先是，涼主張重華據姑臧（甘肅省涼州府武威縣）其版圖東起隴西，西抵龜茲鄯善勢頗強大逮其弟天錫立國政遂大亂。時秦苻洪之子健入長安稱帝至其姪苻堅英明過人國勢大振信任王猛於以滅燕次又乘涼之衰亂而滅之遣氐酋呂光徇西域奪鮮卑拓跋部之地遂奄有天下之七八乃南

江北之分裂與後魏之興起

向晉時西紀三八三年，苻堅率卒六十餘萬騎二十七萬侵晉，江南為之大震。而晉自桓溫死後，謝安秉政，乃舉其姪謝玄以當秦軍，玄領兵八萬大破之於淝水（安徽省鳳陽府壽州之東）秦軍一時潰散，苻堅僅以身免這便是淝水之戰。

秦自淝水一敗，江北忽然瓦解燕之宗室慕容垂據中山（直隸省定州）號後燕慕容冲起自平陽建西燕羌酋姚萇號後秦據長安鮮卑的乞伏乾歸建西秦於隴西而河湟青海之間鮮卑的禿髮烏孤建南涼河西之地則呂光建後涼張掖（甘肅省甘州府）則匈奴之沮渠蒙遜建北涼其西敦煌（甘肅省安西州）則漢人李暠起西涼秦主苻堅則為後秦之兵所執而死其後嗣亦前後被殺後秦遂亡。時鮮卑之拓跋珪崛起盛樂（山西省歸化城南，）其勢大振後南下攻後燕破之遂即帝位都平城是為後魏道武帝於是後燕之族人慕容德建南燕於滑臺（河南省衛輝府滑縣）後燕之將馮跋滅後燕據龍城（內蒙古土默特）號北燕二人合力以拒魏。時後秦已滅後涼旋臣

第四章　兩晉及南北朝時代之文化

一百三十九

東晉之末路

先是晉劉裕以討桓玄之亂起兵，繼攻南燕滅之，如是劉裕威望益高，遂受晉禪，是為宋之武帝，通東西晉合一百五十六年而亡，時西紀四二〇年也。自西晉之末，五胡跋扈於內地建立過兩趙（前後）、三秦（前後西）、四燕（前後南北）、五涼（前後南北西）、漢（成）、夏等十六國互相攻伐者垂百餘年至是北有魏，南有宋雄視於大江南北已而魏又盡併北方諸國從此史上是為南北朝。十六國之外本尚有冉魏西燕兩國然其建國的時間太短故沒有加入又後魏則因其統一北方而為北朝，故亦從省。

五胡十六國興亡表

國名及建國順序	種族	始祖	代數	都城	興亡年代	滅亡之順序及其對手
1 前趙	匈奴	劉淵	五	平陽長安	三〇四—三二九	1 後趙石勒
2 成漢	氐	成雄	五	成都	三〇四—三四七	2 晉（穆帝時）之桓溫

3 後趙	羯	石勒	七	襄國鄴	三一九—三五一	3 前燕慕容儁
4 前涼	漢人	張重華	五	姑臧	三四九—三七六	5 前秦苻堅
5 前燕	鮮卑	慕容儁	二	薊鄴	三四九—三七〇	4 前秦苻堅
6 前秦	氐	苻健	六	長安	三五一—三九四	6 後秦姚興
7 後燕	鮮卑	慕容垂	五	中山龍城	三八四—四〇九	8 北燕馮跋
8 後秦	羌	姚萇	三	長安	三八四—四一七	11 晉(安帝時)劉裕
9 西秦	鮮卑	乞伏國仁	四	苑川	三八五—四三一	13 夏之赫連定
10 後涼	氐	呂光	四	姑臧	三八六—四〇三	7 後秦姚興
11 南涼	鮮卑	禿髮烏孤	三	西平	三九七—四一四	10 西秦乞伏熾盤
12 北涼	匈奴	沮渠蒙遜	三	張掖姑臧	三九七—四三九	16 後魏太武帝
13 南燕	鮮卑	慕容德	二	廣固	三九八—四一〇	9 晉(安帝時)劉裕
14 西涼	漢人	李暠	二	敦煌	四〇〇—四二〇	12 北涼沮渠蒙遜
15 夏	匈奴	赫連勃勃	三	統萬	四〇七—四三一	14 後魏太武帝
16 北燕	漢人	馮跋	二	龍城	四〇九—四三六	14 後魏太武帝

第四章　兩晉及南北朝時代之文化

一百四十一

後魏之統一江北

宋代東晉之時，西秦滅南涼，夏主赫連勃勃又滅西秦併隴西，北涼降西涼而統一河西之地，鮮卑之吐谷渾略青海河湟之地，於是三國鼎立關西五相攻伐。魏自道武帝之後，經明元帝而至太武帝，與宋文帝同時即位，勇健善用兵滅北燕降夏北涼吐谷渾三國悉定江北之地以與宋之江南對峙。

宋之衰亡

宋經武帝廢帝而至文帝，因魏的明元帝晏取河南之地卿之乘太武帝征柔然之機命王玄謨大舉入魏取碻磝（山東省東昌府茌平縣）圍滑臺。已而太武帝北伐還親渡河大破宋軍，所過之處四野爲赤淮北遂盡入魏手。宋經此一敗國勢大衰三傳至明帝其間多殺戮宗室遂致帝室孤立卒爲權臣蕭道成篡國而亡時西紀四七九年也。

後魏之隆盛與分崩

後魏文成帝立承太武經略之後乃專一與民休息講求富國之策經獻文帝至孝文帝因慕中國文化遷都洛陽改姓元禁胡服胡語與禮樂定制度，於是凡百文物都備盛極一時。及孝文帝死宣武帝嗣寵隔宗室引用嬖倖國政漸亂。至其之孝明帝平城藩衞的將士怨養給太薄遂叛爾朱榮恃平亂之

齊梁與東西魏

功，恣其專橫，為孝莊帝所殺，其族乃起而作亂，朔方鎮將高歡討之，其亂平，乃擁立孝武帝自為大丞相，開府晉陽（山西省太原府），遂逐帝孝武帝奔關西依大都督宇文泰，都長安，是號西魏；高歡又別立孝靜帝於鄴，與宇文泰夾潼關而戰，是號東魏，於是後魏遂分東西，時為西紀五三四年。其實則所謂東西魏者只不過高氏和宇文氏的割據，魏室徒有其名罷了。

先是，宋蕭道成篡帝位為齊高帝，五傳及東昏侯寶卷國政紊亂，四方叛離，其疏族蕭懿鎮定叛亂聲譽隆起寶卷忌而殺之其弟蕭衍乃奉寶卷之弟寶融舉兵入建康，以西紀五〇二年受齊禪即帝位是為梁武帝會東魏河南軍事都督侯景與高澄有隙以河南之地降梁為河南王伐東魏，大敗南奔據壽春梁武帝於江南者四十八年深信佛法奉行慈善弛刑辟，廢武備，既伐東魏不克遂與講和如是侯景怨之舉兵陷建康，強為大丞相，武帝以憂忿死景遂弒簡文帝廢太子蕭棟自立稱帝時梁之帝室亦自亂武帝子蕭繹據江陵其弟蕭倫據江夏（湖北省武昌府）武帝孫蕭詧據襄陽三

第四章　兩晉及南北朝時代之文化

一百四十三

陳北齊北周

人者，互相爭戰，蕭綸降東魏，蕭詧依賴西魏，西魏遂略取巴蜀圖湖北，東魏則進取江淮，而梁之封疆遂日蹙。已而蕭繹遣王孫辨及陳霸先使共誅侯景，卽帝位稱元帝，然西魏宇文泰伐之，陷江陵，立蕭詧爲梁主，是爲後梁。先是東魏高澄之弟高洋，受孝靜帝禪爲北齊之文宣帝，至是發兵納蕭淵明爲梁主，而王僧辨奉之，顧陳霸先卻擁立元帝之子蕭方智而破王僧辨，旋於西紀五五七年篡帝位，是爲陳的武帝。西魏宇文泰亦以是年死，其子宇文覺受魏禪爲北周孝閔帝。

如是陳承梁後領有江南，北齊受東魏之禪據有江北，北周則代西魏而保有漢湘二水以西，而天下又成三分之勢。北齊經文宣帝之後三傳至帝緯，旣昏且愚國政以亂。屢受陳之侵略。時北周有武帝出剛毅賢明大治其國，以西紀五七七年自將伐北齊滅之，遂併合江北。至武帝之孫靜帝年幼太后之父楊堅輔政，旋以西紀五八一年受帝禪，是爲隋之文帝。伐後梁蕭詧取湖北之地，次乘陳後主叔寶淫虐奢侈民心離叛遣次子晉王廣一舉滅陳，於

柔然之興亡	西紀五八九年併合南北一統天下。自晉室中衰，劉淵起自左國城開五胡割據之始至是實經二百八十六年。 柔然乃匈奴別種東晉初有車鹿會者勇健爲部衆所推，始建國號柔然。其後六傳至社崙頻頻併吞諸部遂奄有疆域東起高句麗西抵焉耆（Karashar）屢侵魏。迨其從弟大檀時爲太武帝擊破後遂大衰然其後至頭兵可汗復振並受東西魏之幣賂極盡驕傲後卒爲突厥（Turk）所滅。
高句麗百濟新羅之關係	南北朝之頃高句麗勢甚興隆逮廣開土王（好太王）有雄材大略，伐新羅，日本援之頻與日本軍戰。其子長壽王亦頻頻南下侵百濟至遷都泗沘（朝鮮忠清道扶餘縣）以避其銳。先是新羅亦恐懼高句麗，因與百濟同盟防其南下後又與高句麗通而侵百濟遂乘勢陷任那之日本府而奪其地，百濟乃求援於高句麗，高句麗亦惡新羅之隆盛卽與百濟連和以當之。南北朝時高句麗常朝貢北朝，百濟及新羅則貢於南朝。

第四章　兩晉及南北朝時代之文化

一百四十五

南北風氣之相異

魏晉的思潮

西晉滅亡之後，中國內地土崩瓦解，五胡諸國競起迭興，北方有十六國之盛衰興亡，南方有東晉，後遂成為南北朝。其間約亙三百年之久，北方為自族的雜居，而南方則只有漢族，故南北風氣遂各自背道而馳；這不能不謂為自然的趨勢。抑兩漢思潮本為儒教主義，至魏而此思潮乃全然變化，初則延攬申商之法術，後則掇取老莊之虛無，若儒教主義則幾將一掃而空。當是時因漢末以來，紛亂之極，政權的移動迅速如走馬，百姓的流離已喘息不遑，然則天下將以何日而統一乎？戰亂將以何時而戡定乎？則為百姓者固無由置答，即為學士大夫者亦俱噤口莫措一辭。天下既是這樣的狀態，於是天下之士或者遂去經世之志而與起厭世之思，或者則喞噥儒道之無益於天下國家而縱酒忘憂，或者則痛心仁義惠愛之不足用而致其意於法術，又或者則竟至痛罵禮法之士而假口於虛無；此其勢馴致兩晉遂至於大大發揮而為非儒教主義。故漢四百餘年之間所修養成功以支配天下人心的儒教，及魏晉而忽然凋落的原因，一面固由於為政者的方針，自有以使之然，而其他面則尚別有所存。試思

一百四十六

漢代的學者，一式從事訓詁，委其半生歲月以穿鑿一經，白首猶未能通其大義，那麼這自然會要令天下的士大夫絕叫學問的無用與學者的迂闊了。因此，魏的曹操一旦提倡法術，天下之士遂沛然歸之，遂使一代思潮皆傾倒於刑名主義這是儒教凋落的第一原因。明經之儁初不必有經世之才孝廉之選亦不必有忠貞之行故繁文縟禮之餘不求其本但齊其末拘牽文例而不顧慮實用此其弊會也便是令天下士大夫賤禮文輕德行因從而渴仰放任之一個道理因此晉的武帝一旦提倡曠達天下之士遂亦靡然宗之而一代思潮便又傾注到虛無一路這是儒教凋落的第二原因。後漢之世外戚宦官連袂踵起，而黨錮之禍，則殺戮清節之士為尤多繼以漢末的騷亂跟著又是三國的鼎立，跟著又是八王五胡的雲擾以致殺人如草血湧川原屍累丘山這也足令天下的士夫致嘅人生直如朝露因而魏晉的思潮遂投入了厭世的旋渦同時又是使其彷徨於長生不死的空想之所以然的一個道理，這是儒教凋落的第三原因。如是魏的學者王弼、何晏都是以一代的碩儒而去咀嚼老莊的旨趣；晉的詩

第四章　兩晉及南北朝時代之文化

一百四十七

人阮籍、嵇康則又負一世的重望而鼓吹虛無的流風。自是以來,是致竹林七賢之徒起而破壞禮法輕賤名教崇尚放達而他們的勢力遂如風行草偃,他們的清談遂爲君民之間所歡迎。常思他們這一輩人都是激於季世的風潮而欲以更揚一波的;都是託於酒以逃於昏迷一方用以遭其慷慨悲憤之懷一方又用以縱其放任曠達之行的:這確實是他們覷定了後漢儒教全盛之弊,纔這樣排斥經術罵倒德教,如是便自然就要弄到縱其情性安厭恣睢的地位以故他們的思想本是破壞的,然而當時的士夫則方景仰他們之違他們;他們的厭世的然而當時的天子則方款待他們之不置他們之中有些是本能論者又有些是懷疑論者然而當時的學者大抵不是親炙他們的相與清談,便是私淑他們,相與任達;故他們的清談是這樣爲舉世所歡迎他們的任達是這樣爲所樂受如是以清談有高名以任達有令聞者,便如雨後春笋陸續輩出;更經東晉歷南朝遺響餘音累世不絕故在晉朝的清談之士,便猶之乎在後漢的清節之士一般;不過在兩者的性質上面其相異之處前者爲老莊的團體,後者爲儒

南方風氣

教的團體。故後者則砥礪廉隅，尊崇節操，然其極也，有時則流於虛僞或亦陷於偏固；前者則鼓吹自由宗君放任然其極也則往往陷於恣睢墮入浮華是以清談之成爲流行任達之成爲風尚而其影響所被便足致南方士民流連於浮華虛靡陷溺於優柔弱懦卽國家當風雨漂搖之會亦無有作憂時奮起之思者，至於說是努力中原恢復故物那就更沒有這勇氣所以南朝之末卒歸北朝吞倂。

北方風氣

反之，而北方人士的氣質則和南方人的大異其趣。蓋北方諸國起自蒙古地方，故極其勇武而兼以活潑大非南方浮華柔懦之比。加以胡人一旦沐浴中國文明，卻喜其堅實的學術而拒斥其浮誕，故多篤尚儒道如漢的劉淵，前燕的慕容皝都是崇尙經史而前秦的苻堅，則興建大學後秦的姚興則講論經籍其他君主亦有通於文學經術者。二十二史劉記云：『晉載記諸僭僞之君，雖非中國人亦多有文學。劉淵少好學習毛詩京氏易馬氏尙書尤好左氏春秋孫吳兵法史漢諸子無不綜覽。嘗鄙隋陸無武絳灌無文；一物不知以爲君子所

第四章　兩晉及南北朝時代之文化　一百四十九

恥。其子劉和亦好學，習毛詩左氏春秋鄭氏易和弟宣，師事孫炎沉精積思不舍晝夜，嘗讀漢書至蕭何鄧禹傳，未嘗不反覆詠之。劉聰幼而聰悟博士朱紀大奇之，究通經史兼綜百家之言工草隸善屬文著述懷詩百餘篇賦頌五十餘篇。劉曜讀書志於廣覽不精思章句亦善屬文工草隸小時避難從崔岳質通疑滯，既即位立太學於長樂宮立小學於未央宮簡民間俊秀千五百人選朝廷宿儒教之。慕容皝尚經學善天文卽位後立東庠於舊宮賜大臣子弟為官學生親自臨考自造太上章以代急就又著典誡十五篇以教胄子慕容儁亦博觀圖書後慕容寶亦善屬文崇儒學符堅八歲向其祖洪請師就學洪曰「汝氏人乃求學耶？」及長博學多才藝既即位一月三臨太學謂躬自獎勵庶無周孔之微言不墜諸非正道者悉屏之自永嘉之亂庠序無聞至是學校漸興符登長而折節博覽書卷。姚興為太子時與范勗等講經籍不以兵難廢業。時姜龕淳于岐等者儒碩德，門徒各數百人興聽政之暇輒引龕等講論姚泓博學善談論尤好詩詠王尙、段章以儒術胡義周、夏侯稚以文學皆常游集。淳于岐疾興親往問疾拜於牀下。李流

少好學，李庠才兼文武，臂擧秀異科。沮渠蒙遜博涉羣史，曉天文赫連勃勃聞劉裕遣使來預命皇徽爲答書默誦之，乃召裕使至前口授舍人爲書裕見其文曰：「吾不如也」！此皆生於戎羌以用武爲急而仍兼文學如此人亦何可輕量哉。」劉記之言如此因君主都是這樣好學故北方風氣遂亦自然趨於質實如經學，在後魏之世出了許多大家並且出了像孝文帝那樣精通文學經術釋老的帝王。北史稱孝文帝的才學說：『帝雅好讀書手不釋卷五經之義覽之便講史傳百家無不讀涉善談莊老尤精釋義。才藻富贍好爲文章詩賦銘頌在與作有大文筆馬上口授及其成也不改一字自太和十年以後詔冊皆帝文也餘文章尙百餘篇』由此便足可以推察到帝何以要與禮樂改制度遷都洛陽欲變易國俗而倣效中國之風。孝文是這樣的與文治，將欲以養成太平之風顧其結果則剛健的民性減退武備漸弛質實的風氣消失風俗亦漸流於奢侈於是國運的衰兆旣顯，故帝死無幾卽至分裂然猶有東西的對抗及與南方的關係存在故緊張之度尙非全緩，剛健之風亦未盡泯及隋遂奏滅陳而一統南北之效。

第四章　兩晉及南北朝時代之文化

一百五十一

北朝殘忍之風

北方人士的風氣，概都是這樣屬於剛健活潑一方，然自後魏以來，北朝殘忍之風殊足令人戰慄。蓋後魏原起於北地，專以刑殺為政令，猗盧為代王時則既欲以嚴刑峻罰保其威嚴，史謂諸部人以違命獲罪者至多，後期者則舉部皆被殺戮，或則宗室相携同赴死所。道武帝伐後燕克中山收前此害其使者秦王觚之人皆夷五族，以大刃挫殺之，又討劉衛辰時收其子弟宗黨五千餘人悉加誅戮，其末年輕朝臣之至前者輒追念其舊惡而殺之，其他或有顏色變動者喘息不調者行步乖節者言詞失措者則謂其中懷穢惡故外顯變異輒手自毆殺之。太武帝之時詔有司案律令務求其中，然而如誅崔浩的時候，凡清河崔氏無遠近悉夷其族即崔浩親黨之范陽盧氏太原郭氏河東柳氏亦俱被牽連族誅，甚至於誅及僮吏的五族及一同修史之人亦皆在滅族之列。孝文帝時始詔：「一人為惡殃及合門朕所不忍自今非謀反大逆及外奔者罪止其身。」尋又詔：「五族者降止同祖三族者止一門門誅止其身。」自是刑戮稍稍減少然史謂自先世以來冤死者多不可以數計云。北齊文宣帝簒東魏後誅諸元的世胄

南北朝之篡弒

景武等二十五家之男子，無少長皆斬，所殺及三千餘人餘十九家並禁之，尋又大誅元氏，史謂其壯者斬東市，嬰兒擲空中以槊承之悉投屍漳水，故剖魚者多獲爪甲，都下為之不食魚者久之。文宣帝又命諸囚於金鳳臺乘紙鳶而飛，謂最遠者則免其死，元黃頭獨至紫陛應獲免，然帝命付御史獄餓死之，於是元魏之後，悉被誅戮竟無遺種。史家遂評道，猗盧為其子六修所弒，道武帝為其子紹所弒，是皆及身之報也；而既顯然者也乃若亡國之時盡被殺戮，竟至更無遺種，是則世世好殺之報也已。是故拓跋氏自祖先以來以嚴刑峻罰臨其士民，世人皆信其結果足致一般風俗成為殘忍刻薄焉。

南北朝為中國古今歷史上廢弒稱最多之一時代，此時代凡百七十年之間，南北俱篡弒廢立相循不絕，而弒逆之多尤不讓於春秋之時，南朝凡二十四君以善終稱者止十君，北朝凡二十六君得善終者亦止十君，試觀左表便會足以想像那時如何的一個人道消滅的時代。

第四章 兩晉及南北朝時代之文化

一百五十三

尊尚門閥之風

南北朝弒廢表

代	名帝數	被弒者	被廢者	得善終者
宋	八	四	一	三
齊	七	四		三
梁	四	三		一
陳	五		二	三
後魏（含東西魏）	十五	一〇		五
北齊	六	二	一	三
北周	五	三		二
合計	五〇	二六	四	二〇

注意
1. 弒的數目中有二三八係為敵人所殺者。
2. 被廢尋又被弒的放在弒的數目裏面。

從兩晉起直亘南北朝尊重門閥之風皆極盛。故仕宦一途，雖有九品中正之制，實則並不由於九品而由門閥以為區別；門閥貴者則授以高官賤者則只能得卑官至於世言上品無寒門下品無世族云。又門地高貴之家則不與門第

任用寒人之風

卑微之族通婚姻，以故寒門之士，遂無有與世家之子相頡頏者。此風南北同然，其弊害不可勝言，後魏的李沖等雖欲改之，而未能遂願，故降至唐世此風猶在流行。但是在南朝一邊任用出身寒微之士以掌機要的君主倘復不少，蓋這些君主要想和高門大族的權臣相頡頏而立自己的威福，遂不能不任用微賤了。關於這種風氣的起原及弊害二十二史劄記裏面有一條：『魏正始、晉永熙以來皆大臣當國。晉元帝忌王氏之盛，欲政自己出，用刁協、劉隗等卽召王敦之禍。自後非幼君卽孱主悉聽命於柄臣八九十年，已成故事。（晉韋華謂姚與曰：『晉主雖有南面之尊而無統御之實，宰輔執政，權在臣下，遂成習俗。』）至宋齊梁陳諸君，則無論賢否皆威福自己不肯假權於大臣而其時高門大族門戶已成令僕三司可安流平進，不得不用寒人寒則希榮切而宣力勤便於驅策人主遂不能藉以集事，於是則不屑竭智盡心以邀恩寵。且風流相尚罕以物務關懷人主雖欲使之為心膂云云大臣不能體國致人主委任下僚人主不信大臣而轉以羣小為心膂此皆江左之流弊也。（按公孫瓚常言衣冠之人皆自謂職當富貴不

兩晉的官制

謝人惠所寵皆商販庸兒亦同此意。」劉記所言，信足首肯。

晉世中央政府有尚書、中書門下三省及太常、光祿、衞尉、太僕、廷尉、大鴻臚、宗正、大司農少府九卿，以分掌諸政。尚書省有令僕射（左、右）及列曹的尚書（西晉有吏部殿中、五兵、田曹度支左民的五曹尚書）掌諸政。中書省有監令等掌詔勅等事，門下省有侍郎郎中等掌侍從儐相（掌應對賓客之事）等事。至於九卿之職，則與漢時無大差。又晉世無三公而以太宰、太傅、太保、大尉、司徒、司空、大司馬大將軍稱八公位在三省九卿之上。地方官則郡有太守（河南郡因屬京師特稱為尹）諸王國有內史，大縣有令，小縣有長，以各掌地方之政。南朝大概歷代都和晉制沒有什麼不同，惟三省之外增置祕書集賢二省似多少有點損益。北朝則後魏道武帝時始訂定官制，至孝文帝有王肅者自南朝來，乃改之使悉倣南朝迨後魏裂為東西則官制亦生出多少異同：東魏固仍依後魏之舊，若西魏則宇文泰執政時用蘇綽之議倣周官之制設冢宰、大司徒、大宗伯、大司馬、大司寇、大司空六官以分

南北朝的官制

晉的田制及稅法

因兩漢之世允許土地私有，於是富者厚擁廣田，貧者則無寸土，至晉世遂立均田之制以防此弊；均田乃井田遺意無男女老壯之別凡人民皆授以田。此制似東晉及南朝俱未嘗行，惟北朝歷代皆用之，不過隨着時代而田有多少，租有輕重已爾茲試說明其大要晉世男子占田爲七十畝，女子占田爲三十畝，又丁男則課田五十畝丁女則課田二十畝，次丁之男則課田二十五畝，次丁之女無課至於租稅則丁男每年出粟一斛五斗（每畝三升的比例）絹三匹綿三斤丁女與次丁之男減半。——正丁謂男女年自十六至六十者次丁謂十五以下至十三歲又六十一以上至六十五者其十二以下及六十六以上者別稱老少。

北朝之田制及稅法

東晉及南朝歷代之田制與稅法不可得而詳，顧北朝則後魏孝文帝用李安世之議行均田之法其遺制猶可察知卽丁男則課露田四十畝，丁女則課露

田二十畝又別課桑田二十畝奴婢准良丁之例男女俱以年十八受田六十還田為例以每年一月為還受之期惟桑田則無還受之限其後公田逐每畝徵稅五升私田每畝徵稅一斗。在北齊則丁男課露田八十畝、丁女課露田四十畝、又別課永業田二十畝，而每年徵粟二石五斗、絹一匹、綿二兩、奴婢則受田納租俱為良丁之半。在北周則有室者課田百四十畝而年徵粟五斛、絹一匹、綿八兩、丁者課田百畝徵例視有室者減半此外如北周時尚有入門稅入市稅又置酒坊收利設鹽池鹽井之禁等故租稅種類頗復繁多。

晉之兵制

兵制在晉初京師置中後二衞與左軍右軍前軍後軍驍騎的五軍州郡亦各各置兵但滅吳以後大滅州郡兵備大郡不過武吏百人小郡纔五十人而已以是諸夷族蜂起之時，竟無有能制之者以致海內大亂。

北朝之兵制

東晉及南朝兵制，亦無由知其詳細情形，而北朝亦只知在後魏初年，每六十戶出戒馬一匹，其後每二十戶出戒馬一匹牛一頭其餘兵制亦莫能曉孝文帝時，擇武勇之士十五萬人為羽林虎賁以充宿衞後來這些宿衞凶暴已甚朝

晉及南朝之法制

廷竟不能制之。後魏裂爲東西後，西魏宇文泰大改兵制，國內設百府以分屬二十四軍，使郎將一人領一府，開府一人領一軍，故有郎將百人開府二十四人又有大將軍十二人各領二軍柱國六人各領四軍加持節都督二人則總領二十四軍，此制遂爲後世隋唐府兵之基。北周兵制與西魏同惟北齊則兵分內外以外屬於步兵曹內屬於騎兵曹。

晉初作晉律二十篇（刑名、法例、盜律、賊律、詐偽、請賕、告劾、捕、繫訊、斷獄、雜律、戶律、擅興、毀亡、衞宮、水火、廐律、關市、違制、諸侯）以削除前代酷刑減輕梟斬族誅從坐等。南朝則梁時作梁律二十篇（刑名、法例、盜劫、賊叛、詐偽、受賕、告劾、討捕、繫訊、斷獄、雜律、戶律、擅興、毀亡、衞宮、水火、倉庫、廐律、關市、違制）而以死刑分爲梟首棄市耐刑（徒刑）分五年四年三年二年又有贖刑、鞭刑、杖刑、鞭又分制鞭法鞭常鞭杖又分大杖法杖小杖。陳時亦作新律但多依據梁律。北朝法制，則與南朝相異之處甚多。後魏初雖作新律然夷狄之風不除，刑罰至爲峻烈。

北朝之法制

其後至太武帝命崔浩更定律令以經義決疑獄然猶不脫舊習過酷之刑尚多，

第四章　兩晉及南北朝時代之文化

一百五十九

選舉

當時之律有三百七十條,云其中爲門房之誅四、大辟百四十五、諸刑二百二十一。孝文帝時專以文治爲政改革制度除酒禁(先是飲酒者皆處斬)大逆外叛之外刑止於其身又減門房之誅,由是刑罰稍寬。其後北齊作齊律十二篇(名例、禁衞戶婚擅興違制詐欺鬭訟盜捕斷毁損廐牧雜)北周又作周律二十五篇。(刑名法例祀享朝會婚姻戶禁水火興膳衞宮市廛鬭競刼盜賊叛毁亡違制關律諸侯廐牧雜訟詐僞請賕告言逃亡繫訊斷獄)又齊律中加入新目,明著重罪十條;一曰反逆、二曰大逆、三曰叛、四曰降、五曰惡逆、六曰不道、七曰不敬、八曰不孝、九曰不義、十曰內亂;凡犯此者,無論何人皆罪在不赦。自是後世律書,必加入十惡之名。

　　晉據魏制於州郡置中正官以九品取士。蓋自漢以來,雖以察舉孝廉爲士人入仕之路,然而積久弊生贪緣勢利猥濫已甚,於是欲先清其源,遂專歸重於鄉評而以檢其素行,遂定此制然雖卽中正,及乎久居於其任則亦任情愛憎並不據九品之實其弊至於只計門閥及官資以定品格。二十二史劄記云:『真所

學制

謂上品無寒門，下品無世族：高門華閥，有世及之榮；庶姓寒人，無寸進之路：選舉之弊，至此而極！」良不誣也。東晉初承喪亂之後，不經策試即舉孝廉秀才然未幾，仍試以經若有落第者則免舉者之官以矯中正之弊。南朝在宋時令由州舉秀才郡舉孝廉依其人物之得失而定舉者之賞罰。梁時則廢去中正官而州置州重郡置郡崇鄉置鄉豪使各掌選舉之事每年由州舉二人大郡舉二人將以大革舊弊但其後又於諸州置中正官陳時仍梁制。北朝則後魏亦於州郡置中正官以掌選舉後廢之至北齊又復舉秀才廉良之士北周之制亦郡舉孝廉一人州舉秀才一人。故中正官之制直沿到隋世纔廢而改訂選舉之法至於魏晉及南北朝之間中正所以不能罷除之理由則二十二史劄記裏面說得很中肯繁錄如下：「然魏晉及南北朝三四百年莫有能改之者，蓋當時執權者，即中正高品之人各自顧其門戶固不肯變法且習俗已久自帝王以及士庶皆視為固然而無可如何也。」

學制晉初有大學及國子學養學生至數千之眾，及晉室傾倒，遂亦隨之廢

兩晉的儒學

儒學在晉初出有杜預左傳集解外尚有漢魏遺儒所解諸經至東晉雖就王弼之易孔安國之古文尚書鄭玄之尚書毛詩周官禮記論語孝經服虔及杜預之左傳各置博士然爲註解者少止不過出有范寧的穀梁傳集解罷了。故兩晉之際，儒學極衰而詩歌文章則大流行惟胡人久沾中國之文明反而嗜其實用之學漢劉淵、前燕慕容皝皆敦尚經史前秦苻堅與大學，後秦姚興常講究經籍云。總之北方質實而尚經學南方浮華而崇詩文此風卽至南北朝之際，尚依然可以認其存在如是南朝儒學殊形不振，經學專門之士絕少可觀有之則齊之王儉通禮樂及春秋，爲國子祭酒梁之皇侃作論語義疏又崔伏何嚴等俱以

南朝的儒學

東晉始重修學舍置諸經博士，然遂不振，故儒學亦大衰。南朝則宋時設玄史文儒四學梁時有五經博士學校則似乎不振。北朝則後魏道武帝時設大學置五經博士獻文帝時又建鄉學於每郡置博士盛起學校。至孝文帝時修國子大學四門小學造明堂辟雍以獎勵經學故稱碩學者輩出卽至北周北齊之世儒學依然不衰。

北朝的儒學

經學被用：這些都是可以稱為碩學鴻儒者，然大體說來，則南朝儒學比起北朝來，殊覺大有遜色。北朝在後魏之世，經學大家有山東徐遵明通諸經尤精三禮，出其門下者，有盧景裕、崔瑾、李周仁、李鉉等，皆為有名的經學者。尤其如李鉉者，為北齊博士極見尊重。而其門人熊安生初為北齊博士，後為北周武帝所用而北周至隋又出劉炫、劉焯二大家俱博覽而富於著述稱當世大儒，要之儒學至南北朝而其學風分為二派，北方之學者準古義而祖述鄭玄，南方之學者則祖述王肅之說，一般風氣華而不實，學風既異則其採用的經解亦自各別，北朝重鄭玄周易服虔左傳，南朝則遵奉王弼周易、孔安國古文尚書、杜預左傳，惟鄭玄之毛詩、三禮則不論南北通俱尊崇。

兩晉的文章

文章因跟著漢魏以來詞賦流行之故，於是所謂四六駢儷之體盛起，其華美絢爛足以驚駭人心目者至夥，然其弊則止知拘泥於形體而不復問其精神，卒致淪於卑弱之境。其間大家，則晉初有阮籍、嵇康、陸機、潘岳、張華等，而左思、劉琨、郭璞亦俱以文辭有名；此外名家尚續出不已，爰及晉末而有巨擘如陶淵明

南北朝的文章

者出,淵明之歸去來辭,稱南北絕唱也。洎夫南北朝則比起兩晉來已稍稍遜,顧猶有宋之謝靈運、謝惠連、范曄、鮑照,南齊之任昉、范雲、孔稚等俱後先輝映,連鑣競響,而梁則武帝博學能文,其子蕭統稱昭明太子,尤詞藻富麗,撰文選一書;沈約平上去入四聲之音韻而著四聲譜,又敕四六體稍後徐陵、庾信、王褒出,尤以徐陵庾信之文務以音韻相附麗,句用四六隔句為對,至得徐庾體之名,其後徐陵仕陳庾信與王褒則入北周受武帝的寵信,輝其文名於北朝如此,江南遂為詞賦之地,而北朝則鮮文辭之盛。後魏及北齊雖有溫子昇、邢邵、魏收等文士,而把來和南朝相比,則實微微不足道,迨庾信仕西魏及北周始稍稍振,又西宇文泰命蘇綽倣尚書擬三代結屈之文作大誥,然行而未久。

兩晉及南朝之詩

詩在晉初有阮籍、嵇康、潘岳、陸機、張華等皆以能詩名;陸機之弟陸雲亦工詩文。詩文至晉末宋初,則有陶淵明、謝靈運兩大名家,世稱陶謝,陶詩沖雅淡遠,妙造自然之域,在六朝(謂吳東晉、宋齊梁陳,皆都於建康,總之指三國南北朝之間也)文學中最為異彩;謝亦富於才藻,特其詩工麗,以視淵明,人謂有遜色云。謝

反切之學

靈運之次,宋有顏延之,其詩比謝則尤為縟麗,齊梁之間,則有謝朓、江淹、沈約等能詩即梁諸帝亦皆嗜文學,故善詩者特多,出其間而沈約論四聲之別,興音韻之學,詩道於是大開,經隋至唐遂極其盛,要之六朝之文,其流蕩為華麗,其陷溺為卑弱,以言其詩則高尚典雅,特多丰神富贍之作,尤其如五言一體更為逼近妙境,而排律之作亦實以此時代植其根基。

自晉世起有反切之學與反切者約兩個字的音而現出為一個字的音之法,比如天字的音為他前反(又作切)則他字的發聲ᵗ,和前字的相約,乃更成為 ten。而兩字其在上者曰字頭(父字)在下者曰字母亦曰母韻字(母字)此法謂創始於魏孫炎大概會是從印度傳來的。又自東晉之末亘於南北朝即文章亦尚聲律,故有音韻之學起,稱文字之韻,有平(發音平易而無抑揚者)上(發音高而烈者)去(發音清而其響遠者)入(發音短而促者)之別,而為四聲故詩文音調遂入於調整,通常皆謂四聲創自梁的沈約,然在沈約以前,晉的張涼已著有《四聲韻林》,又和沈約同時代有周顒的《四聲切韻》、劉善經

第四章 兩晉及南北朝時代之文化

一百六十五

的四聲指歸、夏侯詠的四聲韻略、王斌的四聲論等，那麼，四聲並非創自沈約，可以說他只是集其大成而著爲四聲譜一書罷了。

在這一時代歷史的著述很是不少。其著者，如司馬彪的續漢書、華嶠的後漢書、袁宏的後漢紀、孫盛的魏春秋、王隱的蜀記、張勃的吳錄、習鑿齒的漢晉春秋等。但大半都已亡失不傳，其尚傳於今而被稱爲正史者，則晉陳壽的三國志、（魏有四紀二十六列傳，蜀十五列傳，吳二十列傳。）宋范曄的後漢書、（十紀、十志、八十列傳）梁沈約的宋書、（十本紀三十志六十列傳）蕭子顯的南齊書、（八紀十一志四十列傳。）北齊魏收的後魏書（十二紀十志九十二列傳。）此中最有名者爲陳壽三國志及范曄後漢書故茲就二書試略述之。陳壽原仕蜀漢後仕晉爲著作郎編魏蜀吳的歷史六十五篇命之曰三國志其書敍事簡明而不冗漫文章純潔而不浮靡繼史記漢書稱良史焉。南朝時宋裴松之周覺羣書爲之作補註這便是有名的裴注范曄仕宋文帝爲秘丞後左遷宣城太守不得志遂召集學徒參考羣籍編述自後漢光武帝起至獻帝止之事蹟而作

天文及曆法

十紀十志八十列傳，然諸志未成而曄被誅，至梁世劉昭，取司馬彪續漢書之志類補成之。命曰後漢書更至唐世章懷太子命當時學者張太安、劉訥言、革希等數人為之註這便是傳於今世的後漢書。

據中國古來的曆法，則三年置一閏，五年二閏，十七年七閏，而以日月星辰之運行毫無出入而為同一之時稱為一章但猶有些少之差，在數年之後則冬至之日太陽便不在同位置上面如是者稱之曰歲差。東晉之時，虞喜計算歲差，有每五十年則生一度之差之論而宋的何承天則以為每百年繞生一度之差，至隋劉焯則以為每七十五年則有一度之差三者都是沒有決定的。

兩晉及南北朝之佛教

後漢之初東流了來的佛教件着魏晉以來黃老之學的流行以其旨義稍相似遂漸次得了勢力再經南北朝遂益趨於隆盛其間印度及西域的佛教徒之經天山南路及南海諸國而來中國者甚多，而中國的佛教徒亦有赴印度及西域以求經典者如是晉初法護 (Dharmarakcha) 赴西域得了許多的梵經回長安傳譯其次惠帝時印度僧竺叔蘭等來長安譯諸經又東晉時印度僧

第四章　兩晉及南北朝時代之文化

一百六十七

佛圖澄(Budhochinga)來後趙，爲石勒及石虎所尊信，常營佛事且諮以軍國大事。在這時候，常山的衞道安獨坐靜室凡十二年，大悟佛教的蘊奧，聞佛圖澄來居鄴，往入其門受敎大獲進益；佛圖澄死後率門徒南遊遺法汰於揚州，遺法和入蜀，而自與徒弟共往襄陽從事布敎，後入前秦爲苻堅所尊信，乃訂正前譯諸經之誤謬。繼而其門人惠遠避前秦之亂至束晉結白蓮社專修念佛。先是佛教之日趨隆盛也，大乘經論雖有被翻譯者而其數不多，及龜茲僧鳩摩羅什(Kumaradiva)來大譯大乘經論，遂與中國佛教以一大變化。鳩摩羅什初爲前秦苻堅所迎致，未至而前秦亡遂留居涼。繼又受後秦姚興的尊信，乃居長安與徒弟共譯經論三百餘卷，遂爲三論宗之祖。而其門下有道生、僧肇、道融、僧叡、道恒僧影、惠觀、惠嚴八潔而道生、僧肇、道融、僧叡更稱關中四潔。又後秦的法顯受姚興之命，發長安陸路入印度，繼赴師子國即錫崙，其所歷遊凡經三十餘國，多得經律十二年之後遂由師子國搭商船經耶婆提(Yavadvipa)即闍婆(Java)自南海歸中國譯其所攜歸之經典，又著佛國記記載其所見聞，這是中國佛教僧關

於印度而有記載之始。及南北朝，佛教之勢越發旺盛，遂流布於江之南北。在南朝則宋時迦濕彌羅(Kashmira)僧求那跋摩(Gunavarman)來立戒壇為僧尼授戒，是為中國有戒壇之始。南齊時則有法獻法暢等高僧；在梁世則武帝深信佛教三幸同泰寺捨身以求福利，至宗廟牲牢皆易以麵製，建康有寺院七百均極其莊嚴云。是時，南印度僧菩提達磨(Bodhidharma)航海來廣州已而謁武帝談佛理旋去，入後魏，留嵩山少林寺唱直指人心見性成佛之說面壁九年而死，是為中國禪宗的第一祖；在陳世則武帝幸大莊嚴寺捨身羣臣奏請乃還宮又有真諦三藏者譯經典甚多：其在北朝則後魏太武帝滅北涼取涼州後其地佛教徒之入內地者甚眾又取夏地時其僧惠始來京師教導士民，故佛教之勢甚盛。然帝信崇道教乃用崔浩之言焚毀寺塔經像又坑殺諸僧徒，帝死後獻文帝解佛教之禁，自以僧曇曜為沙門統以後，其勢又漸盛。孝文帝七發佛法興隆之詔，度僧尼與造寺院者甚眾；其敬重之僧侶，有道登、道順、惠覺等。宣武帝時胡僧之來中國者達三千之眾，帝命菩提流支(Badhiruchi)於太極殿譯十地論，次至

佛教之諸宗派

孝明帝時宋雲惠生等赴北印度，得經論百七十部而還以之流布國內；其旅行記事載在洛陽伽藍記佛法如此之盛，故史謂經典之數達四百十五部寺院三萬餘，僧尼殆二百萬人云。北周武帝時又禁佛教大毀經像及隋文帝始又解其禁而使復興下逮李唐其隆盛遂造極巔。

佛教初進中國的時候外來的傳教僧等專事翻譯經典聚其全力於傳達教旨所以那時候並沒有生出什麼分派來。迨閱年既久跟著佛教的流興遂不無多少異其所見主義不能盡同者出如是遂漸漸造成了分派的基礎。而漢魏以來，諸所翻譯之佛典以經部為多至於論部則屬少數及鳩摩羅什來翻譯大乘經論於是中國佛教乃漸起變化以至於生出各種派別來。如此，晉世則有三論；宋世則有毗曇律成實涅槃諸宗起後魏則有地論淨土二宗興；梁世則禪宗初入陳及隋世則華嚴天台攝論三宗出至於碩學高德的名僧則天台的智顗禪的慧可三論的吉藏華嚴的杜順、涅槃的慧遠等相繼揚聲照耀後世。

佛教東漸所及於文

佛教東漸，同時亦將來文藝的一大革新蓋建立伽藍則促成建築術的發

藝之影響

儒佛兩教之流傳於韓半島

達，製作畫像，則催進繪畫雕刻的進步抑猶不止此彼佛陀的光明，則映入詩人的眼中文章家的筆端發歌頌三寶的功德而學士大夫的頭腦裏便又為因果報應的思潮所浸潤。便是說佛教所及於文學的影響因思想的變化同時遂造成辭藻的發達和聲韻的發明。自是詩人則采佛語為詩料文章家則用經典術語以行文卽學者之中亦有締交緇徒而稱意氣投合者。齊張融以調和儒道佛三教為目的，臨死時左手取孝經老子右手持小品蓮華經卽此一例足徵當時學者的思潮已着着向佛教流去又自魏孫炎始唱反切之法以及晉時竺法護的四十一字母之說出又十四字母之說亦起及梁世而沈約遂著四聲譜周顒撰四聲切韻王斌發表四聲論而聲韻之論於以大噪這不能不說都是佛教東漸的影響。

東晉之世前秦的苻堅，幾乎一統江北，其勢熾甚，至高句麗亦臣事之，次至新羅，亦遣使朝貢於是苻堅命僧順道，齎佛像佛經贈高句麗以期其流布。高句麗故國原王之子小獸林王遂信奉佛教開始建興寺院。抑王又興大學定律令，

第四章 兩晉及南北朝時代之文化

一百七十一

道教

蓋儒佛兩教之得以流行於韓半島者，實以此王之時為始。又百濟則近肖古王之時，始置博士之官，而王仁、阿直岐等赴日本會便是在近肖古王與其子近紇首王之間。其次近紇首王之子枕流王時，胡僧摩羅難陀從東晉來，王迎之，創設寺院，戒度僧侶，由是佛教遂通行百濟，是實西紀三八四年，蓋比起西紀五五二年佛教傳至日本還要早百六十九年。

魏晉南北朝之間老莊之學盛行，士人多以清談為事，而道教遂亦漸即隆盛，駸駸與佛教相並而成一種宗教的勢力。如是晉初葛洪稱得仙術，著抱朴子以說其理，次在南齊之時有顧歡，梁時有陶宏景出皆唱道教。後魏初道武帝信道教服仙藥太武帝時寇謙之隱嵩山修道術以籙圖真經六十卷獻帝謂此乃受自神仙之書時崔浩大然其說師事寇謙之又勸太武帝召其弟子二十餘人，起天師道場改元太平真君其勢甚盛帝亦親臨道場受符籙遂揚道而抑佛至於誅戮沙門由是道佛二教相與頡頏遂開始衝突。後寇謙之死，復自嵩山召韋文秀來亦大加禮遇。又北齊時有張遠遊、趙靜通等亦都蒙厚待。北周武帝亦信

清談

道教，欲絕滅佛教，佛教徒起而爭之，乃並罷二教而令道士沙門還俗。

魏晉清談的流行乃大足反照思想界的大勢清談者，如後漢書鄭太傳所說：『孔公緒清談高論噓枯吹生。』蓋對於俗論之名而爲清潔的談論之義。顧魏晉之際所流行的清談却蔑棄法度禮節排斥世事俗務而專以言談虛玄的空理爲事之謂。二十二史劄記云：『清談起於魏正始中。何晏王弼祖述老莊，謂天地萬物皆以無爲本無也者開物成務無往而不存者也是時阮籍亦素有高名口談浮虛不遵禮法籍嘗作大人先生傳謂世之禮法君子，如蝨之處禪其後王衍、樂廣慕之俱宅心事外名重於時天下言風流者以王樂爲稱首後進莫不競爲浮誕遂成風俗學者以老莊爲崇而黜六經談者以虛蕩爲辯而賤名檢行身者以放濁爲通而狹節信仕進者以苟得爲貴而鄙居正當官者以望空爲高而笑勤恪其時未嘗無斥其非者如劉頌屢言治道傅咸每糾邪正世反謂之俗吏；裴頠又著崇有論以正之，江惇亦著通道崇檢論以矯之；卞壺斥王澄謝鯤，謂背禮傷教中朝傾覆實由於此范甯亦謂王弼何晏二人之罪，浮於桀紂應詹

謂元康以來賤經尙道，永嘉之弊由此，熊遠陳頵各有疏論莫不大聲疾呼，欲挽回頹俗而習尙已成江河日下卒莫能變也。……梁時五經之外仍不廢老莊且又增佛義；晉人虛僞之習依然未改且又甚焉。蓋關陝樸厚本無此風魏周以來初未漸染陳人之遷於長安者，之後始掃除之。又已衰苶不振故不禁而自消滅也。』此諸所言凡關於淸談之流行及習俗迻之頗爲詳細然猶未爲探本之論要之以漢末士大夫過重名節其弊或流爲狷介偏固，故降及魏晉而其反動遂生出輕視守節而置禮儀法度於度外之風又因佛敎東流的結果注入了一種特異的人世觀遂廢棄經學訓詁之風而流行老莊虛無之說行身以放濁爲通以節信爲狹遂至排斥六經談說虛蕩而名曰淸談。加以當時政權移動的急激，士大夫罔知所適從，於是托名於風流淸談，以避禍者亦不在少數故流風所被朝野皆披乃若魏之王弼、何晏阮籍嵇康晉之山濤王戎王衍樂廣則其最爲著名的了。遂有稱引爲竹林七賢（阮咸、阮籍、嵇康、山濤、劉伶、向秀、王戎）之徒者出載酒而遊於竹林之中恣放談，躭逸樂其

流弊所極,至於如史所載:『王衍弟澄及阮咸從子脩、胡母輔之謝鯤畢卓等,皆以任放為達,醉裸不以為非,比舍郎釀熟,卓夜至甕間盜飲,為守者所縛,旦視之,畢吏部也。』樂廣聞而笑之曰:「名教中自有樂地,何必乃爾」!演出醜態至此,而不以為恥便也就可覘當時的世風了。如此流弊,浸潤到社會裏面遂上自朝廷的大臣下至草莽的處士大抵皆卑名教崇放達,卽或不然而亦止以努力苟完一身為事更不知有國家故八王亂起晉室已瀕於動搖之會而欲求一以國家人民為憂者,竟不可得。然而就是到了晉室南渡之後而大江以南仍是老莊流行清談旺盛其弊害雖或不至於如西晉之時之盛顧以麈尾鳴高玄談稱善者尙所在多有更經南朝其盛猶昔梁時旣講老莊並講佛教如梁書馬樞傳云:『邵陵王綸講大品經使馬樞講維摩老子同日發題道俗聽者二千人王謂衆曰:「馬學士論義必使屈伏不得空具主客。」於是各起辯端,樞轉變無窮論者咸服』(大品經謂大般若波羅密經之二十七卷本)是這樣清談之徒也講起佛經來則以印度傳來的禪利清談相結合遂形成了中國的禪宗,似乎便是在

音樂

這個時候試想隋滅陳而一統南北之後，清談便自然消滅而絕其跡，同時一追唐世，而中國禪宗遽然興隆從這樣一看我們所以下了如此的一個推斷。

晉初音樂多仍漢魏之舊。荀勗掌音律時始新整樂調作正德、大悅二舞。又將其樂人移於鄴。其後冉魏為前燕所滅時鄴之樂人有來東晉者，而後太樂漸備。然而尚不完全又至前秦滅前燕時鄴之樂人悉入秦後前秦敗其樂工楊前趙滅晉伶官與樂器悉却奪以去故東晉始興是致樂官缺乏追後趙滅前趙，最來江南至是東晉音樂始獲完具云。南朝在南齊時曾定過郊廟的雅樂梁時武帝欲改古樂詢之通其學者而自定雅樂史言至是樂律乃燦然可觀。北朝則後魏太武帝時滅夏得其伶人樂器，然未有能傳習古樂之音制者，聲曲遂多不傳故卽孝文帝時音樂亦未完備宣武帝時劉芳掌音樂曾集明樂者教習之其後採胡聲為胡舞用屈茨琵琶五絃箜篌胡箎胡鼓銅鈸等而如琴瑟等類殆不復留踪影顧北齊時祖珽改音樂復魏晉之舊又在北周時史言其曾作六代之樂定雅音用為郊廟之樂並創作鐘律云。

書

書法至晉而益發達，能手輩出，如衞瓘、索靖、王羲之、王獻之等。就中尤以王羲之極盡篆隸真行草飛白等諸體的精妙，故世稱其總百家之能，具衆體之妙；而其子王獻之亦精草隸，後世遂稱之曰二王，而以為書道的師宗。下逮南北朝時代，書風亦分南北二派，而著名書家以南朝特為衆多。

繪畫

繪畫與佛教流行共著進步。晉時顧愷之、戴逵等以善畫著稱，逵子顒及宏亦能傳父畫法。宋時有陸探微者，工畫人物山水草木，稱古今獨步其子綏及宏肅亦能畫。梁時有張僧繇者，工畫雲龍人物山水，而其畫山水並不以筆墨鈎綠，卽描出邱壑巖巖，故世謂沒骨皴法為僧繇所創；其子善果及儒童亦能畫又嶍寶鈞者為張僧繇後名手。

農業

魏晉之際牧民者率多用心農業，盛闢稻田大興水利以供灌溉江南之民，耕耘則有火耕水耨之法；夫火耕水耨始見漢書食貨志註云應劭曰『燒草下水植稻草與稻並生因悉刈去又下之以水而灌之草死稻獨長所謂火耕水耨也』又齊東記事云：『沅湘多山布種時先伐林木焚之俟成灰布種謂之刀耕火

第四章　兩晉及南北朝時代之文化

一百七十七

種；此火耕之遺意也」照此所記，則要之，火耕水耨者，乃燒草木於田畝之中，又流水入田中以代耕耘也。後魏布均田之制獎勵農業至春租秋使男子年在二十五以上者悉出就田畝養蠶之月則使婦女年在十五以上者悉從事養蠶家有牛而無可耕之人或有人而無牛時則使之互助又緣邊之地則設屯田令民開墾。

商業

東晉及南北朝時亦有干涉商業之風尤其在東晉及南朝因都市置官司課稅，謂人民乃大苦之云。和外國的通商，則因後魏時與西域諸國及波斯印度陸路的交通頻繁故當然是行的，而海路的交通則吳及晉世雖止有大秦國卽羅馬的商船往來印度洋及中國海但至東晉末及南朝之世因佛教大盛的結果，便和印度以東的諸國也開了交通而與林邑（今之交趾支那）扶南（今之柬卜寨）狼牙修（今之馬來半島中部）闍婆（Java）師子國（今之錫蘭）印度等諸國通商中國海運乃漸興起閩廣商船遂往來於此諸國之間。

貨幣

晉世有大元貨泉等的錢然至南朝梁初錢所通用之地，止限於三吳

婚姻

荆江湘梁益其他各地，則用穀帛爲買賣媒介，於是武帝遂鑄造五銖錢，至其後罷銅錢而鑄造鐵錢，私鑄者遂多，以致生出鐵錢一百只值銅錢七十或三十五的價格來。陳時用兩柱錢、鵝眼錢等，然嶺南諸州猶以鹽米布等類代用貨幣。北朝則後魏時鑄永安五銖錢，北齊時更鑄常平五銖錢而當時冀州之北猶在以絹布之類代貨幣。北周時通用錢幣爲後魏之五銖錢及五行大布錢永通萬國錢等。

南北旣各自異其人種，自亦各自異其風俗，但年深月久卽胡人亦漸次日進於中國化。婚姻在北朝則依其胡風而有早婚之俗，若帝王及王族大抵年十三四便已結婚，如後魏道武帝十五歲而生明元帝景穆太子十三歲而生文成帝文成帝十五歲而生獻文帝獻文帝十三歲而生孝文帝北齊的文宣帝之兄高澄年十二而尙東魏孝靜帝之妹馮翊長公主北朝早婚之風如是，顧南朝却大不然又北朝有財婚之風婚嫁以多輸財帛相尙。蓋起於高門之族與卑族歲而生子恆弟儼被誅之時年十四而已有遺腹子四人，父北齊的後主緯十四

成婚，利其多得財賄，而其後遂成風俗，婚嫁必競其財幣之多亦不復以為怪。後魏文成帝嘗有詔說：「貴族之門，多不奉法，或貪利財賄無所選擇，令貴賤不分，虧損人倫何以示後？」則財婚之由來已久可知。而此風直至北齊尚依然存在。

喪葬

喪葬南北都無甚著之差異，惟南朝則葬術盛行。晉時郭璞即以葬術著名，即南朝歷代而相墓的專門家亦復出得不少所謂葬術便是現今的風水之術。衣服及頭飾，則南北差異殊甚。南朝人所著者為逢衣寬袖之服，北朝人則用窄袖寬袴。又南朝人士仍其周秦以來之舊風，皆結髮於頂，而北朝後魏人士則亦循其胡風而為辮髮。（後魏之拓跋氏原出於鮮卑之索頭部）顧孝文帝惡其國俗之野陋欲改之，特自平城遷都洛陽，改國姓曰元，朝廷儀式悉仿中國禁胡服胡語使宗室廢胡妻而與中國名門為婚，臣民之與漢族結婚者則獎勵之，如是上下俱化而為中國之風。

輿馬

輿馬秦漢以來天子宰相出入多用馬車至南北朝之際則或乘牛馬或乘肩輿惟北朝則不廢胡風仍多乘馬。

第五章　唐時代之文化

隋文帝之治績

隋文帝一統天下後遂專其力於內治更定刑律制度嚴禁散樂雜伎，以節儉為天下倡而又減賦稅令人民得以休養其力於是戶口滋殖天下太平。太子勇好驕奢帝廢之而立次子廣已而帝病廣入侍有污行帝又欲廢之廣懼而使人弒帝遂卽位是為煬帝。

煬帝之業

煬帝性好豪華卽位之初以長安為西都洛陽為東京役二百萬人大起宮殿苑囿發夫百萬開通邗溝（江蘇運河、永濟渠（衞江）江南河（浙江運河等穿）太行山以通馳道築長城起榆林（陝西省榆林府）達紫河（歸化城西北）遊行諸方不顧下民之困敝又屢勤遠略，北則威服突厥遣裴矩於河西以引誘西域諸國擊吐谷渾之餘衆，而開出西方青海（Coco Nor）之地，東南則征流求（蓋今之臺灣）、平林邑（安南之南卽後之占城（Champa）、

羣雄並起

東招高句麗其王不應，帝怒欲征之，伐兵百萬出遼東，而軍覆兵儘未能收效者累二次。於是財盡士怨百姓困窮豪傑競起於諸方凡小康了十幾年的天下，至是又成糜亂。

於是林士弘據江西稱楚帝，竇建德取河北，國號夏；長安李密從楊玄感起於黎陽及玄感敗更與翟讓等下榮陽自稱魏公劉武周爲突厥所推號定陽可汗梁師都稱梁帝與突厥通蕭銑起江陵號梁王此外羣雄尚所在皆是。然李世民一旦突出其間奉父李淵起兵晉陽，遂把這些羣雄一掃而空以有天下而興唐室。

隋之滅亡

先是突厥連連寇邊煬帝命李淵爲太原留守以禦之，淵次子世民見天下已亂遂勸父借助突厥而舉兵。李淵進至長安，立代王侑爲恭帝遙尊煬帝爲太上皇而自爲丞相卒受恭帝之禪國號唐；是爲唐的高祖。時煬帝在江都（江蘇省揚州府）耽於宴飲不顧天下之亂遂爲宇文化及所弑隋凡三世三十八年而亡時西紀六一八年。

唐之一統

唐高祖卽位之初，李密破宇文化及，繼而王世充滅李密，據洛陽，稱鄭帝；其他羣雄亦所在割據，互相攻伐。李世民乃先擊破劉武周次降王世充擒竇建德，而黃河流域的地方以定更遣將平梁、楚定朔方，至西紀六二四年天下遂歸於一統。故唐之興起都是李世民一人之功。世民由是威名日盛其兄建成及元吉嫉其功名謀欲殺之，世民乃先發殺二人，以西紀六二七年受高祖禪而卽位；是爲唐的太宗。

太宗貞觀之治

太宗實創成唐業之君，自始卽扶助高祖以圖釐新內政。旣卽位，舉杜如晦、房玄齡等以總攬政治用魏徵王珪等爲顧問大集其力於治道改官制定選舉法革田稅及兵刑之法規盛起學校獎勵儒學文學置府兵嚴武備輕減刑辟賦稅以撫恤士民如是海內無事德化及於四陲而貞觀之治遂推爲秦漢以來第一。太宗死其子高宗嗣初年有長孫無忌、褚遂良、李世勣等一班文武名臣受太宗遺詔輔翼扶佐故天下尙依然繼續著貞觀的太平惟是二帝的功業其外征較內治爲尤鉅：唐初四十年間東中南三方的亞細亞大陸始

第五章 唐時代之文化

一百八十三

隋與高句麗

隋初高句麗的嬰陽王率靺鞨族侵遼西文帝大怒發兵三十萬征高句麗，然無功煬帝立又欲征之以西紀六一一年親率兵攻遼東城（盛京省奉天府遼陽州北）不能拔後再攻之亦大敗而歸旋又欲征之高句麗遂請降。

唐太宗之高句麗征伐

繼而高句麗與百濟合力數數攻新羅新羅於隋滅後屢發使者乞援於唐唐諭高句麗使與新羅和。時高句麗之泉蓋蘇文弒其君榮留王而立王姪寶藏王恣擅威福又阻新羅使毋朝貢於唐。唐太宗乃發海陸大軍親出遼東陷白巖城（盛京省遼陽州）繼而圍安市城六月不能拔且天寒糧盡人馬凍飢，遂不及奏效班師；時為西紀六四五年。然百濟與高句麗同盟連侵新羅新羅求救愈急唐高宗乃授兵蘇定方自山東浮海使與新羅武烈王會征百濟陷其都城，百濟之將鬼室福信等迎質於日本之王弟扶餘豐並乞援兵，且結高句麗圖恢復，於是日本之齊明天皇親率舟師赴筑紫使阿曇比羅

百濟高句麗之滅亡

夫救百濟以西紀六六三年日軍敗於白村江（錦江）口，百濟王豐奔高句麗，

新羅之朝鮮半島統一

百濟全亡。時高句麗之泉蓋蘇文已死，其二子爭權國亂，唐高宗於是乘之，命李世勣往討，以西紀六六八年陷平壤，寶藏王降，遂滅高句麗，置安東都護府。其後新羅武烈王之子文武王頻頻蠶食百濟之故地，遂陷平壤，安東都護府乃遷於遼東。而唐自中宗以後內訌不絕，無暇用力東方，新羅遂幾於併有朝鮮半島且其君聖德景德二王悉心民治，對於唐則敬恭不懈，遂致太平之治。

渤海之興起

周時代之肅慎，在漢魏時曰挹婁，南北朝稱勿吉，至隋而稱靺鞨。其種人之住於粟末水（松花江）邊者曰粟末部屬高句麗，高句麗之亡也其部人大祚榮聚靺鞨及高句麗遺民略定高句麗故地，旋由唐睿宗封之為渤海郡王，自是改國號為渤海時為西紀七一二年。大祚榮之子武藝略地及於平安咸鏡二道及吉林、盛京方面，而通交於日本其子欽茂移居忽汗河（今之火兒哈河）之東定名上京，至仁秀而國勢益張，其版圖東抵日本海，西踰遼河而達契丹，在其孫彝震時建五京十五府，遂為海東一強國。

第五章　唐時代之文化

一百八十五

突厥之興起

突厥為北匈奴之支族，居金山（阿爾泰 Altai 山）南，世世臣屬於柔然。迨其部長土門破高車下其衆五萬，其勢驟盛。土門乃求婚於柔然之頭兵可汗，為頭兵所卻，遂自立號伊列可汗，旋即伐柔然殺頭兵可汗，遂滅柔然，破嚈噠（Ephthal）降吐谷渾東擊契丹（Kitai）北滅結骨（Kirghiz）而威令遂遠自遼東以達西海（迦斯毗 Caspi 海）。木杆乃自治東方都斤山（外蒙古三因諾顏之南境）以支配西方諸國如是突厥遂分東西方千泉（中央亞細亞搭拉斯河附近）可汗入寇隴西為文帝所破其子都藍立與從弟染干有隙染干奔隋得援歸平定故土是為啓民可汗隋末啓民可汗之子始畢可汗又寇邊勢熾盛羣雄多向之稱臣仰其援助以故雖唐已統一天下然心甚輕唐始畢可汗與始畢可汗之子突利可汗屢來侵擾邊陲。

東突厥之滅亡

西。自是西突厥則與東羅馬連和屢苦波斯而大擴其領土東突厥則屢侵中國的西北壃周齊諸帝皆憂之至與之約為婚姻努力以求得其歡心。隋初木杆之姪沙鉢略（Dizabul）可汗寇隴

西突厥之滅亡

太宗乃施其離間之策,令兩可汗自家互爭,於是東突厥諸部遂歸分裂兵勢漸以不振。頡利則尤染習中國奢侈之風力事模仿,加以戰爭連年,強羈縻諸部以徵發於是諸部怨之,而鐵勒諸部首舉牧旗。太宗於是乘之以西紀六三〇年命李世勣及李靖夾擊鐵勒之薛延陀部及東突厥擒頡利東突厥之地乃先伐高昌然分崩其地遂悉入鐵勒諸部之手太宗更欲併西突厥之地乃先伐高昌高昌在天山北路領有自今吐魯番(Turfan)至烏魯木齊(Urumtchi)一帶之地其王麴文泰與西突厥連合妨害致貢於唐之諸國太宗於西紀六四〇年遣侯君集討滅之後又令阿史那社爾擊破龜茲龜茲乃今天山北路之庫車(Kutcha)也是時西突厥達頭可汗之孫射匱可汗威服玉門關(安肅省安西州敦煌縣)以西諸國其弟統葉護可汗繼之破波斯令為羈縻州國勢最為隆盛顧未幾為其諸父阿史那莫賀咄所弒遂大亂其後沙鉢羅可汗悉平其地乃再強盛屢寇唐邊。西紀六五七年高宗遣蘇定方等擒沙鉢羅西突厥自是歸服於唐但後來其餘衆又響應吐蕃崛起,屢擾天山南路,高宗命

第五章 唐時代之文化

薛延陀回紇黠戛斯之興亡

裴行儉急發兵襲之悉平其地,時西紀六七九年也。

鐵勒卽高車漢時丁寧之後散居漠北其部衆甚多就中薛延陀及回紇(Uigur)兩部最爲強盛。回紇居獨樂水（外蒙古之土拉Tula河）和居其南。——回紇後爲回鶻。唐初,薛延陀之部長夷男（真珠毗伽可汗）和回紇的部長菩薩共滅東突厥而振其勢於漠北。逮太宗末年夷男死,薛延陀遂亂,回紇部長吐迷度破之,盡併鐵勒諸部而歸服於唐。後其部長骨力裴羅受唐玄宗册封號懷仁可汗,其版圖東起黑龍江沿岸西抵阿爾泰山之麓,盡有東突厥之故地。在安史亂後,唐室寖衰之際,曾與唐通婚姻,受其金帛而爲之後援,蓋極一時之盛。後爲吐蕃所侵略,遂漸衰之,旋又爲堅昆,唐初日結骨,原來居於回紇西北仙娥河（外蒙古之色楞咖Selenga河）之沿岸西紀八三〇年頃其部長阿熱自號可汗,乘回紇之衰弊,連破之破其餘衆亡走天山南路或遁往河西,故其國始遂卽於敗亡。黠戛斯(Kirghiz)所而奪其地旋受唐册封爲誠明可汗;然其後甚不振終未嘗成功爲強國。

吐蕃之盛衰

吐蕃乃圖伯特(Tibet)種，原服屬於吐谷渾，唐太宗時，其君棄宗弄贊(Chitun lun btsan)篤信佛教，求經典於印度，對內則修明其政治，對外則開擴其壞地，南征阿撒母(Asam)，泥婆羅(Nepal)東侵吐谷渾党項(Tanghut)時，太宗已降有吐谷渾及党項，併有青海一帶之地，遂與吐蕃戰勝之吐蕃降求和，乃妻弄贊以公主，從此吐蕃模擬唐之文物制度，唐則因吐蕃而得以通於中印度焉。印度在隋唐之際尸羅阿迭多(Siladitya)王君臨中東西北之四印度，曾令文學佛教大大興隆，王顧死後，其臣阿羅那順(Arjuna)遂篡國。時唐太宗正遣王玄策經吐蕃赴印度，顧阿羅那順拒不納王玄策乃發吐蕃及泥婆羅之兵，討平阿羅那順而歸。其後吐蕃之勢日趨强大，天山南路悉爲所併吞。又乘唐有安史之亂，遂奪其河西隴西之地。次在代宗之時其兵竟侵入長安，雖則爲郭子儀所擊退然爾後每唐有內難輒連結高昌回紇等，屢屢侵入陝西四川一帶，却是後來其部下沙陀及南詔俱與唐通，故吐蕃之勢遂亦漸形不振，追南詔興隆以後便益發衰微了。

第五章　唐時代之文化

波斯大食之興亡

波斯以西紀六五一年始與唐通好。先是安息朝既亡薩贊(Sasan)朝代興,極一時之隆盛迨第七世紀之初,亞拉伯(Arabia)有摩訶末(Muhammed)者出自稱豫言者參酌猶太基督二教而創立伊斯蘭(Islam)新宗教其經典曰可蘭(Koran),於是左執經典,右秉利劍訴之干戈,以布教於四方摩訶末之繼嗣傳次哈利發(Khalifa)阿瑪兒(Omar)時,遂西侵東羅馬同時又東伐波斯波斯王伊嗣侯(Yesdigerd)三世防戰敗退僅能保有呼羅珊(Khorasan),於是哈利發阿斯曼(Osman)乃結好於唐即所謂大食(Tazy)國是迨西紀六六一年伊嗣侯三世之子卑魯斯(Peruz)以國降唐薩贊朝遂亡唐乃設波斯都護府任卑魯斯爲都督顧其地則已爲伊斯蘭教徒所占領。

武韋之禍

唐雖有太宗及高宗四十年間之治世呈空前絕後之盛況然距高宗之死無幾而內訌遂起於閨闥之內初、太宗後宮的才人當中有曰武氏的一個美人高宗見其美密納為昭儀後武氏黜去王皇后而自為皇后特高宗多病遂乘機干與政治卒致左右大權勢傾朝野高宗死中宗立武氏仍自握政權

玄宗開元之治

旋廢帝而立其弟睿宗，親自臨朝稱制，越王貞、李敬業，前後舉兵伐之，皆敗死。武氏見天下之不服己，乃大殺戮唐宗室貴戚，遂廢睿宗，改國號周而自稱神聖皇帝以代唐。是卽武后。武后性極明敏，善用人材踞位之初將相皆得其人，國政大揚然其晚年，寵用嬖倖政事以紊，於是宰相張柬之等及武后方病，乃發兵斬嬖倖迫后令仍遂位於中宗，唐室如是復興，時為西紀七〇五年。初、中宗被廢而外居之時皇后韋氏從之嘗共艱苦中宗深德之及復位乃任其所為，韋氏於是參與朝政又私與武三思通，遂弒中宗立溫王重茂自攝政，同族皆置之要津於是睿宗之子隆基率兵入宮斬韋后及諸韋並誅其黨遂廢溫王而立睿宗後三年睿宗讓位於隆基是為玄宗，以西紀七一二年卽位。玄宗卽位之初舉姚崇、宋璟為相勵精圖治禁驕奢薄賦斂。姚崇明敏，吏才，抑權倖力諫靜宋璟善用人刑賞無私俱稱賢相。其後又有張嘉貞、張說、李元紘、杜暹、韓休、張九齡等良相輩出國家遂益致殷富文學技藝並興乃有開元三十年間之治。

第五章　唐時代之文化

節度使之設置

玄宗之驕怠

初，太宗時設府兵之制，置折衝府於要地，後其兵制破壞，僅存空名，睿宗之時，乃置節度大使，然高宗末年以來因武韋二氏之禍相踵，國威漸微，外夷乘之，屢擾邊陲，玄宗於是於四陲要地置十節度使委以兵馬大權使之經略四方。十節度使者，乃鎮撫黑龍江附近的平盧（內蒙古土默特之地）節度使節制奚契丹等之范陽（北京）節度使防禦回紇的河東（山西省太原府）及朔方（甘肅省寧夏府靈州）兩節度使備吐蕃的河西（甘肅省涼州）及隴右（甘肅省西寧府）兩節度使防吐蕃及苗蠻的劍南（四川省成都府）節度使鎮南海諸國的嶺南（廣東省廣州府）節度使及專當突厥的北庭（天山北路迪化府）節度使等是於是唐的國威遂再張於塞外然而內輕外重的禍諸國的安西（天山南路喀喇沙爾）節度使及專當突厥的北庭（天山北路迪化府）節度使等是於是唐的國威遂再張於塞外然而內輕外重的禍根便也是種於此處。

玄宗在位既久驕慢之念漸生，頗好奢侈宴樂，國用匱乏，則從事聚斂起

初任用宇文融後信任楊慎矜韋堅王鉷之徒。時宰相李林甫性柔佞狡猾結

納官宮嬪，迎合帝意，壅蔽聰明。而帝亦內行不修，廢王皇后而寵幸武惠妃，繼又納壽王妃楊太真爲貴妃，由是楊氏一族，驟臻榮盛恣極奢侈，楊國忠遂代李林甫爲相，未幾而安祿山之亂起。

安祿山原爲營州（內蒙古土默特）的雜胡，狡黠有勇略，巧結玄宗寵妃楊氏之黨深得帝之信任，兼平盧范陽河東三節度使握土地財賦甲兵之權，陰蓄異志顧深憚李林甫不敢發。及楊國忠爲相遂以西紀七五五年（天寶十四年）反奉其部下及奚契丹之衆十五萬南下，風靡河北陷洛陽，自號大燕皇帝時府兵之制已廢，無能當賊軍者賊軍遂破官兵向長安進發玄宗奔成都傳位太子，是爲肅宗卽位於靈武（甘肅省寧夏府靈州）。先是，平原（山東省濟南府）有顏真卿防賊常山（直隸省正定府）則顏杲卿睢陽（河南省歸德府）則張巡許遠皆殉國難因之山東江淮之地得不入賊手旣而郭子儀、李光弼等的勤王軍及回紇西域的援兵，先後來會官軍之勢遂大振。而安祿山因愛溺少子爲長子安慶緒所弒安慶緒又爲其將史思明所弒史

藩鎮之跋扈

思明亦愛溺少子，爲長子史朝義所弒，賊亂相尋無已，其勢頓衰，官軍乘之，先復長安，迎帝及上皇，次遣諸將討賊。其後肅宗死，代宗立，得回紇援兵，遣雍王适合諸道之兵擊破史朝義，恢復洛陽，賊將李懷仙又斬朝義來降，而八年的內亂始告鎮定；是曰天寶安史之亂，然自是塞外諸國遂輕唐，益以各地藩鎮亦跋扈而不重朝廷，而唐室遂傾向衰運。

節度使雖其初止設置於邊要地方，然因安史之亂，內地亦爲之動搖，遂增設之，而其官遂遍天下，節度使等各各統有數州，握其甲兵、土地、財賦之權，恰如王侯一般，或則令子孫世襲，或則由士卒自定留後，而朝廷亦不能制，藩鎮遂日極驕橫，原河北本爲安史賊黨根據之地，顧代宗急於定亂，賊降將李懷仙田承嗣李寶臣等遂各各畀以盧龍（北京）、魏博（直隸省大名府）、成德（直隸省正定府）等節度使，從此河北諸鎮遂互相結托不奉朝命。如淄青（山東省青州府）、淮西（河南省汝寧府）的河南兩鎮亦強橫跋扈，於是唐室威光日趨闇淡。德宗既立行兩稅之法，欲以充實國庫而殺藩鎮之勢，

宦官之專橫

盧龍的朱滔、淮西的李希烈等乃接連畔，德宗發各地之兵，令往討賊顧涇原（甘肅省平涼府）兵逼長安怒帝待遇之薄卽奉朱泚作亂德宗出奔於奉天（陝西省乾州府），後得李晟及渾瑊等之援纔復長安暨憲宗立英武不羣用賢相杜黃裳之議改姑息之策命武元衡、裴度等平淮西淄青河北諸鎮次第降遂以制止藩鎮的橫恣然帝晚年不能去驕侈卒爲宦官所弒。

唐初宦官本無勢力及玄宗宴遊繁盛其數驟增遂漸至得勢於肅宗、代宗二帝蒙塵之際頗參與機務至德宗以宦官統禁軍其勢彌強不僅肆行人主的廢立並至於弒憲宗而立穆宗後又弒其子敬宗文宗患宦官之專橫與鄭注、李訓等謀爲甘露之變以誅宦官事不成反益增高宦官的威暴；其後武宗宣宗僖宗昭宗諸帝皆由彼輩所擁立。

朋黨之爭

先是，穆宗時李德裕與李宗閔有隙，構陷之朋黨之爭於以起。文宗以後，李宗閔結牛僧孺以抗李德裕，力事排擠宦官乃得以出入其間而專權爲宣宗時李德裕李宗閔牛僧孺等皆前後貶死黨爭始息是名牛李之

唐宋之大亂

争。其間武宗曾平澤潞（山西省澤州府及潞州府）之叛，宣宗又收復安史亂時為吐蕃所取河西隴右等侵地，又鎮定為吐蕃逼徙內地之黨項諸部的寇亂。顧諸帝雖英武，然而宦官專橫於內，藩鎮跋扈於外，兩俱根深蒂固，卒至莫如之何。

宣宗死後，唐威大衰，至懿宗時，裘甫、龐勛等相繼作亂，幸王式討平裘甫，康承訓借西突厥別部沙陀之力討平龐勛，二亂皆已於是沙陀酋長朱耶赤心以功得賜姓名為李國昌任振武節度使。僖宗卽位之次年，王仙芝起兵山東旋為官軍所破敗死然其部將黃巢率領餘衆剽掠河南江西福建廣東諸州繼陷洛陽取長安稱大齊皇帝僖宗出奔蜀時振武節度使李國昌之子李克用英武有謀略應召引兵破黃巢亂事平黃巢部將朱溫來降賜名全忠任節度使鎭汴（河南省開封府）以事與李克用有隙，由是互相敵視。

唐的滅亡

僖宗死昭宗立宰相崔胤，欲誅宦官見朱全忠據汴有勢力召之朱全忠乃入長安悉誅宦官以功封梁王全忠乃挾帝遷都洛陽於是豪傑之士四方

評隋文帝

崛起,皆以復興唐室爲名互相吞噬時朱全忠見昭宗有英氣,懷恢復之志憚之,今又見羣雄之起,皆以興唐爲名懼異變之或生於其中遂弑帝而擁立其子哀帝旋篡位是爲後梁太祖唐自高祖至是凡二十代二百九十年而亡時西紀九〇七年也。

隋之統一其事爲混同了南北分流的思潮,而文帝、煬帝的功業卽在於斷行了自晉武帝以後歷代帝王所想望而不能達到的這一事自皮相上觀之,則文帝的功烈似可比於秦之始皇而煬帝的行動則可擬於漢之武帝。然而我們試仔細一察當時的情勢則北朝之滅亡緣於周主幼弱而政權握於外戚而南朝之滅亡則緣於陳主庸暗而羣臣耽於宴樂故取周之易譬猶摧枯拉朽卽文帝之才不必遂謂其足敵皇而取陳之無煩多勞又恰如秋風之掃落葉故煬帝之器亦不能謂其可媲武帝文帝者富權變之才而好弄術數之人迨始以外戚之尊受託孤之重因利乘變爰遷周祚,雖招一時舊臣之憤怨而出其駕御籠

第五章 唐時代之文化

一百九十七

評隋煬帝

絡之術卒皆使之心服以故驍騎一朝北進，突厥的可汗卽通款輸誠樓船一旦南下，金陵卽爲之失守而史言：「帝性嚴重勤於政事令行禁止雖嗇於財實功不吝愛養百姓勤課農桑輕徭薄賦。自奉儉薄天下化之。受禪之初民戶不滿四百萬末年踰八百萬然自以詐力得天下猜忌苛察信受讒言功臣故舊無終始保全者。」便知其原擅權變之才，而好弄術數之巧以詐力得天下，遂爾猜忌苛察，不肯信人而聽內寵之言廢棄太子惑外嬖之說誅荑功臣。於是君臣之義旣破，父子之親無存故一坏之土未乾而百年之基旋傾塚上之木未拱而天下之亂已形則隋祚之不能長保我們實不能不說這是當然必至之勢了。

煬帝之詭譎又過其父嘗矯情飾形以愛母氏以媚大臣以交歡中使卒至廢太子弒父兄。故彼踐祚以後驕暴日甚雖政刑日亂而亦不以爲意自比於漢的武帝企圖外征揚威四方尤復盛治宮室窮極侈靡東西遊幸盡流連之樂是這樣他已經就不能樹萬世之策而又不知安億兆之生了。故彼唯知日夜役佳麗數千人於馬上奏淸夜遊之曲以爲歡娛，遂羣雄蜂起，天下已成土崩之勢而

亦在非所恤。史言其「即位，首營洛陽顯仁宮，發江嶺奇材異石又求海內嘉木異草珍禽奇獸以實苑囿又開通濟渠自長安西苑引穀洛水達於河引河入汴，引汴入泗以達於淮又發民開刊溝入江旁築御道植以柳自長安至江都置離宮四十餘所。遣人往江南造龍舟及雜船數萬艘以備遊幸之用。西苑周二百里，其內為海周十餘里為蓬萊方丈瀛洲諸山高百餘尺臺觀宮殿羅絡山上海北有渠縈紆注海沿渠作十六院門皆臨渠窮極華麗宮樹凋落剪彩為花葉綴之，沼內亦剪彩為荷芰菱芡色渝則易新者好以月夜從宮女數千騎遊西苑作清夜遊曲馬上奏之後又開永濟渠引沁水南達於河北通涿郡。又營汾陽宮又穿江南河自京口至餘杭八百里置洛口倉於鞏東南原上城周二十餘里穿三千窖；置興洛倉於洛陽北城周十里穿三百窖窖皆容八千石。帝或如洛陽或如江都或北巡至榆林金河或五原巡長城或巡河右：營造巡遊無虛歲。徵天下鷹師至者萬餘人徵天下散樂諸蕃來朝陳百戲於端門執絲竹者萬八千人終月而罷費巨萬歲以為常」云云便可以窺他行動的一斑了。如是及彼親將擊高

第五章　唐時代之文化

一百九十九

句麗，百姓窮困不復能支，而天下遂騷動羣雄蜂起以割據四方，其終則國滅身喪舉宗社以為麋鹿之場委蒼生以充蛇豕之餌焉。抑彼氣宇的闊大則殊不讓於漢之武帝親自北巡次榆林而令東突厥的啟民可汗及義成公主來朝，同時又令吐谷渾及高昌入貢吏部侍郎裴矩撰西域圖記三卷述西域諸胡的山川風土及胡中的珍寶奇物帝見之卽命裴矩至張掖以利啗之，令致諸胡遣崔君肅赴西突厥，使處羅可汗入貢，而得汗血千里之馬繼又親巡河右至燕支山令高昌王麴伯雅伊吾吐屯設等及西域二十七國之君長來謁示其雄威置西海（青海之西）、河源（青海之南）、鄯善（甘肅省安西州敦煌縣西）、且末（敦煌縣西南）等郡又命裴矩說鐵勒部破吐谷渾以致其可汗伏允出奔取諾爾（Coco Nor）之坡而置青海郡更通西域的道路而大張國威於西南又命劉方攻南方的林邑（安南之南，卽後日的占婆）陷其都而令國王梵志出走令常駿至赤土（馬來半島之中部東岸）促其國王瞿曇富利多塞入貢命陳稜發兵征琉球（今之臺灣）。於是又親征東方的高句麗，雖則敗衂然而彼之耀

其國威於四方，卻是極明顯的事實。而彼又巡幸北方，發江北的壯丁，穿太行山以通并州馳道築長城於西北之地，自榆林以達紫河以固備邊圍的防衞抑彼之功績尤有可以特筆大書者，則為南北交通往來的便利之故而鑿刊溝（今之江蘇運河）、永濟渠（今之衞河）江南河（今之浙江運河）等運河一事是。此乃一大工程，有此運河便可自長安舟行以達於江南但是因為他置離宮四十餘於長安江都（江蘇省揚州）之間以備巡遊唐的史家遂謂其開鑿運河目的祇不過在於供其遊幸罷了。然而這未免太武斷何以呢？我們試看他開鑿北邊交通之路的結果而武威、張掖等郡，遂成了東西貿易的中心，於是西方賈人之來集於茲者實達四十餘國之多。如其以上所推測想像的不錯，則我們若僅止據着他一用意又安知他不是想更在南方關和海外通商之路，因而開鑿這運河以便連絡南北的貿易途徑呢？如其以上所推測想像的不錯，則我們若僅止據着他一面的行動，便以為他只是日夜惟沈湎於酒色耽溺於遊行，而流連荒亡的一位驕暴君主這實不能不說是為那些唐史家的曲筆所誤我們試看他所開鑿出

第五章　唐時代之文化

二百一

評唐太宗

來的運河自唐以來以至近代，在南北漕運上曾給以極大的便利，我們便當然要承認他在文化史上的功績的偉大，而且就說是將功折罪都還只有功餘的，亦不能謂爲過言。

唐的太宗真是一位英主。力拔山而氣蓋世，以廓清宇內而成就濟世安民的洪業，餘威所屆猶足以懾服塞外諸國而東抵高句麗西及印度。其膽之大如斗，其眼中不見有所謂勁敵，其量如海有清濁並吞之概；其明如日月有燭照萬物之能。魏徵往常曾勸其兄建成殺彼，然彼若不知有此事也者不惟不念舊惡，反優禮之而以爲祕書監；王珪亦嘗爲建成謀者，然彼用之以爲侍中抑彼又正當立一王之制舉一匡之實之際卻未嘗爲劃一一代思潮之事於儒道佛三大潮流以外凡景教祆教等細流悉無所擇而容納焉。最初說高祖以舉大事的是他；令高祖得以轉禍爲福化家爲國的也是他撥亂世反之正，而成功三百年帝業的是他的力，偃武修文創立一代之典型的是他的德：這便是何以能令李密驚歎爲真英主也的所以然。彼初以武爲撥亂勝殘之砭劑繼又以文爲濟世安

民之膏粱,而一代典型皆成於此時三百年文化皆出於其方寸是故開國之業和興文之功遂皆不能不歸之於他的一身他在為秦王時便已開文學館延房玄齡杜如晦虞世南褚亮姚思廉李玄道蔡允恭薛元敬顏相時蘇勗于志寧蘇世長薛收李守素陸德明孔穎達蓋文達許敬宗等十八人為學士卽軍國之際,亦在館中討論文籍恆至夜分。迨旣卽位遂開弘文館聚四部之書二十餘萬卷又選天下文學之士以爲弘文館學士聽政之暇,則延見之於內殿商榷古文因其極力推重文學尊崇經術如此故儒雅之風遂蔚然興起。至其關於政治上之用意則定出官制田制兵制學制稅法刑法等來去奢省費薄賦輕徭任仁義而不任刑法,由是海內昌平,路不拾遺,夜不閉戶至於商旅野宿而現出治平的極致所謂貞觀之治者來。史評他道:「帝雖以武功定禍亂終以文德綏海內常自以驕奢爲懼嘗曰:「人主惟一心攻之者衆或以勇力或以辯口或以諂諛或以姦詐或以嗜慾幅輳各求自售人主少懈而受其一則危亡隨之此其所以難也。」常閒侍臣創業守成孰難。玄齡曰:「草昧之初羣雄並起角力而後成之創

唐中央政府的官制

業難矣。」魏徵曰：「自古帝王莫不得之於艱難失之於安逸守成難矣。」帝曰：「玄齡與吾共取天下出百死得一生故知創業之難。徵與吾共安天下常恐驕奢生於富貴禍亂生於所忽故知守成之難。然創業之難方與諸公愼之。」自知神朶爲臣下所畏常溫顏接羣臣導人使諫賞諫以來之。」便可以知道他的爲人而又知道他是一位眞的英主。

唐的制度乃依照隋時所更新了的制度而稍徵加以損益者。凡諸制度在太宗時代便已整備延及日本、朝鮮之律令亦俱受唐制極大之影響唐的中央政府爲中書尚書門下三省以總理天下政治更於其下分吏戶禮兵刑工六部以分掌行政事務又別有三師、三公者太尉、司徒、司空此三師三公者其職務止於燮理陰陽初不涉及實際的政務者太師、太傅、太保三公以備天子顧問三師者故位雖尊而無其人時便可缺之初非常設之官。是故實際掌握中央政府之大政者還是三省與六部中書省掌宣奉天子的詔令其長官曰中書令門下省掌審查詔令倘詔令中有甚麼障礙的地方便塗竄而奉還之其長官曰侍

中；於是尚書省所執掌之事，則中書省所宣奉門下省所審查而既經確定了的詔令以之施行於天下其長官曰尚書令但是因太宗曾自為尚書令其後臣下皆不敢任此職遂以左右僕射代行尚書令事為例僕射本尚書令的副官，分左右二司，左僕射管吏、戶、禮三部，右僕射管兵、刑、工三部。吏部掌官吏的黜陟，戶部掌賦稅禮部掌禮儀兵部掌軍事刑部掌刑罰工部掌土木而六部長官曰尚書，次官曰侍郎，各部又各有四司共為二十四司將以上官制製為表，則如左方所揭：

中央政府職官表

三省長官分掌事務	尚書令副	六部	二十四司
中書省　中書令　宣奉天子的詔令		左僕射	吏部（官吏的進退）	吏部　司勳　主爵　考功
			戶部（賦稅）	戶部　金部　倉部　度支
			禮部（禮儀）	禮部　主客　祠部　儀制

第五章　唐時代之文化

三〇五

尚書省	尚書令	施行既經確定之事	兵部（兵備） 職方 駕部 庫部
			刑部（刑罰） 都官 比部 司門
			工部（土木） 工部 屯田 虞部 水部
門下省	侍中	審查詔令有障礙時則塗竄奉還之	右僕射

如是三省長官的尚書令、中書令、侍中，參與國務而握宰相的實權然自李世勣以太子詹事為同中書門下三品以來，凡為宰相的都加以同中書門下三品之稱；及唐中世又因黃門侍郎郭泰舉等為同中書門下平章事，自是同平章事遂為宰相之職。而尚書省在南因稱南省，門下中書二省在北因稱北省。而北省之中門下省在左，中書省在右因又稱左省右省，此三省之外尚省又通稱曰兩省。又三省之外尚有祕書省殿中省內侍省三省故合稱六省。此外尤有一臺九寺五監十六衞府諸官以分掌各方面的行政其職掌官等如左表：

六省表

名稱	長官	官等	職掌
尚書省	令	正二品	掌總領百官儀刑端揆之事
中書省	令	正三品	掌侍從獻替及制勅冊命之事
門下省	侍中	正三品	掌出納帝命相贊禮儀之事
祕書省	監	從三品	掌經籍圖書之事
殿中省	監	從三品	掌衣食車乘之事
內侍省	內侍	從四品	掌宮內供奉宣傳制令之事

五監表

名稱	長官	官等	職掌
國子監	祭酒	從三品	掌學校教育之事
少府監	監	正三品	掌百工巧伎之事
將作監	大匠	從三品	掌土木工匠之事
軍器監	監	正四品	掌弓箭甲胄等事
都水監	使者	從五品	掌山澤津梁等事

九寺表

名稱	長官官等	職掌
太常寺	卿 從三品	掌禮樂郊廟社稷祭祀等事
光祿寺	卿 從三品	掌酒醴膳羞之事
衛府寺	卿 從三品	掌武器軍馬之事
宗正寺	卿 從三品	掌皇族及外戚的屬籍之事
太僕寺	卿 從三品	掌廐牧輿馬之事
大理寺	卿 從三品	掌折獄詳刑之事
鴻臚寺	卿 從三品	掌賓客凶儀之事
司農寺	卿 從三品	掌倉儲委積之事
太府寺	卿 從三品	掌財貨藏市之事

一臺表

名稱	長官等職	掌
御史臺	大夫 從三品	掌明刑憲典章而司彈劾糾察之事

尚書省六部表

名稱	長官官等職	掌
吏部尚書	正三品	掌官吏的選敍勳封及考課之事
戶部尚書	正三品	掌口及班田之事
禮部尚書	正三品	掌禮儀祭祀及燕饗貢舉之事
兵部尚書	正三品	掌軍衛及武選之事
刑部尚書	正三品	掌律令刑法及徒隸關禁之事
工部尚書	正三品	掌百工屯田及山澤之事

以上諸官都是文官。至於武官則有諸衛的將軍以掌兵衛之事。有十六衛府者，乃指左右衛府、左右驍騎府、左右武衛、左右領威衛、左右領軍衛、左右侯衛、左右監門府、左右府而言。又關於東宮之官屬則有詹事府、左右春坊家令寺率更令僕寺諸率府等掌關於東宮之諸事以上諸官通稱京官，至於地方官則稱外官。而唐之官名雖依時代而不免多少有點異同，如則天武后時尚書省稱中

第五章　唐時代之文化

二百九

臺，中書省稱鳳臺門下省稱鸞臺，但大體卻沒有甚麼顯著的變革唯同平章事及節度使之官乃起於唐之中世前代固未嘗有。

唐之地方官制

隋末羣雄紛起各州縣恣其分割唐興次第削平之顧其以土地來屬者率納之而未加以改動又往往有割置州縣而與以寵祿者，故唐初郡縣之數多於隋世數倍至太宗貞觀元年始革其弊而依山川之形便分為十道：(一)關內道、(二)都畿道、(三)關內道、(四)河南道、(五)河東道、(六)河北道、(七)淮南道、(八)江南道、(九)劍南道、(十)嶺南道。迨睿宗景雲二年分山南道為東西二道又分隴右道而置河西道旋罷。玄宗開元二十一年則更分為十五道：(一)京畿道、(二)都畿道、(三)關內道、(四)河南道、(五)河東道、(六)河北道、(七)山南東道、(八)山南西道、(九)隴右道、(十)淮南道、(十一)江南東道、(十二)江南西道、(十三)黔中道、(十四)劍南道、(十五)嶺南道。於是道之下有州，州之下有府有縣；府有尹縣有令而州有刺吏，凡皆以掌其地方之民治，而於每道置巡察史(玄宗時曰採訪處置使後又改為觀察處置使)以監察之又掌軍政者有都

督府、都護府，前者以掌諸州軍政，後者以撫諸蕃禦外寇然其後遂生出節度使等官。

唐在太宗高宗之代專用其力於東北西之三面，南方則尚未經營然而跟着他威力的增加從而南方諸小國亦前後入朝稱臣如占婆、安南的南部）扶南、（柬埔寨及暹羅之南部）闍婆(Java)室利佛逝(Sri Boja蘇門答臘之東北部）等國俱曾於太宗高宗時入貢於是唐的政令所及之處，東起朝鮮滿洲北併內外蒙古西自天山南北兩路包有中央亞細亞南則印度支那之諸國俱爲唐的屛藩。唐爲管理上的便利起見爰有六都護府之建置其下設都督府與州，州有刺史都督府有都護以治之刺史與都督則多以其地原有的部長族長任之當時四方覊縻的府州其數凡八百五十六，以六都護統率之都護特由朝廷派遣以統監所部刺史與都督其六都護府所在地及所管區域如左表：

六都護府表

十 節度使

都護府名	所　在　地	所　管　區　域
1. 安東都護府	初治朝鮮平安道平壤後移遼東城	高句麗百濟之故地（滿州及朝鮮之西北部）
2. 安北都護府	沿岸之遼東城	鐵勒諸部之地（外蒙古）
3. 單于都護府	初治鬱督軍山之南狼山府後移陰山麓中受降城	突厥諸部之地（內蒙古）
4. 北庭都護府	治天山北路之庭州（今之迪化府）	西突厥之地（天山北路及俄領七川州之地）
5. 安西都護府	治天山南路之焉耆（今之哈拉社爾）	西域諸國（天山南路及中央亞細亞）
6. 安南都護府	治嶺南之交州（今東京河內）	南海諸國（法領印度支那等）

太宗時設府兵之制，於各要地以折衝府配布之，其制後廢僅存空名，睿宗時，始置節度大使先是，高宗末年以來武韋二氏先後作禍國威傾微諸外夷乘之，若回紇若吐蕃若大食等侵擾邊境不已，於是玄宗時乃於四陲要地置十節度使委之以兵馬大權使經略四方。十節度使者平盧節度使（鎮撫黑龍江附近一帶之地）、范陽節度使（制奚及契丹等）、河東及朔方兩節度使（防禦回紇）、河西及隴右兩節度使（防備吐蕃）、劍南節度使（防吐蕃及苗蠻）

嶺南節度使、（鎮撫南海諸國）。安西節度使（抑制西域諸國）及北庭節度使（專當突厥）是其十節度使之所在地及所管區域如左表：

十節度使表

藩鎮的名稱	所在地	所管區域	所屬都護府	設置的目的
1.平盧節度使	營州（內蒙古之右翼之地）	河北道東部（奉天省）	安東都護府	鎮壓寶韋靺鞨等
2.范陽節度使	幽州（今之北京）（直隸省順天府）	河北道（直隸省）		黑龍江附近諸部
3.河東節度使	太原府（山西省太原）	河東道（山西省）		鎮奚契丹等蒙古東部之諸族
4.朔方節度使	靈州（甘肅省寧夏府靈州）	關內道北部（甘肅寧夏）	單于安北二都護府	防禦回紇
5.河西節度使	涼州（甘肅省涼州府高宗時置）	河西道（甘肅西北部）		防禦回紇
6.隴右節度使	鄯州（甘肅省西寧）	隴右道（甘肅省）		禦吐蕃回紇
7.西安節度使	龜茲庫車	起天山北路俄領七川州	安西都護府	備吐蕃
8.北庭節度使	庭州（天山南路迪化府）	勒四鎮焉耆于闐疏	北庭都護府	鎮西域諸國
9.劍南節度使	益州（四川省成都府）	劍南道（四川省）		制突厥餘眾
10.嶺南節度使	廣州（廣東省廣州府）	嶺南道（兩粵及安南東京）	安南都護府	禦吐蕃鎮苗蠻 鎮壓南海諸國

唐的兵制

有此十節度使，而唐威乃再振於塞外，逮安史之亂，遂內地也設置起節度使來，遂種下藩權過重的禍根。先是，內地在玄宗時改十道為十五道，每道置採訪處置使，但因安史亂後為防餘波動搖起見，內地遂大抵以節度使代替採訪處置使，由是節度使各統數州，手握甲兵、土地、財賦之權，儼然王侯，乃自置所屬文武官吏，從此內輕外重，朝廷竟不復能制之矣。

太宗時依隋制置折衝府六百三十四於十道，其中有二百六十一屬關內道，蓋欲內重外輕以便制御。折衝府分三等，以兵千三百人者為上府，千人者為中府，八百人者為下府。府兵不僅鎮壓地方，並每年番上交代而以宿衛京師（遠者稍稀，近者則輪番甚頻，率一月一交代）。故此諸府皆隸於京師諸衛府。

折衝府的職員有折衝都尉、左右果毅都尉、長史、兵曹、別將、校尉等，而軍隊的組織則十人為火，有火長一人，五十人為隊，有隊正一人，三百人為一團，有校尉一人。武器則平日收置官庫，有事之時始給與之，人民年二十則為兵，六十而免，能騎射者為越騎，其餘則為步兵。每歲冬季折衝都尉則集府兵而習軍陣進退之

法平時則使之耕作，值蕃者則使之宿衞，事變起時，則待契符之下而出兵。但自高宗以後此上所云云者日即破壞，卽值番者亦往往失其時，逮玄宗時衞士尤耗散至不能充宿衞，乃依宰相張說之議募京畿府兵及白丁十三萬人使隸諸衞謂之曰彍騎。顧其後彍騎之法亦不能持久，而諸州府兵則益復頹廢，卒至募市民以充宿衞，一遇安祿山之亂，卽敗散不中用，而天下於以大亂，亂後藩鎮之勢漸強，坐擁大兵不復奉朝廷命令，蟠踞各地，隱然有諸侯之觀，而府兵及彍騎，兩法俱絕無復留跡。

隋文帝時定刑律為十二篇，煬帝時增為十八篇，至唐又還為十二篇，(名例、衞禁、職制、戶婚、廄庫、擅興、賊盜、鬭訟、詐偽、雜律、捕亡、斷獄)故唐的刑法大抵皆沿隋舊。唐刑名有笞、杖、徒、流、死五種，其中笞、杖、徒三刑分五等，流刑分三等，死刑分絞斬二等，而皆有納相當之銅則許其贖罪之例。

隋唐五刑表

刑名	一等	二等	三等	四等	五等

第五章　唐時代之文化

二百十五

刑名	一等	二等	三等	四等	五等
笞刑五等	十	二十	三十	四十	五十
杖刑五等	六十	七十	八十	九十	百
徒刑五等	一年	一年半	二年	二年半	三年
流刑三等	二千里配役二年	二千五百里配役二年半	三千里配役三年		
死刑二等	絞	斬			

贖銅斤量表

刑名	一等	二等	三等	四等	五等
笞刑	十（一斤）	二十（二斤）	三十（三斤）	四十（四斤）	五十（五斤）
杖刑	六十（六斤）	七十（七斤）	八十（八斤）	九十（九斤）	百（十斤）
徒刑	一年（二十斤）	一年半（三十斤）	二年（四十斤）	二年半（五十斤）	三年（六十斤）
流刑	二千里（八十斤）	二千五百里（九十斤）	三千里（百斤）		
死刑	絞（百二十斤）	斬（百二十斤）			

然雖如此，而若所犯為十惡（謀反、謀大逆、謀叛、惡逆、不道、大不正、不孝不

唐的田制及稅法

睦、不義、內亂）之列，則雖當八議（議親、議政、議賢、議能、議功、議貴、議勤、議賓）之條而亦罪在不赦。八議者言雖已犯罪而付之平議求其有可以恕宥之資格之謂。至於十惡之目則沿齊律而設又九十以上之老者及七歲以下之幼者則雖犯死罪亦不論律。再犯則加重其罰自首則論減二罪俱發則從重者處斷。又死刑固有執行於市之例，而其人若爲五品以上之官則許其於已宅自盡。卑屬親對於尊屬親之罪與奴婢對於主人之罪厭罪固皆甚重反之而以尊對卑以主人對奴婢之罪則皆甚輕。犯罪者以在其罪發之州縣推斷爲例其在京師則杖刑以下者委之當局之推斷，徒刑以上者，則送致大理寺至若糾斷大獄之時則刑部尚書御史中丞大理卿俱集參同。

唐田制乃參酌後魏孝文帝所制定之均田法而施行之者凡男子年十八以上者給田百畝以其中二十畝爲永業田傳之子孫其餘八十畝則以爲口分田止限於一代；但若老男篤疾廢疾之人則給田四十畝寡妻妾給三十畝田的收授時期，以每年十月至十二月之間爲恆狹鄉（田少之處）授田例得減於

第五章 唐時代之文化

二百十七

寬鄉（田多之處）之半，而將田妄行賣買貼賃典質等事俱屬犯禁之列；惟因移住他鄉或以貧困不能舉葬者則得以賣去其永業田又自狹鄉移住寬鄉時尚可賣其口分田惟既賣之後則不復更授以田如是受田者每百畝必由其每年收穫中輸粟二斛此之謂租又從其鄉土之所產必納絹綾各二丈麻布二丈四尺（非蠶絲之鄉則代之以銀）此之謂調每年必為國家服力役二十日（逢閏年加二日）。若國家有事加役至十五日則免其調，至三十日則租調俱免，而欲獲免於役者，則以一日三尺之比例出絹此之謂庸故租者田租調者家稅而庸則口稅。其有水旱之災霜蝗之害，耗其田之收穫至於十分之四時則免租，至十分之六免租調至十分之七時租調庸俱免桑麻耗損亦免調是這樣則唐的田制及稅法和天下戶口之數關係非常密切，故戶口的調查極嚴每三年必造鄉帳（戶籍）每一年必造計帳（賦課的帳簿）。又將人民資業（同於產業）分為九等。百戶為里五里為鄉四家為鄰四鄰為保在城邑者為坊在田野者為村食祿之家不得與小民爭利工商雜家不得與士類為伍。男女始生為黃四歲為小，

唐的選舉制

十六爲中，二十爲丁，六十爲老。但至玄宗時，班田之制漸破，安史作亂，版籍（記戶口田地之帳簿）亦壞，賦歛無定，課目又增，迫趣取辦而無常準，於是人民不勝困弊，相率逃徙致多浮戶，而爲土著者遂甚稀少。如是德宗之時楊炎建議設兩稅法。其法先計每年州縣所用以及上供之數而賦之於人爲以出制入之計，每戶不問主客凡現在者皆載於簿，使各人應其貧富而於夏秋二季（六月十一月）完納一定之稅，行商之人則於其所在州縣而賦課之，此法行則租庸調雜徭悉皆省去於班田之制已破之後實爲最適於時勢之要求者故經五代至宋明皆仍用不廢。

隋煬帝時始設進士科以詩賦取士，自是進士遂爲後世選舉主要之制次至唐的取士法，則爲生徒貢舉制舉三種。即從京師諸學館（國子學、大學、四門學、律學、算學、弘文館、崇文館）與州縣各學校送其諸生之成業者於尚書省而使之受試者曰生徒，不從學校出身而先在州縣受試及第則赴京師應尚書省試者曰貢舉，天子數年詔行一次而以舉非常之士者曰制舉。生徒及貢舉有秀

才、進士、明經之目而其試驗科目各異。秀才試以方策五道進士試以雜文二篇，時務策五道明經試以每經（易、詩、三禮——周禮、儀禮、禮記——三傳——左傳、公羊傳、穀梁傳）十帖與經策十條乃更以身言書判之四者而選拔之：身要體貌豐偉，言要言詞辨正，書要楷法遒美，判要文理優良。然而弄到後來，遂致進士暗於經史明經不明理義。玄宗時鑒於此弊，乃於進士試以文策之外又試以大經（禮記、左傳）十帖，於明經試以帖經之外又試以大義十帖及時務策進士及明經之科唐世最為盛行其他雖尚有明法、明字、明算道舉開元禮孝廉諸科及史科三傳科等然皆不及。

隋文帝併合南北朝統一中國後，於都邑悉設學校，次至煬帝，學校亦盛。及唐則學制尤為完備唐的學校在京師有國子學（以三品以上之子孫為主定額三百人）。大學（以四品以上之子孫為主定額五百人）四門學（以七品八品之子孫及庶人之俊秀者為主定額五百人）律學（以八品以下之子弟及庶人之通於其事者為主定額五十人）書學（同上定額三十人）算學（同

上，定額三十人)，以屬於國子監；又有弘文館、崇文館（兩者俱以收容宗室及功臣之子孫），以屬於門下省；至於地方則有府學州學縣學之設。太宗又大徵天下名儒爲學官屢幸國子監聽其講論增築學舍至一千二百間添加學額滿三千二百六十員於是四方學者雲集京師，高句麗百濟新羅高昌吐蕃諸酋長亦遣子弟請入國學升講筵者至八千餘人之多云。至於學校教課則以經書爲主：以禮記左傳爲大經；詩經周禮儀禮爲中經；書經易經公羊傳穀梁傳爲小經，故所謂學問雖止不過經學而選舉則於其他學術亦與之以影響以上皆安史之亂以前的教育狀況，迨亂後天下動搖不安，唐室亦日卽衰靡而學校遂不復如唐初之盛。

隋文帝於都邑悉設學校詔求遺書獎勵學問而刻書之術亦起，遂漸啓文運之端。次至煬帝卽位學校亦盛徵辟儒生惟當時舊儒，則已大牛凋落，劉焯、劉炫、王通三人頗於儒學有所貢獻。二劉精通經學數學歷算遺下著述不少；王通則專講經學，倣古作六經又作中說擬論語蓋努力模倣孔子事蹟其門人私

諡之曰文中子。抑晉末以來，集徒講學之盛，首推王通，而唐代學者的風氣，蓋亦可謂由王通所造成，是以後世學者爰推尊他爲隋代儒家中之第一大學者。唐與太宗在未卽位之先卽已開館延接學士逮卽位之後設國子學、大學、弘文館、崇文館於京師各府州縣置學校又聚經史子集以九經課學生定大經中經、小經令通二經以上者卽得應舉於是儒學大興其盛直凌駕漢魏然因自古以來，師承多門之故而經義遂異說紛紜莫衷一是。太宗欲使之定於一乃命孔穎達等折衷南北作五經之疏名曰正義疏者註的註釋也。如是詩經則因毛亨之傳，鄭玄之箋而孔穎達作疏曰毛詩正義書經則因孔安國之傳而孔穎達作疏曰尚書正義易經則因王弼、韓康伯之註而孔穎達作疏曰周易正義禮記則因鄭玄之註而孔穎達作疏曰禮記正義左傳則因杜預之集解而孔穎達作疏曰左傳正義合之是爲五經正義。外此則周禮儀禮因鄭玄之註而賈公彥作疏；公羊傳因何休之解詁而徐彥作疏，穀梁傳因范寧之集解而楊子勛作疏。如是選舉則用以上九經，而必從正義之說而又必兼論語及孝經，由是學者皆墨守正義

漢唐經說之差異

定論，更無有出新說者，遂陷於所謂訓詁註疏之弊，幾乎不更見其有所進步了。固然像李鼎祚的周易集解、啖助的春秋集傳陸淳的春秋集傳纂例及辨疑，這些都是出於正義的範圍以外的，但依然是訓詁以外更設有甚麼新的發明。玄宗之世博彙羣書，云經籍達六萬餘卷，經安史之亂散佚，自是儒學愈頹其後韓愈出博通諸子百家推尊孟子黜楊墨中孔道之功力排佛老，倡羣聖傳說之說以扞衞儒道自任。又文宗時亦曾定五經刻石；然雖如此，而並沒有產出卓越的儒者遂亦沒有發現高遠的思想。

學者們對於經義的好尚，漢和唐乃有極其明劃的差異。如詩在漢代則兼用齊、魯韓三家後世則毛詩獨行；書在漢代用今文尚書唐代通行者則爲古文尚書；易在漢代用田氏易，（施氏易、孟氏易、梁丘氏易京氏易）而唐代則行費氏易；禮在漢代採用儀禮，在唐代則採用禮記；春秋在漢代採用公羊傳，唐代則採用左氏傳。今試表兩漢五經與唐五經之異同如左：

五經同異表

時代	詩	書	易	禮	春秋
兩漢	齊魯韓詩	今文尚書	田氏易（施氏孟氏梁丘氏京氏易）	儀禮	春秋公羊傳
	毛詩	古文尚書	費氏易	禮記	春秋左氏傳
唐	毛詩	古文尚書	費氏易	儀禮 禮記	春秋左氏傳

又，若欲知儒學變遷的大體，將漢唐間的經學變遷表示之則如左：

漢唐經說變遷表

經名	分派	經說傳經的儒者	漢武五經博士七家說	武帝後漢光武經家經博士四家	主要的註家後漢魏晉	唐代所行之經與註尤其是五經正義
詩	齊詩	齊轅固	齊詩			
	魯詩	魯申培	魯詩	魯詩		
	韓詩	韓嬰	韓詩	韓詩		
	毛詩	毛亨		毛詩	鄭玄	·毛詩正義·毛亨傳鄭玄箋孔穎達疏
尚書	今文尚書	伏勝 歐陽和伯 都尉	歐陽尚書	歐陽尚書		
		夏侯		夏侯勝大夏侯尚書 夏侯建小夏侯尚書		
	古文尚書	孔安國			鄭玄 王肅	·尚書正義·偽孔安國傳孔穎達疏

周易	易	禮記	儀禮	周禮	春秋		論語	孝經
					左氏傳			
	田何	后蒼	高堂生 后氏禮		賈誼	公羊傳	穀梁傳申培	孔安國
施讎施氏易 孟喜孟氏易 梁丘賀梁丘氏易 京房京氏易	何氏易 費直	戴聖	戴德大戴氏禮 戴聖小戴氏禮			公羊壽公羊春秋 顏安樂公羊嚴氏春秋 公羊顏氏春秋		張禹
	鄭玄 王弼 韓康伯	鄭玄 王肅	鄭玄 王肅	鄭玄	服虔 何休		鄭玄 何晏	鄭玄
	周易正義王弼韓康伯周易正義孔穎達疏	禮記正義鄭玄註孔穎達疏	儀禮公彥鄭玄註公彥疏	周禮公彥鄭玄註公彥疏	杜預 左傳正義杜預集解孔穎達疏	公羊傳何休解詁 公羊傳徐彥疏	范寧 穀梁傳范寧集解 穀梁傳楊子勛疏 論語何晏集解	孝經玄宗御註 孝經元行冲疏

第五章 唐時代之文化

二百二十五

隋唐的文學

唐以詩經、書經、易經、禮記、左傳為五經；而禮記之外儀禮、周禮並用，是曰三禮；左傳之外公羊傳、穀梁傳並用，是曰三傳。故詩、書、易三經加三禮三傳是為九經。而選舉既在九經之內擇用又定制必兼論語與孝經。其後至明代於九經及論語孝經等十一部外更加入孟子爾雅稱十三經。

北朝之風質實而尚經學，南朝之風浮華而尚詩文。逮隋起統一南北，而久分的潮流始復歸於混同。於是隋世有陸法言、劉臻、顏之推、魏淵、盧思道、李若薤、該辛德源、薛道衡等九人著切韻承沈約以後之遺風這實不能不說是襲的南方思潮；而如顏之推氏家訓、王通之中說等則又皆儒家之言故又可說是襲的北方思潮故終隋之世雖為年不過三十而有唐之經術文章則莫不濫觴於茲尤其如切韻一書永為唐宋音韻學家所祖述便也就可以知道隋文學的價值如何。唐太宗為秦王時即已開文學之館延文學之士即當軍國倥傯之際，

| 爾雅 | 郭 璞 | 爾雅郭璞註 |
| 孟子 | 趙 岐 | 孟子趙岐註 |

唐文

而在館中，討論文籍，恆至夜分。旣卽位，置弘文館，聚四部之書二十餘萬卷於館中，又選天下文學之士以爲弘文館學士，聽政之暇則於內殿延接，商搉古文。旣敦崇經術，復推重文學，是以唐之文藝蔚然興起。惟是唐初文章猶未離於六朝舊習，雅尙駢儷，不免纖弱。如王勃、楊炯、盧照鄰、駱賓王稱唐初四傑，則皆以工爲駢儷之體見稱。則天武后時，陳子昂出，乃作爲素樸之文，欲以挽頹風。振衰敝，玄宗時元結亦敝屣駢儷，高唱古文，然皆不果而止。顧玄宗極嗜經術文學，又有張說、蘇頲等均肆力爲雅正之文，由是文學氣運稍漸開發。顧詩雖已達於精妙之域，而文章則依然不脫駢儷之習。故雖如德宗時陸贄的奏議，本極摯實可觀，而行文則皆出之以偶對。顧韓愈亦德宗時人，乃獨綜毅百家，肆力古文以精嚴雄渾之筆，昭示當代。遂起八代之衰，復周漢之醇。同時柳宗元亦作古文極沈痛雄健之致。世遂以之與韓愈共稱曰韓柳焉。韓愈字退之，柳宗元字子厚，二氏俱爲唐代文章家泰斗。次至李翺、皇甫湜、孫樵、杜牧、皮日休、陸龜蒙等，皆以古文鳴，而中國文章遂劃出一新的時期。抑唐文學中之最爲造極精妙者顧乃非文而爲

第五章　唐時代之文化

二百二十七

唐詩

唐初詩賦襲六朝之後猶帶沈庾之餘風，頗極高尚典雅，逮則天武后朝，沈佺期、宋之問等益加雕琢作為律詩號稱近體，陳子昂出始盡掃時習直倣古詩，力欲摩詩經、離騷之壘，顧猶未能收功及玄宗之代，李白、杜甫二詩人出詩風始一變，遂至呈空前絕後之盛觀。李白字太白天資豪放嗜酒長日與酒徒為伍顧其詩高妙絕倫有神仙飄逸之風尤長於絕句杜甫字子美遭遇安史之亂流落困頓感傷時難發為歌詠故其詩悲壯沈鬱獨絕。如是詩壇有李杜二家猶文壇之有韓柳二家俱為後世所尊重時又有王維孟浩然韋應物岑參高適等俱能詩故詩歌之盛直成為充分的發達而韓愈、柳宗元亦俱能詩惟韓之詩艱奧，柳之詩則溫雅同時李賀尤作險怪之詩而別自成一家稍後則有杜牧、李商隱，溫庭筠等牧詩豪健，李商隱、溫庭筠則雅近縟麗當時溫李並稱最後有韓偓好詠閨女宮娃窈窕胭脂之態集其句平易見稱而二人互相次韻而作詩由是次韻之詩以起。更後則有杜牧、李商隱溫庭筠等牧詩豪健，李商隱、溫庭筠則雅近縟麗當時溫李並稱最後有韓偓好詠閨女宮娃窈窕胭脂之態集其以香奩體（奩乃盛香之器或曰鏡匣韓偓

詩曰香奩集，自是呼此種詩曰香奩體。見稱。如是有唐一代，通初唐、盛唐、中唐、晚唐四期。(論全唐之詩者分之為初唐、盛唐、中唐、晚唐四期：初唐指高祖武德元年以後百年之間盛唐指玄宗開元元年以後五十年之間；中唐指代宗大曆元年以後八十年之間晚唐指自宣宗大中元年以至唐之滅亡凡六十年間。)皆為詩歌極盛時代及唐之衰亡詩歌亦同時隨之不振更經五代遂完全入於頹運。

唐的史學雖沒見有特殊進步的形跡然太宗曾命羣臣編纂前代的歷史，故正史的撰述甚多。如姚思廉撰梁書五十八卷及陳書三十六卷，李百藥撰北齊書五十卷令狐德棻與岑文本崔仁師陳叔達等共撰周書五十卷魏徵等撰隋書八十五卷令狐德棻房喬等撰晉書百三十卷皆正史也。就中，隋書為顏師古、孔穎達撰紀傳于志寧、李淳風、韋安仁、李延壽、令狐德棻等撰諸志，故最稱完備，至於晉書則譏之者謂其略實行而獎浮華忽正典而取小說云。又李延壽憂宋齊梁陳諸史與魏齊周隋諸史之煩蕪爰自撰南史八十卷及北史百卷而顏師古雖說

唐的佛教

是精通漢書為作註解然其所具史家的識見則殊不如劉知幾。知幾歷仕中宗、玄宗，著史通二十卷，論史家體例述史的源流及古人得失甚詳其中嶄新之說與奇創之見甚為不少。唐世又有歷代天子的實錄如韓愈撰順宗實錄是。

佛教南北朝以來即漸趨興隆經隋至唐又以太宗以下歷代皆尊崇不懈，遂益極旺盛。惟唐初高祖以僧尼不守法戒的多曾命加以沙汰逮太宗乃停其命而禁止私度定其應得度者之數目此蓋佛教隆盛之反動也。先是佛教有三論、律、華嚴、淨土、禪、天台的六宗，（元固有十三宗其後或與他宗併合或廢絕不存遂只餘此六大宗。）迨唐太宗時有玄奘者開法相宗玄宗時有善無畏者傳真言宗，如是遂成為所謂佛教八宗。就中玄奘以西紀六二九年（貞觀三年）發長安，取天山北路而入印度所經國數百餘遍求名師探訪聖跡凡十七年間備嘗艱苦遂以西紀六四五年（貞觀十九年）得經典六百五十部而歸開法相一宗甚得太宗及高宗之尊信又以講說餘暇與弟子道宣等從事翻譯前後凡成新譯（玄奘以前之翻譯曰舊譯）七十四部千三百三十八卷這實在是佛門

的鉅觀，教界的偉績；又其旅行記曰大唐西域記凡十二卷，至今尚為學者所珍。

視其次高宗時，義淨亦於西紀六七一年（咸亨二年）遵海路赴印度，費時二十五年，歷遊三十餘國獲經典四百餘部，於西紀六九五年歸，譯成五十六部又別撰大唐西域求法高僧傳二卷及南海寄歸內法傳四卷。是時從印度或西域諸國來的名僧亦復不少，就中著名的為地婆訶羅（Divakara 日照）及菩提流志（Bodhiruchi 本名為達摩流支 Dharmaruchi）二人皆來自印度。而則天武后好營造寺院，剃度沙門士民為之困苦追玄宗時，印度僧成婆揭羅僧訶、跋日羅菩提（Vadirabodhi 金剛智）阿目佉跋折羅（Subhakarasimka 善無畏）不空金剛，相繼西來傳真言是為開元三大師。時慧日（慈愍）六遊印度經十八年而歸，次則慧超、悟空亦俱曾赴印度；慧超有往五天竺國傳三卷，悟空有入竺記一卷，而當時名士如顏真卿、王維等人俱信奉佛教，故其勢熾甚；而每三年輒作僧尼之籍，由祠部官給以度牒亦實始於茲爾來，佛像堂塔的建設日益增多僧尼的數目也日益繁滋逮文宗時竟有寺院四萬，

第五章　唐時代之文化

二百三十一

僧尼及七十餘萬佛教之隆，可謂已達其極。及武宗，因深信道教命道士趙歸真與僧智玄論難趙歸真敗帝遂大怒於西紀八四五年（會昌五年）下制毀佛寺，只許長安、洛陽各留四所諸州各一所此外悉令破壞其僧侶則上寺許留二十人中寺十人下寺五人此外皆令還俗已毀寺院之木材則以之作廨驛金銀則悉交度支財務官鐵像銅像銅器鑄錢共毀寺院凡四萬所還俗僧尼達二十六萬餘人我們現在讀那時武宗的詔書其中有云『其天下所折寺還俗僧尼收充稅戶於戲前古未行似將有待及今盡去豈謂無時驅游惰不業之徒五十萬廢丹臒無用之室凡六萬區……』云云，便可知這是一件非常的大事而佛教經此打擊遂自是大衰。先是，後魏太武帝和北周的武帝俱曾迫害佛教後此後周世宗亦壓抑宗教不已今又經武宗之厄故通此四帝是爲佛教的三武一宗之難次及宣宗佛教雖已解禁而際唐末騷亂之頃其勢不能恢復，下逮五代後周世宗又禁私度僧尼父母無侍養者時則不許出家，而佛教之勢乃益微。

唐代佛教的八宗

中國的佛教，經晉及唐初四百餘年之間，凡生出十三宗的分派；曰涅槃、曰地論、曰攝論、曰成實、曰俱舍、曰律、曰三論、曰淨土、曰禪、曰天台、曰華嚴、曰法相、曰真言。而涅槃、地論、攝論、成實、俱舍五宗，或則合入他宗或則勢力未盛故在唐代只有律、三論、淨土、禪、天台、華嚴、法相、真言八宗盛行。而當時日本與唐交通往來，甚爲頻繁結果則此等宗派俱傳入日本其八宗之變遷今說明如左:

律宗

律宗以律藏爲宗，故云律。律有十誦律四分律僧祇律五分律四種。魏時有印度僧曇柯迦羅（Dharmakala 法時）來洛陽譯四分律，是爲中國有律之始。至後魏法聰極深研幾於其義輒義數傳而至唐遂分三派：卽相部的法礪、南山的道宣東塔的懷素是；而以道宣的南山一派爲最盛律宗至元以後始衰又唐僧鑑真傳此宗至日本時爲日本之孝謙天皇朝鑑真乃道宣弟子恆景之門人。

三論宗

三論宗以中論、百論、十二門論而立宗故云以東晉之世鳩摩羅什（Kumaradiva）譯三論爲始六傳而至隋之吉藏而此宗大成。如是在吉藏以前者稱古三論，亦曰北地的三論其以後者稱新三論，亦曰南地的三論及唐而高德輩

第五章 唐時代之文化 二百三十三

淨土宗

淨土宗以希願往生淨土得名，即念佛宗是以原無師傳，故又號寓宗。其宗所主爲三經一論：三經者無量壽經觀無量壽經阿彌陀經，一論則淨土論也開淨土宗之緒者，爲東晉末惠遠所結廬山之白蓮社，是曰惠遠流。至唐而分善導流慈愍流二派。善導流最盛通唐、宋、元、明皆行，明末始衰。而日本之淨土宗亦爲善導流，乃其高倉天皇朝僧源空所開始，初非直接傳自中國者。出此宗大盛但中唐以後遂衰。而吉藏弟子高句麗僧慧灌，於日本推古天皇朝始傳此宗入日本。

禪宗

禪宗以禪那（Dhyana 即定）爲主，故有此稱。梁武帝時普提達磨（Bodhidharma）從印度來，是爲中國禪宗的開祖，五傳而及唐之弘忍，由此分爲南北二派；蓋弘忍有二弟子曰慧能曰神秀，神秀行化於北地故稱北宗，慧能行化於南地，故稱南宗。北宗至後世雖未嘗更分而南宗則復分而七派即自南岳、青原二派，又由南岳出臨濟潙仰二派，由青原出曹洞雲門法眼三派，其次臨濟派又出楊岐黃龍二派，而後世尚有黃蘗一派，故禪宗歷唐宋元明皆盛行，明末

天台宗

天台宗以其開祖智顗住天台山故稱此宗之起，原出於北齊之慧文，由慧文傳慧思，慧思傳隋之智顗，至顗而此宗大成更由智顗六傳而至湛然乃詳作疏釋以授道邃，日本桓武天皇朝有僧最澄入唐赴天台山國清寺就道邃學天台宗歸日本後建延曆寺天台宗乃東流其在中國則湛然更八傳而至智禮遂分山家、山外二流山家屬智禮所傳，山外則悟恩所傳此宗衰於唐末。

明天皇朝明黃檗山僧隱元赴日本傳之。

榮西入宋所傳來曹洞派則後崛河天皇朝僧道元入宋所傳來黃檗派則後光以後始衰而傳至日本者，有臨濟曹洞、黃檗三派：臨濟派為其後鳥羽天皇朝僧

華嚴宗

華嚴宗以華嚴經為主故名華嚴經乃東晉時來後秦之印度僧佛陀跋多羅(Buddabhadra)所譯，隋時杜順發揮其學，(杜順亦名法順)傳於唐之智儼，智儼傳之法藏，法藏字賢首作華嚴疏大弘此宗，有唐一代遂爾盛行然亦至唐末而衰，傳至日本者係唐僧道璿以其聖武天皇朝齋華嚴經章疏至為始次則新羅僧審詳亦將此宗入日本日僧良辨受而弘之云。

第五章　唐時代之文化

二百三十五

法相宗

法相宗以明諸法之體相為宗，故有此稱；又因其以唯識論為本據，故一名唯識宗。唐玄奘赴印度學於尸羅跋陀羅(Silabhadra)歸而弘法相宗雖有唐一代甚為盛行然及宋而大衰其在日本則其孝德天皇朝有僧道昭入唐就玄奘學此宗其次齊明天皇朝又有僧智通智達二人入唐亦就玄奘及其弟子窺基學之，遂歸而廣其傳。

真言宗

真言宗乃以祕密的真言為宗，故有此名。唐玄宗開元年間，印度僧戍婆揭羅僧訶 (Subhakarasinha 善無畏) 先至，已而跋日羅菩提 (Vadirabodhi 金剛智) 及阿目佉跋折羅 (Amoghavadira 不空金剛) 偕來，遂開出此宗嗣阿目佉跋折羅復還印度受瑜伽(Yoga)的祕密仍來中國，翻譯教論，故此宗之所由弘通，實為阿目佉跋折羅及其弟子慧果等之力，然亦至宋而衰。至於日本則其桓武天皇朝有僧空海入唐就智果學真言宗以平城天皇朝歸而弘之。

唐的道教

唐之得天下也以老子亦姓李同於帝室道士遂附會之稱老子為國祖，高祖於是建老子廟而祀之；太宗亦尚老子，以之列於釋氏之上；高宗則親幸亳州

謁老子廟，奉以太上玄元皇帝之號，命王侯以下皆習道德經，如是道教之勢大熾，人民爲欲免於賦役則多往爲道士次及中宗則詔諸州各立觀一所，任道士鄭晉思爲祕書監舉葉靜能爲國子祭酒睿宗則命西城隆昌二公主俱爲女冠；（女道士）而玄宗亦崇奉道敎於五岳置眞君祠廟兩京（長安、洛陽）及諸州則設玄元之廟以道德經爲羣經之首使士民每家必藏一本帝親爲作註解又於崇玄館置玄學博士使爲教授於諸州置崇玄學生使應貢舉謂之曰道舉而以道士敘高位顯官者尢往往而有故道敎遂成爲帝室的正敎時士民爭奏神異之事宰相亦有捨宅爲觀者顧當時佛敎亦隆故兩敎軋轢實甚迨後武宗信道尢篤召道士趙歸眞等八十一人於宮中親受法籙又以趙歸眞與衡山劉元靖爲光祿大夫，任崇玄館學士使在宮中修法。會有諫帝者，趙乃更招羅浮山的鄧元超等相與結托而宰相李元裕亦有所盡力請於帝以西紀八四五年（會昌五年）遂下毀佛寺之制加佛敎以極大打擊；而當時在中國流通的祆敎、摩尼敎景敎回敎等諸外國宗敎亦同遭此打擊而卻於衰微至是道敎勢力驟鉅然

祆教

祆教乃波斯的左羅阿司托爾(Zoroaster)教，拜火，故又名拜火教，又拜天日，故在中國則稱之曰祆教。這宗教據稱為西紀前一〇〇〇年頃巴克托利亞人左羅阿司托爾所首倡，依其教祖之名遂名曰左羅阿司托爾教。其經典曰善德阿勿司他(Zend Avesta)乃薩贊朝的初期所結集者。依其所教則謂世界乃有善惡二神，善神曰阿福拉馬慈陀(Ahuramazda)惡神曰阿利曼(Ahriman)。阿利曼不絕地損壞阿福拉馬慈陀所建設之物，而造為不潔之物，欲俾人心腐敗。此二神者自太古以來即相爭軋，雖其勝敗猶為我們所莫能知道，而將來總有一天，阿福拉馬慈陀終竟勝利，惟善獨存，惡則消亡，是故我人的義務則在毀除惡神阿利曼所造之諸物，於以襄贊善神阿福拉馬慈陀之事業。凡人都得要將存在自己胸中的一切之惡，盡行禁斷，開拓荒野，令成良田；又阿利曼所造之不潔動物，則務須一一夷滅。故被除去土中害蟲的農業此教遂以之為神聖的職業。又凡人不論善惡死後其靈魂俱須渡一狹隘之橋，惟善人的靈魂則

未幾即仍復舊狀，經五代至宋世纔又隆興起來。

得以安全通過以達於阿福拉馬慈陀之前，而惡人的靈魂，則從橋上掉落而沒入惡神阿利曼所住之地獄云。此教又以火爲最高神之表章視之如神聖，因之有拜火教之稱。蓋自古以來，即通行於波斯及中央亞細亞一帶，雖瑟婁可司朝及安息朝之世，波斯人因失其自由同時亦失其信仰，但至薩贊朝之祖阿爾他胡錫爾，（Artakhshir）崛起於波斯人之中而建新波斯帝國後乃復興之而命結集善德阿勿司他經典抑此教亦至是而生出一大變化已不復爲純粹的古左羅阿司托爾教而已變爲所謂波斯教乃成爲一大勢力此勢力者足令薩贊朝之諸王鼓舞獎勵其士民令其爲信仰而戰爭如是以薩贊朝之盛此教遂亦東流而入中國北齊北周之際曾流行於其北邊顧傳布未廣其後大食（亞拉伯人）勃興壓迫波斯波斯人之遁入中國者甚衆故其教亦隨而流傳於中國。在唐高祖的時候便已有在長安建設祆神祠的，次至太宗之世有波斯人何祿於西紀六三一年（貞觀五年）來長安從事布教太宗許之建祆寺於長安置祆正祆祝等教職其後至玄宗雖曾排斥過一次然未幾卽仍舊恢復其盛直至

摩尼教

摩尼教乃第三世紀的中葉波斯人摩尼(Mani)所開之宗教,故即用教祖之名曰摩尼教。

摩尼(Manicheism)以西紀二一五年生於厄克巴他那(Ecbatana) 隨其父福他克赴克忒西峯(Ctesiphon)就學而福他克原來信基督教,故摩尼自幼即親炙此教迨長學成乃參酌左羅阿司托爾教與基督教又以佛教而自創出一派的宗教;是時彼之年齡剛三十歲彼之所教乃以左羅阿司托爾教的二元論為基礎以諸亞(Noah)、亞伯拉罕(Abraham)、左羅阿司托爾、佛陀、基督為降生於光靈的世界之豫言者,而摩尼自身則自以為乃是為完成基督之業而降生的一個最後的豫言者。摩尼如是先入波斯王捨普爾(Shapur)一世的宮廷得了他的尊信而後出至四方布教至西紀二七〇年雖復歸宮廷然未幾即見惡於波斯教徒遂遁去其後荷爾摸慈(Hormuz)一世立旋解去保護之命摩尼遂卒立雖加摩尼以保護已而巴蘭(Bohram)一世立為波斯教徒捕而焚之。然而摩尼教則已漸次弘布於波斯與小亞細亞,更入

武宗時又遭壓抑其教始衰,自是便似乎是終唐之世與唐偕亡。

景教

唐的摩尼教

羅馬而傳及亞非利加的北部，復東流而入中國。初入中國時屬唐的則天武后朝，據云爲波斯人拂多誕以西紀六九四年（延載元年）來傳之。然而初時流行的範圍，僅止於中國的西北邊及回紇人之間雖諸所有摩尼寺之設然不見得旺盛。

景教屬基督教的一派納司托留司(Nestorius)宗，其開祖爲高僧納司托留司，以西紀四二八年至四三一年爲東羅馬帝國首府君士但丁(Constantinople)的東方教會總營長(Patriarch)。先是，基督教會的正統派(Orthodox)，在西紀三二五年尼開亞(Nicaea)的統一會議席上，就基督而決議出四大原則：（一）基督爲真神；（二）基督爲真人；（三）基督爲神人合一的一人格者；（四）在完全圓滿所謂和結合了的一人格者的基督身上其神人兩性依然存在決無何等喪失。但是後來不久，這些獨斷的議論却生出分裂來：有人則偏重基督的神性而立說的，有人則偏重其人性而立說的又有唱基督二人格說的的總之，自第四世紀到第六世紀凡亙二百餘年之間其情狀竟是異說百出議論紛紛。

而納司托留司亦曾以正統派的論客而大大活動過來會彼反對當時正在醞釀基督教會弊風的處女馬利亞(Maria)神母說而發出宣言謂『神無母馬利亞乃人的基督之母而非神母』遂惹出物議來初納司托留司之否認馬利亞神母說也還只說馬利亞只不過是一個與神同體的人的母親却並沒有否認基督爲神人合一的一人格者會彼爲對黨所乘遂由激論而出以暴論其極遂至於就基督的人合一基督說了。彼既陷入此窮境,在西紀四三一年的愛忽所司(Ephesos)統一會議裏遂被亞歷山大(Alexandria)的高僧奇里耳(Cyril)一派視之爲異端外道而加以排斥。而納司托留司僧職亦被褫奪遂偕其徒十七人遁往小亞細亞便欲在彼弘其教義顧爲東羅馬帝迫害不已遂四方遁避不知所終其後西紀四八九年納司托留司派本據地的愛德沙(Edessa)修道院以東羅馬帝則諾(Zeno)之命而被封鎖,而財產亦被沒收於是教徒等皆遁竄入波斯,這是因爲在先便已有這種教徒赴波斯受波斯王抬

唐的景教

樂慈(Peroz)之保護的緣故,於是納司托留司派教徒遂相合而爲一團體,蒙薩贊朝歷代的卵翼乃更進而入印度及中央細亞教勢日見興隆,其教主乃定居於克忒西峯以西紀四九八年與本流的基督教會分離而自稱加爾迭亞(Chaldea)教會或亞細利亞(Assyria)教會。繼而大食國勃然而興滅薩贊朝併波斯,而當時納司托留司教主受哈利發(Khalifa)之信任乃移其本山於八吉打(Baghdad)又賴其援助,而教勢一時隆盛達於極點第六世紀之末葉遂入中國碑所記『真常之道妙而難名功用昭彰強稱景教』之語觀之我們便可推知其意蓋景教有光之義又有大的意義那麼可知是採取他光輝發揚的意思了。

唐太宗時波斯人阿羅本(Olopen)齎景教經典至長安時爲西紀六三五年(貞觀九年)。太宗命房玄齡賓迎之,並留阿羅本於宮中使其翻譯經典尋於六三八年(貞觀十二年)命有司於長安造波斯寺度僧二十一人繼及高

宗，諸州置景寺以阿羅本為鎮國大法主，由是景教漸見流行，玄宗亦極其尊尚，命寧國等五王臨波斯寺建立壇場，繼又召景教僧佶和等十七人於宮中修功德，又改波斯寺為大秦寺；蓋緣已知景教之本初非波斯而為大秦即羅馬也。德宗時更於靈武等五郡建立景寺後代宗亦崇敬之，如郭子儀者亦皈依而修其寺院。景教之勢如是遂大趨隆盛，在德宗之代西紀七八一年（建中二年）大秦寺僧景淨（Adam）等乃相與謀豎大秦景教流行中國碑以表其盛。但後至武宗以崇信道教故景寺乃隨佛寺共廢命其僧侶還俗，景教於是衰頹，碑亦埋沒地中次至宣宗時雖禁令已經解去而已更不能恢復其昔日盛況卒至歸於廢絕。而後人得以知道景教曾在唐世大盛者則因經後七百餘年在明之末世從地中掘出景教碑來故爾知之。

以上所述祆教、摩尼教、景教都是從小亞細亞流入中國的，所以唐的佛教徒，遂稱此三教的寺院曰三夷寺當武宗迫害佛教時三夷寺亦廢因之三教俱衰，雖至宣宗時稍稍恢復會直唐末騷亂遂全然無存，惟回紇及西域尚有殘遺

景教碑的真偽者。

大秦景教流行中國碑，為西紀七八一年，即唐德宗建中二年長安大秦寺僧景淨等所建立，其高凡一丈餘幅五尺厚一尺餘，蓋一大石材也。碑的正面除篆額『大秦景教流行中國碑』各字外，乃一千八百七十餘漢字之碑頌及序文，又有細利亞(Syria)文凡四十餘語。碑之左右兩側錄景教宣教師姓名凡六十餘人，各各列漢字與細利亞語之本名相與對照。此碑埋地中甚久，說是一直至明之末世纔發掘出來。其所以埋沒的原因雖則不明，而經宋至於明末凡中國人的著書裏面都沒有見關於此碑的記事，那麼怕會是一武宗會昌之厄的時候所埋沒了的。武宗會昌五年毀佛寺制裏面說：『顯明外國之教勒大秦穆護祆三千餘人還俗不雜中華之風』云云照此看來是當時武宗不獨迫害佛教徒，就是大秦的經教徒以及穆護祆即摩罕默德(Muhammed)教徒三千餘人亦俱令還俗；而資治通鑑關於這件事實也明記著『如外國人送還遠處收管』之文，則可知外國宣教師之從長安而被放逐出來的實

不在少數若我們所推想的果近事實那麼當着遭逢這厄運之際彼景教僧等，慮此碑之或被破壞所以就將他埋之地中而去於是爾來一徑到他發掘出來，凡經七百餘年都沒有被人認出其存在。

候只是自西紀七八一年至八四五年之間不過六十五年而其發現爲明熹宗天啟五年卽西紀一六二五年故其藏於地下的時節凡得七百八十年而關於這發現的一事則又諸說紛紛極難決一而最足置信者則當明之末熹宗天啟年間陝西省西安府（唐民掘地之際偶然得之云。於是西紀一六二六年（天啟五年）在西安的基督教徒的中國官吏便將此事報知當時因避明末之亂而蟄居浙江省杭州府羅馬舊教的耶穌會團體謂於孔老釋教以外發見一大碑石上刻文並十字架同時並將其拓本（會只是漢文的一部分）寄送。

其後又經二年時爲西紀一六二八年（崇禎元年）云有耶穌會的宣教師葡萄牙人阿爾跋勒司瑟默度（Alvarez Semedo）自至西安曾親就實地檢閱這方碑石故碑之發掘當在西紀一六二五年或其前一二年這是很明瞭的然瑟

默度雖能略略了解其漢文的一部分,而旣非希臘語又非希伯來(Hebrew)語的那些碑面上的外國文字以及碑側所有的文字則都不了解,後三年,瑟默度攜其拓本赴交趾是時有住在克蘭伽諾爾(Cranganor)的宣教師安敦尼忽爾南迭司(Antonio Fernandez),始由此人而知那些不明的文字,乃是景教用語的細利亞語次至西紀一六三一年景教碑文喧傳於歐羅巴先由瑟默度譯成葡萄牙語繼又譯成意大利語一六三六年羅馬大學教授阿他那修司哥爾黑爾(Athanasius Kircher)乃發表其發見的顚末更於一六七八年將其全文的拉丁譯本出版於安司迭爾當(Amsterdam)景教碑文旣是這樣的喧傳於歐羅巴中爾來研究的人遂陸續出來或則疑其爲僞作的,或則有努力欲以證明其爲眞實的。如拉克羅司(La Croze)、福祿特爾(Voltaire)、司庇擇留司(Spizelius)、及英國敎會的監督洪(Horn)則皆否定之而斥爲耶穌會徒的僞作;後德國的諾依曼(Neuman)敎授法國的司他尼司拉司周利安(Stanislas Julien)愛爾納司特祿南(Ernest Renan),美國的沙利司巴里(Salisbury)各

第五章 唐時代之文化

二百四十七

教授，亦俱疑之反之而此碑自發見以來，爲之辯護而研究者亦復不少尤其至於近時如亞歷山大歪理（Alexander Wylie）勒格（Legge）博士、威廉（William）博士及頗傑（Panthier）等諸人則皆極力主張其非出於後世僞造而證爲當時實有之物。但在中國及日本的學者中雖亦有認爲僞造的則皆忽略其內容的研究而專於去就外形論斷故能當肯緊者殊少單就外形而論者動以爲其字體在唐代諸金石文字中甚有遜色又以爲製作在千餘年前決無有不受風雨剝蝕而毫未見有毀損之痕的道理。殊不知此碑在地上的日月只不過六十五年的短期間迨至其發見埋藏於地中者凡七百八十年，照此事實想來疑團當可冰釋且我們又試舉一二景教內部的證據來說則碑頌之前有『大秦寺僧景淨述』之文而又有細利亞文『乞義斯坦（Tzinistan 震旦）法主大德僧亞當（Adam）』那麼不消說得景淨利亞當便是一個人了。雖則或者可以說，這和碑面所刻其他六十餘名的景教僧等同是架空的人物不足置信然而到了近年則又發見了證據，景淨實有其人。唐德宗貞元年間長安西明寺僧圓照

所撰貞元新定釋教目錄裏面載著迦畢試(Kashmira)僧般若(Prajina)者經中印度師子國及南海諸洲而來中國先至廣州繼抵長安時為西紀七八二年(建中三年)乃與先來長安住著的親戚名好心者相會從其請從事譯經和大秦寺僧景淨共譯大乘理趣六波羅密多經。顧般若當時未解中國語亦不通細利亞語而景淨則原未習梵文亦未解佛理故不能得完全的翻譯譯成之朝廷德宗見其不完全遂不許流布乃改命般若以利言、圓照、道液良秀應之悟、道岸、誓空等使當譯語筆受潤文證義等之任而譯之。圓照所記如下:『法師梵名般剌若北天竺境迦畢試國人也。……好心既信重三寶請譯佛經乃與大秦寺波斯僧景淨依胡本亦波羅密經譯成七卷時為般若不嫺胡語復未解唐言景淨不識梵文復未明釋教雖稱傳譯未獲半珠圖竊虛名匪為福利錄表奏聞意望流行聖上濬哲文明允恭釋典察其所譯理味詞疏且夫釋氏伽藍大秦僧寺居止既別行法全乖:景淨應傳彌尸訶教沙門釋子弘闡佛經欲使教法區分人無濫涉正邪異類涇渭殊流若網有綱有條不紊天人收仰四眾如歸……』

讀圓照此記足知景教碑豎立後的兩年，景淨還住在大秦寺，又近時法國的東洋學者保祿、拍略(Paul Pelliot)教授於一九〇九年在中國甘肅省所發見的敦煌石室遺書中見有景教三威蒙度讚及尊經，由是更知道有景教經典之經漢譯者凡達三十五種以上，於此足可以推知景教當時在中國流行的盛況，同時而景教碑之存在於刻石經豎石碑最風行的長安地方，便也大可以證明其爲決非偶然的一件事情，故我們可以相信景教碑斷不是明代耶穌會徒所僞造的東西。

回教

回教爲亞拉伯(Arabia)人摩訶末(Muhammed)所開之伊斯蘭(Islam)教，以教祖之名故亦稱摩訶末教，因其爲後世回紇人之所崇奉故在中國稱之曰回教。伊斯蘭教乃嚴肅的一神教，本於猶太及基督二教之處甚多，其經典日可蘭(Koran 誦讀之義)即以經中所紀載之各條作爲千載不變的法規，而凡信徒皆當遵奉，又教人以縱令用劍用火亦必以盡力弘教爲務，故此教的信徒，視征服異教的人而令之改宗實本身莫大的義務，至其教稱伊斯蘭者乃神的

平和之義，而信徒稱摩斯蓮(Moslem)者則信者之義於是大食(Tazy)國卽沙拉先(Saracen)帝國勢盛之時伊斯蘭教亦經中亞細亞而入天山南路至唐末，遂代有其地之佛教而流行。至於中國則安史亂後由回紇人傳來遂流行於北方南方則大食國人由海路渡來江南之地時，乃請於唐廷得在廣州及其他海港建立會堂遂盛布其教逮武宗信道嚴禁其餘諸宗教伊斯蘭教遂亦隨之衰微。

隋的音樂

音樂在隋文帝時尙用北周之舊，而聲律未正及滅陳，得宋齊的舊樂並又得其樂官而後雅樂漸備然隋煬帝躭於淫曲選齊周梁陳的樂工子弟及民間精音之人以付大樂故雅樂遂大亂。唐高祖一統天下乃命太常少卿祖孝孫考正雅樂祖孝孫乃斟酌南北參考古音而作大唐雅樂至太宗時遂奉上十二和樂（豫和、順和、永和、肅和、雍和、壽和、太和、舒和、昭和、休利、正和、章和）四十八曲而玄宗時又添三和樂故共有十五和樂。至於舞曲則有太宗所作之七德舞（原稱秦王破陣樂）九功舞、上元舞三大舞樂；據唐書禮樂志太宗爲秦王時征劉

唐的音樂

五代的音樂

武周有功在軍中作秦王破陣樂及卽位宴會必奏，重製破陣樂圖命樂工百二十人被甲執戟作來往疾徐擊刺之象其後命魏徵、虞世南等改作歌詩更名七德舞七德者，蓋取左傳所記武的七德禁暴戢兵、保大定功、安民和衆豐財之義，故七德之舞乃是武舞。九功之舞乃是命童子六十四人人戴進賢冠着紫袴褶而舞，九功乃言其能爲九種之效用者書經大禹謨『於！帝念哉德惟善政政在民；水火金木土穀爲修正德利用厚生惟和九功惟敍；九叙惟歌戒之用休董之用威勸之以九歌俾勿壞。』又左傳『六府三事謂之九功，九功之德皆可歌也謂之九歌。──水、火金、木、土、穀謂之六府；正德利用厚生謂之三事。』便是此舞之名所本。故九功之舞乃是文舞至玄宗時又作龍池樂聖壽樂小破陣樂光聖樂等，分樂部爲立部伎與坐部伎。而玄宗最嗜音樂設左右教坊以教授俗樂故當時教坊生員至二千人太常樂工上萬餘戶。其後因戰亂之故音樂甚衰然宣宗之代猶有太常樂工五千餘人俗樂一千五百餘人云。沿至五代，雖略有損益而大抵因唐之舊者多後漢改十二和爲十二成（禋成順成祐成肅成騂成壽

唐的書法

成政成弼成慶成德成展成胤成）後周更改之為十二順（昭順、寧順、肅順、感順、治順、忠順、康順、雍順、溫順、禮順、禋順、福順）又史云世宗時曾命王朴更定雅樂。

選舉在唐有筆法適麗一條，因作書之必要，故善書之家，歷代皆有；就中以虞世南、褚遂良、歐陽詢、張旭、顏真卿、柳公權等為最著。虞世南之書有秀逸之趣，太宗稱其德行忠直博學文詞書翰為五絕。褚遂良工楷隸有蕭散之風，史言太宗嘗嘆虞世南死後無與論書者，魏徵乃薦褚遂良云歐陽詢之書妍緊善作小楷初倣王羲之，而險勁稱過之。太宗時為太子的率更令，故其書曰率更體。張旭得草書之妙，意體縱橫極富神韻性嗜酒每大醉時即呼叫狂走乃下筆或以頭濡墨作書故世號張顛亦稱草聖。——玄宗時李白歌詩裴旻劍舞張旭草書並稱三絕。顏真卿之書道勁秀拔省其為人有筆力直透紙背之感柳公權之書出自顏真卿而能自創新意結體勁媚自成一家穆宗嘗問柳公權用筆之法答以心正則筆正帝為之改容悟其以筆諫也。

唐的畫法

唐世著名的畫家亦復輩出舉其最大者而言，則太宗時有閻立本，工畫人物；玄宗時有李思訓乃唐的宗室為左武衞大將軍世號李將軍筆格遒勁好作金碧山水是為北宗一派之祖其子李昭道亦長於山水稱小李將軍同時有吳道玄者亦善畫而最擅畫佛又王維則工詩兼善畫好為破墨山水，是為南宗一派之祖後張璪傳其法關於畫的南北二宗，如容臺集云：『禪家有南北二宗唐時始分畫之南北二宗亦唐時分也但其人非南北耳北宗則李思訓父子著色山水南宗則王摩詰始用渲淡一變鉤斫之法……』又芥舟學畫編云：『前古之畫多作古賢故實及圖像而已故論畫者未嘗及山水自王右丞李將軍父子各擅宗派乃始有南北之分……』又芥子園畫傳云：『禪家有南北二宗於唐始分畫家亦有南北二宗亦於唐始分其人實非南北也北宗則李思訓父子傳而為宋之趙幹、趙伯駒、伯驌以至馬遠、夏珪南宗則王摩詰始用渲淡一變鉤斫之法其傳為張璪、荊浩、關仝、郭忠恕董源巨然——米氏父子以至元之四大家，亦如六祖之後，馬駒雲門也。』以上各說都可供參考至其傳統則據學畫編而

可得表如次：

南宗傳統表

王維（唐）字摩詰　官至右丞 — 董源（宋）字叔達　又字北苑 — 釋巨然 — 米芾　字元章 — 米友仁

董其昌（明）字元宰 — 倪瓚（元）字元鎮　號雲林子 — 黃公望　字子久　號大癡道人 — 王蒙　字叔明　號黃鶴山樵

北宗傳統表

李思訓（唐）世稱大李將軍 — 李昭道　世稱小李將軍　思訓之子 — 趙伯駒　字千里 — 李唐　字古晞 — 馬遠　字遙父 — 夏珪

劉松年 — 郭遠（宋） — 戴進（明）字文進 — 周臣

降及五代，則荊浩、關仝二人最著。荊浩避亂入太行山，隱於洪谷，因自號洪谷子，描山水樹石以自娛；關仝為荊浩的門人，好畫寒山秋林之狀，世稱其筆簡而氣壯，景少而意多。二人之外又李成亦以山水名世。

唐初行班田之制，用租庸調之法，大盡其力於民事，故農業漸盛。而太宗即

唐的內地商業

位之元年（貞觀元年），關中饑饉，絹一匹纔易米一斗，二年天下又遭大蝗害，三年則大水，然而人民未嘗嗟怨，至四年值大稔，斗米價只三四錢，故太宗之世，天下盛治，民物蕃息，史記其『終歲斷死刑纔十九人；東至於海南及五嶺，皆外戶不備，行旅不齎糧取給於道路焉。』是後班田之制漸壞，租庸調之法亦不能行，富豪兼併之弊起，人民失業者多，雖罰買者使之還地，然勢之所趨卒莫能救。玄宗時乃用宇文融之言檢括戶田顧州縣之吏，以正田為羨田（同餘田）以編戶為客戶，張虛數以希上旨者既多，遂招來天下的騷擾，而農業情態因亦隨而大變。又唐世盛產穀米之地，為江南地方今之浙江，安徽諸省皆為最大產米地；又其時絹絁綿麻的出產地亦多，絹則如宋、亳、鄭、濮、曹、懷諸州，綿則如復州、常州，麻則如宣、潤、蘄、黃、岳諸州，皆為最上品云。

據唐令，京師有市令之官以掌百族交易之事，建標於市，陳肆以分貨物，以秤斗平市以上中下之三價，均市弓矢長刀，須依官定標準造之，且須題工人姓名於上，而後許其販賣，其他諸物亦然，若有以偽濫之物交易者，則沒於官販賣

第五章 唐時代之文化

之物，短狹而不中量者則還其主至市之集散則以擊鼓而集，日暮擊鼓而散以上之令其在地方都市自亦皆所準據特度不免多少有異同耳。

其邊境交易則有諸互市監以掌之交易所得之馬駝驢牛等各各分其顏色具其齒數以申告於所隸州府州府更申告於太僕，太僕乃派官吏受之其上馬例須印記而送致京師。其南方海港則置市舶司之官使掌外國貿易以徵收關稅。

隋煬帝所開鑿成功之運河，至唐遂得南北漕運之便利，唐世每年裝江南租米數百萬石以船自揚子江泝運河經過淮水遂出黃河入洛水而輸於洛陽乃更送至長安以為常其後運輸之法雖屢變而運送租米一事卻依然不廢。東方爭亂之時，則泝漢水送長安。

東西陸路之交通及外國貿易

東西陸路之交通及貿易，漢代以後概都不振，至唐因其版圖擴至西土，往來頻繁而貿易遂亦勃興。先是南北朝之世後魏勢盛之時與西域諸國極為交通，迨隋及煬帝之代，武威、張掖等河西諸郡則既已成為東西貿易的中心點，西方商賈之來集於茲者達四十餘國之多而唐興滅東西突厥開出中

二百五十七

海路之交通及貿易

央亞細亞天山南路的通路來於是，西方諸國民之來通商者則益多而中國人之赴中央亞細亞波斯印度等地通商者亦復不少尤其如熟達商業之猶太人則更利用此好機或自紅海經印度洋而來中國南方的海港或自地中海東岸的安弟阿哥亞（Antiocra）通過波斯經呼羅珊（Korasan）中央亞細亞天山南路而來中國的長安於是唐乃置互市監徵收關稅逮大食國勃興亞拉伯人亦漸次擴充其通商範圍西自歐羅巴阿非利加東至印度中國俱掌握著海陸的商權。

先是後漢桓帝之世，大秦始通於中國，吳晉之際，日南、交趾都爲東西貿易之地，羅馬商船殆已專有印度洋及中國海之航海權顧晉室既衰中國大亂交易遂頓形衰微商船的來往幾乎全然杜絕但是到了南北朝之際因南朝諸帝信奉佛教的結果和印度以來的佛教諸國開出交通由是中國海運漸興經閣婆室利佛逝而至師子國（錫蘭）的航路遂歸中國人的手其次經隋而及唐之初世，閩廣商船乃更擴張其航路或自師子國沿印度西海岸而入波斯灣或沿

亞拉伯海岸而抵紅海灣頭阿甸（Aden）是故當時的師子國實為世界商業的中心中國人印度人馬來人（Malay）、波斯人猶太人愛其阿毗亞（Ethiopia）人等之諸國民俱曾來集於茲從事貿易云而大食國既日趨隆盛自亞非利加及亞細亞之海岸以達信度河口之諸港灣皆前後入其版圖於是亞拉伯人與波斯人及猶太人等益共向東擴張其海運經印度諸島入中國南海諸港通商卒乃代中國人而專有亞細亞全航海權如此故迨第八世紀之頃因亞拉伯人之至廣州（廣東省廣州府）、杭州（浙江省杭州府）、泉州（福建省泉州府）諸港通商者眾多，唐於是於此諸港設市舶司其長官曰市舶使以海關徵收所得為歲入一大財源而其所輸入之物，則有象牙、寶石、香料、藥物、織物等至於輸出則為金銀絹布陶磁器及其他雜貨物。我們現在讀唐末亞拉伯人所著的記行說是西紀八七九年即僖宗的乾符六年，黃巢破廣州時伊斯蘭教徒、基督教徒、猶太人、波斯人等之被殺戮者凡達十二萬人，便可以想見當時中國南海通商的盛大與乎西方諸國民來往的眾多了。但是到了後來，因為唐的內亂踵接，

唐的貨幣

而大食國亦失其治世，於是交通漸衰，貿易隨而衰頹。

唐的貨幣，在高祖時始鑄造開元通寶，其後歷代都有鑄造：高祖時有乾封泉寶，肅宗時有乾元重寶，代宗時有大歷元寶，德宗時有建中通寶，懿宗時有咸通元寶。

養蠶術之西傳

在第六世紀以前，歐羅巴中並非沒有絹絲，然其量和質俱劣於東亞細亞所產，故中國絹絲遂依然經印度洋中央亞細亞及波斯而輸入。然東羅馬帝優司提尼阿奴司（Justinianus）二世的御極之時適當第六世紀的中葉會波斯僧侶有布教於中國境內者得蠶卵藏之空杖中竇歸君士但丁謂以此少少的蠶種，因其容易孵化種類遂爾繁殖卒至產出希臘的良好絹絲來這件事實畢贊廷的史家普羅珂孛司（Procopius）及瑟阿化爾涅司（Seophanes）二人都是這樣說。不過關於其所將來的地方，普氏則以為是瑟林達（Serinda）而瑟氏則又說是瑟勒司（Seres）由二人所說地方的不同而去著想則當時的瑟勒司，當天山南路地方，瑟林達乃瑟爾、印度的連合名詞，指中國印度的交界之地而

言,故這兩地都把來當作天山南路的和闐(Khotan)附近,便不會有大差。是這樣,故自是以後希臘遂爲歐羅巴唯一的養蠶地其後經六百餘年,逮西奇利亞(Sicily)王國興隆之時,會與東羅馬戰獲希臘人的俘虜而歸,而西哥利亞遂亦產絹絲,次乃傳播及於意大利及法蘭西云。

第六章　宋時代之文化

後梁　後梁太祖朱全忠既篡唐室,稱帝大梁(河南省開封府)然而其領土,實止不過有黃河沿岸之地其餘地方則為吳、楚、吳越、閩、南漢、荊南、蜀、岐、燕、晉等各國所割據就中晉王李克用懷挾舊怨屢來侵梁及其子李存勗滅燕後,遂乘勢於西紀九二三年陷大梁殺朱全忠之子末帝滅梁卽帝位於洛陽是為後唐莊宗次又降岐併蜀殆奄有江北而受吳、楚、吳越之朝貢遂耽於驕奢宴樂以致將士怨望奉王族李嗣源叛據大梁莊宗征之途中為反者所弑李嗣源乃入洛陽卽帝位是為明宗。是時孟知祥乘此內亂略取四川據成都稱蜀王明宗之後至閔帝而忌石敬瑭之威名乃圍晉陽顧石敬瑭得契丹之援破唐軍於西紀九三六年陷洛陽卽位於大梁是為後晉高祖。

契丹的興起

先是，蒙古種的一派契丹（Khitai）人占領內蒙古東部一帶之地，歸服隋唐。旣而乘唐之衰獨立及西紀九〇七年耶律阿保機統領諸部國勢益趨興隆，阿保機遂於西紀九一六年自稱皇帝，這便是契丹的太祖。於是太祖於征服四隣後跟着遂北侵室韋女真諸部，西降回紇吐谷渾党項，東滅渤海國，又令吐蕃新羅皆致其朝貢，故其勢頓然強大。其次太祖之子太宗立乃援石敬瑭而滅後唐，然猶隱忍以待南下而侵略中國的機會。

後晉

後晉的高祖石敬瑭，因爲是得契丹之援而起的，故割東北的十六州以酬之，每年又納金帛三十萬而稱臣但至其子出帝立因失禮契丹的太宗大怒於西紀九三六年大擧南下陷大梁擒出帝定黃河南北國號遼但中國的人民憤契丹人之剽掠屢起反抗，太宗乃留守兵北歸旋死於途次世宗立遂返臨潢（內蒙古巴林部之北）。於是晉的舊將劉知遠乃攘除契丹守兵而卽帝位，是爲後漢的高祖其子隱帝立多忌宿將而殺之，如是鄴都鎭將郭威爲衆所推而叛遂入大梁卽帝位是爲後周的太祖時則西紀九四七年也。

後漢

後周

宋太祖太宗的一統

初，隱帝的叔父劉崇守太原，至是遂於河東立北漢國而與契丹、南唐、後蜀連和以當後周。後周則太祖之子世宗立英資有大略逆擊北漢之兵破之，旋略後蜀伐南唐，征北方的契丹幾乘勢將一統天下。會因病死其子恭帝幼弱，將士等遂擁立趙匡胤，令受後周之禪；這便是宋的太祖，實為西紀九六〇年。自唐的滅亡以來，羣雄割據稱帝者甚衆，但其中以梁、唐、晉、漢、周五朝隆替繼承皆在中原，故以此五朝稱五代；而其間凡五十三年是曰五代之世。

宋太祖用宰相趙普之策，諭諸宿將功臣令罷節度使而以文臣補之，於州郡置通判以抑武臣執民政之權，於各地設轉運使以掌地方的財政，由是唐末以來藩鎮跋扈之勢削，乃選諸道的精兵以為禁軍，令中央及地方之兵，交守邊城。於是太祖既收回民治兵馬財政三權，成功內治的革新，然後乃向以討不廷，乃討滅湖南、荊南、後蜀、南漢、南唐諸國又降吳越，悉定南方之地。惟北方猶有北漢及契丹，故太祖死，太宗立乃紹其遺志先滅北漢統一中國，繼乃乘勢侵及契丹的南境時實西紀九七九年。

宋遼的衝突

時契丹則太宗之後，又經二帝而為景宗在位，乃舉兵大破宋軍於高梁河北之地為南北交戰之區者垂二十五年而契丹常強宋乃大為防戰所苦。遼契丹的景宗子聖宗時耶律休哥專當宋軍，破宋將曹彬於岐溝關（直隸省順天府涿州）又威服高句麗及女真已而聖宗親將侵宋大舉南下。宋於是由丞相寇準奉真宗至澶州却退遼軍，兩國遂媾和，互稱兄弟，宋約歲輸絹二十萬匹銀十萬於契丹以為歲幣乃各於西紀一〇〇四年收兵。

高麗的興起

新羅在唐末國勢全衰政治紊亂盜賊蜂起於時甄萱據完山（全羅道全州府）建後百濟弓裔據鐵圓（江原道鐵原府）稱泰封其後王建代弓裔而據松嶽（京畿道開城府）建高麗，納契丹所遂之渤海遺民遂與新羅後百濟成為一三國鼎立之新形勢。此三國中後百濟最為強盛遂攻新羅陷其國都，新羅的敬順王遁降高麗王建納之與後百濟戰降之以西紀九三六年統一朝鮮半島這便是高麗的太祖恰在這時候後晉的高祖代後唐而即

第六章 宋時代之文化

二百六十五

宋與西夏之關係

位，高麗的太祖遣使與之通，自是遂奉晉漢周之正朝以迄於宋太祖的孫成宗時契丹的聖祖怒高麗之通於宋來伐，成宗乞援於宋不應遂與宋絕而受契丹封冊。成宗死穆宗立康兆弒之而立顯宗契丹的聖宗乃興問罪之師親將來討誅康兆陷其國都開京（京畿道開城府）欲令顯宗入朝不從又求六州之地亦被拒契丹之兵乃連連入寇顯宗屢破之然卒知其不能對抗遂於西紀一○一九納貢稱臣。

西夏乃党項之後屬圖伯特種。唐末黃巢亂時党項部酋拓跋思恭入援，以功封夏國公賜姓李其子孫世世據夏州而領其近傍諸州傳次李繼捧時為宋太宗之代始入朝然其弟李繼遷則降契丹被封夏王屢來侵宋後其子李德明乃並事宋與契丹而稱臣然德明之子李元昊雄才大略伐回紇取河西遂建都興慶（甘肅省寧夏府），號大夏皇帝乃迴鋒東向迫於宋之邊境，宋仁宗遣諸將防之，由是陝西之地遂永為戎馬之郊而此時契丹的聖宗之子興宗乘宋夏之爭特示其將欲南下之勢而令宋增其歲幣次乃調停於宋

宋仁宗之治 王安石的新法

夏之間，約夏受宋之歲幣銀絹茶二十五萬及封册而執臣禮，遂議和時爲西紀一〇四四年。

宋的仁宗，在位凡四十二年恭儉而愛民登庸賢能獎勵學術，故得與漢文帝並稱賢主，爲有宋一代之第一君。而是時自韓琦、范仲淹以下若富弼、文彥博、曾公亮、歐陽修、司馬光、胡瑗、周敦頤、邵雍、張載、程顥、程頤等名士布滿朝列，人才之盛，曠古無其儔比。顧宋自國初以來，卽已有黨派之爭大臣之交迭至爲頻繁而其弊尤極於仁宗之朝：一方則以韓琦、范仲淹、富弼、歐陽修爲首領；又一方則以呂夷簡、夏竦、王拱辰爲首領，兩黨互相出入於朝廷者二十之間及十七回是謂慶曆的黨議。慶曆者仁宗朝年號也。慶曆以後韓琦、曾公亮、歐陽修輔政國內號稱平穩顧失之文弱外政甚爲不舉兵備亦非修明，故宋之威德遂不逮漢唐盛時。

仁宗死無嗣太宗的曾孫英宗入承大統繼及其子神宗卽位年少氣銳，極思外張國威顧自太宗以來屢受外國屈辱贈輸歲幣旣多財政遂陷於極

第六章　宋時代之文化

二百六十七

> 元祐的更化和紹聖的紹述

其困難之境,乃舉王安石講求富國強兵之策。王安石乃制定青苗、募役、市易、均輸、保甲、保馬等諸新法:青苗法乃當春則以官錢貸之農民附息二分及秋而使之還納之法;募役法乃以稅金代替服役的義務而另募無業遊民使之充役之法;市易乃市場所不能賣之物品由官購入或交易,又或以資金貸給商賈而收其利之法;均輸法乃制各地之有無以便轉輸之法;保甲法乃十家一保的民兵制度,而保馬法則貰貸官馬之法也。但是這些新法,都只是以充實國庫為目的,故人民大不喜懽;而歐陽修、司馬光等朝臣又以其有違祖制相非難,尤有程顥程頤等學者則議其破壞先王之政,然而排斥新法的,雖是如許之多,而王安石剛愎固執,一意孤行,把這些保守黨盡行斥退,自和韓絳、呂惠卿等斷然行去不稍顧忌。

神宗任用王安石厲行新法,內招人民之怨,外則伐西夏吐蕃交趾俱遭失敗,北邊之地又為遼(契丹)所奪竟不能有一事如意而死,其子哲宗嗣年幼,由太皇太后高氏臨朝攝政。太后察新法之弊乃任用司馬光使與呂公

建中靖國及徽宗的紹述

著協力罷免新法，黜呂惠卿，蔡確等而登庸文彥博、程頤、蘇軾等舊法黨；是曰元祐的更化。蓋新舊兩法黨之爭之第一變時人稱太后曰女中堯舜云。未幾，太后及司馬光相繼死於是朝廷又起黨爭朝臣中裂而爲洛蜀朔三黨相與軋轢，如是章惇呂惠卿蔡京蔡卞等新法黨乃乘此機會入朝，再振黨勢新法次第規復繼則悉貶元祐諸臣追奪司馬光呂公著等的謚號，政局於茲再變；這便是所謂紹聖的紹述是。

哲宗死其弟徽宗即位向太后臨朝用韓琦之子韓忠彥及曾布等而罷章惇蔡京等新法黨追復司馬光等人的官爵折衷元祐、紹聖二政，太后誓言當以至正秉國政乃改年號曰建中靖國是爲政局的第三變。然而曾布原出於章惇之門，故曾不幾時即與韓忠彥有隙，迎合徽宗意旨傾向紹述漸漸排除元祐的舊法黨而推薦蔡京。顧未幾，韓忠彥、曾布兩人俱罷蔡京乃以新法黨的領袖而登相位托於紹述箝制天子，追尊王安石配享孔子稱司馬光以下元祐的諸臣曰姦黨，於端禮門外豎黨人碑禁止舊法黨之子弟入京是爲

第六章　宋時代之文化

二百六十九

遼的衰替和金的勃興

政局的第四變。自是以後，蔡京永居相位，振其權勢，假托紹述之名，盆行財利之政，擅改官制，汲引子弟以列朝端，勸帝以奢侈，盛興土木，羅致珍奇不復顧人民疾苦，於是宋之國運日非，卒致金兵的南下，遂不獲已而南渡。

先是，契丹屈宋使納歲幣，逮聖宗時又改國號曰遼，勢益強盛。聖宗之子興宗，亦克守先世遺業，爰逮道宗，重新和宋議定疆界獲新地七百餘里，國威愈振。但是自從親任耶律乙辛以後，賢良去其朝，讒慝蒔其服，加以黨項復不奉命，西夏遂爾寇邊，國運乃漸趨傾危。已而道宗之孫天祚帝繼承大位，荒淫暴虐，國政大亂，於是女真的阿骨打起於黑龍江附近連破遼兵，勢猖獗甚。阿骨打之先世乃是居住黑龍江畔的黑水靺鞨，初隸屬於渤海國，及遼的太祖滅渤海，其在混同江（松花江）之南的則屬遼曰熟女真在江之北的則僅止受其羈縻不入版籍曰生女真宋仁宗時按出虎水（阿勒楚喀河）附近生女真的完顏部長烏古迺爲遼的生女真節度使迨其孫阿骨打遂率生女真畔遼定混同江附近諸部，於西紀一一一五年卽帝位國號金這便是金的

宋金連盟及遼的滅亡

太祖已而太祖與遼的天祚帝大戰於混同江，破之，熟女真降，進陷遼的東京（遼陽府）遂直逼上京（臨潢府）。

時宋的蔡京欲立邊功以厚徽宗的信任，乃頻與外征之師，童貫乘擊吐蕃之勢聽遼的亡臣馬植之言建連金以夾擊遼之議徽宗信之遣使節於金，通好約宋自南取遼的南京（燕京）金自北陷遼的中京（大定府）而分其地而向宋所贈遼的歲幣則移而贈金於是金的太祖乃進兵取遼的上京及中京，遂逐天祚帝並陷其西京（大同府）。然而在宋的這一面則童貫、蔡攸等率大軍北進時屢為遼軍所破南京不能下乃密乞援於金太祖應之立自居庸關入陷南京以宋既失其出師之期又不能下南京為理由乃求易前約宋無法只得從之乃約於既定歲幣之外復增錢百萬緡糧二十萬石而宋則僅得南京及其附近六州其後未幾金的太祖死其弟太宗立割陰山以南之地與西夏令勿納遼的天祚帝乃頻追帝於其欲奔黨項時捕獲之遼自建國至是凡九代二百十年而亡時為西紀一一二五年。

西遼的建國

遼之亡也其宗室耶律大石率餘衆二百騎西走倂天山南路的回紇諸部而侵入中央亞細亞尋思罕(Samarkand)降之乃於西紀一一二四年自稱黑契丹(Kara Khitai)的闊兒汗(Guru Khan)奠都於吹(Chui)河之上的虎思斡兒朶(Huz Orda)即所謂西遼的德宗是其後色爾鳩克(Seljuk)朝的麥立克沙(Melik Shah)之子三家兒(Sanjar)來攻德宗擊破之於阿猛(Amu)河次又降花剌子模(Khorasm)遂領有版圖西自阿拉爾(Aral)海東抵西夏而爲中央亞細亞一旣強且大之國顧至西紀一一四一年德宗死經其子仁宗至孫直魯克(Jiluk)國遂爲乃蠻(Naiman)的曲出律(Khutchluk)及花剌子模的摩罕默德(Mohammed)所分割時則西紀一二〇三年也。

靖康之難

遼旣滅後，金遂輕宋頻籌南下之策。遂以宋納金之叛將及遼的遺臣，且未贈所約的糧食爲名乃由金之宗族粘沒渴幹離不伐宋直逼汴京，於是徽宗急避位徵勤王之師。欽宗卽位欲遷都於南以避金軍顧李綱諫之謂宜死

宋室的南渡

守汴京而唱主戰說，然當時滿朝皆言講和之利，如是欽宗遂與金約割三鎭之地贈犒師之資而令金軍退去；李綱等之言既不用，勤王之師亦罷然而三鎭之地並不入金，金太宗大怒復與南征之師，遂陷汴京虜欽宗及徽宗北歸；當時年號爲靖康，故此日靖康之難實西紀一一二七年事也。於是欽宗之弟高宗卽位因避金軍遷都於揚州（江蘇省揚州府）自是以後是爲南宋時金的太宗得河東、河北、河南、關中江淮之地，乃立宋的降臣張邦昌爲楚帝欲以服漢人之心，一面又遣諸將長驅逼揚州，於是高宗避難赴臨安（浙江省杭州府）旋奔溫州（浙江省溫州府）是時宋有岳飛、韓世忠諸將甚能防禦金軍而且金軍亦以太宗疾篤引還，於是高宗乃奠都於臨安時實西紀一一三四年。

秦檜的和議

金太宗旣死，太祖之孫熙宗嗣立宗族蒲魯虎、撻懶等代粘沒渴用事，宋宰相秦檜與撻懶有親交，大唱南北講和之利顧金熙宗疑蒲魯虎撻懶等通於宋誅之而令兀朮南侵爲宋將岳飛所破。飛於是欲乘勝略定河北之地而

第六章　宋時代之文化

二百七十三

秦檜固持和議，於西紀一一四一年以東起淮水西至大散關（陝西省鳳翔府寶雞縣）為兩國國界，又以宋受金的冊封及納歲貢為條件而講和，別又力壓反對黨與文字之獄以殺戮與己反對者屢誣貶諸將而奪其兵權時金的宗室迪古乃（海陵王）弒熙宗而篡位移都燕京置五京，親率大軍六十萬南下顧為其下所殺從弟烏祿卽位罷南下之師，次又遣使與宋求和，遂應是金的世宗其間，宋為孝宗在位銳意圖恢復出師北伐無功見金求和遂應之，於西紀一一六五年講和：宋得減其歲幣之額又代君臣之禮以叔姪兩國境界則仍如前約。當是時金東則威服高麗，西則懷柔西夏，南自漢淮二水北抵臚朐河（克祿連 Kerulen 河）奄有版圖之大東亞細亞直無儔匹而世宗又力守女真國風禁戒流於奢侈文弱，以是金室之盛遂達於極峯。

宋的叛盟

金世宗和宋孝宗以同年死金則章宗繼嗣國勢漸衰宋則光宗卽位國人不服。韓侂胄乃擁立光宗之子寧宗而逐去大儒朱熹竄黜宰相趙汝愚而自專政。乃乘金的國政紊亂背棄前約出兵北伐為金章宗所邀擊而破之，乃

高麗的盛衰

乘勝南下,寧宗於是大懼,乃於西紀一二〇八年,送韓侂冑之首於金,增歲幣之額,贈犒師之費,改叔姪之禮為伯姪之禮而講和焉。

高麗自顯宗降歷代皆受其封冊,迨至文宗,國勢頗極興隆,又至睿宗之時,則伐女真破之,及金太祖興,乃媾和,次至遼亡,乃改事金,以圖保全其領土。其後至毅宗以淫虐故為大將軍鄭仲夫所弒,而擁立明宗以告於金,金許之,由是高麗權臣屢行廢立,國勢漸衰,會高麗有叛將以四十餘城降金,金世宗拒之不納,明宗乃得以誅此叛將,遂深德金爰臣事之。

西夏的衰微

西夏在李乾順時乘遼為金所破,正值艱虞之際,因與金的太宗同盟,頻出兵展其邊境,並宋之封冊亦不復收受,爰及其子李仁孝,國亂因金世宗之助,乃漸誅戮其姦臣,由是德金厚事之,又及其子李純祐,則為蒙古太祖成吉思汗所攻,兵政俱衰,其從弟李安全弒之而自立,顧益為蒙古所迫,乞援於金,金不得,乃納其女於蒙古請降,西夏由是全衰。

金的衰運

時金章宗已死,其叔父允濟在位,柔弱失士心,國勢大衰,蒙古太祖乘之。

第六章 宋時代之文化

二百七十五

以西紀一二一一年由三道進兵陷西京（大同府）拔河東河北遼西諸州縣而逼燕京於是金的大臣等乃弑允濟而立章宗的庶兄宣宗納公主與金帛求和太祖乃引兵還然金因憂燕京之逼近蒙古乃遷都於汴京太祖怒其有疑心復於西紀一二一五年南下陷燕京更自西剽掠汴京附近而還至是金僅能保有北方的真定東阻黃河西扼潼關以自衞而蒙古則幾乎盡已戡定黃河以北之地。

其後蒙古的太祖在其征伐中央亞細亞及波斯之時宋金西夏乃相與約和顧以連年攻戰不息國力極其疲弊及太祖自西方歸時爲西紀一二二七年乃先伐西夏降其主李睍；西夏自李元昊至是凡十主百九十六年而亡其地遂悉爲蒙古領土太祖於是欲更侵金將東行向汴行次六盤山（甘肅省平涼府周原州西）忽病死。

西夏的滅亡

蒙古太祖既死其子太宗立紹父遺志欲卽滅金乃遣其弟拖雷（Tului）向河南而親將破潼關腹背夾擊遂陷汴京金哀宗奔蔡州（河南省汝寧府）；

金的滅亡

宋的滅亡

乃更遣使於宋以河南之地爲約與宋將孟拱於西紀一二三四年，合兵陷蔡州。金自稱帝以來凡九代百二十年而亡，時宋乘勝金之勢，便欲恢復中原，乃引兵直逼急起逐蒙古守兵奪還汴京、洛陽，蒙古太宗之子闊端(Khutan)江淮深入四川頻陷宋的州郡，宋將孟拱等雖極能戰而其勢亦日蹙。

蒙古太宗之後經定宗至憲宗於西紀一二五七年親率大軍南下取宋的四川諸城圍合州（四川省重慶府）遣弟忽必烈(Khubilai)渡江圍鄂州（湖北省武昌府）遣兀良哈台(Uriangkhatai)自交趾北上侵潭州（湖南省長沙府）如是宋三方受敵理宗乃命賈似道使當蒙古軍似道至鄂州密遣使於忽必烈約納幣稱臣請和會憲宗死於軍中其弟阿里不哥(Arikbukha)在蒙古令憲宗諸子及察合台(Chagatai)之子孫等從已欲爲大汗忽必烈乃約得江北之地及歲幣而聽買似道之請爰於西紀一二五九年北歸至開平（直隸省宣化府獨石口東北）遂號大汗進伐阿里不哥於西紀一二六四年降之旋奠都於燕京國號元這便是元的世祖蒙古軍之北退也。

第六章　宋時代之文化

二百七十七

賈似道秘其稱臣納幣割地之約,而自以身負軍功,得理宗之寵,恣弄威福,不顧國難。已而元使至申前約,賈似道囚之不聽。還,元世祖大怒,先圍襄陽,降呂文煥,即令伯顏(Bayan)偕呂文煥共東衝臨安時宋恭宗即位,乃貶竄賈似道,而徵四方勤王之師,於是文天祥張世傑等競起勤王之兵,顧臨安既已受圍,陳宜中唱和草表降元,元兵乃執恭宗理宗及度宗皇后送之於國。於是,宋的諸王羣臣均遁逃浮海立恭宗之兄端宗於福州,及元兵來逼,張世傑等乃奉帝奔廣州,帝死陸秀夫等更奉皇弟衛王昺遷於厓山(廣東省廣州府新會縣南的島)。然元兵復水陸並進,文天祥被擒厓山陷陸秀夫與帝共投海死;張世傑欲遁往安南亦溺死宋自太祖至是凡十八代三百二十年而亡時為西紀一二七九年。

宋太祖寬厚仁恕是一位前代沒有比類的穩健篤實的君主他懲於五代藩鎮的苛政乃寬商賈之征,弛麴鹽酒之禁,盛農商獎工藝大講休養民力之策;

行開寶通禮，訂定制度；諭宿將功臣使解兵柄而塞亂源；罷節度使而置通判、轉運使收地方軍政及財政之權於朝廷；改宿衞之制以袪五代以來橫暴之弊：以故在他的一代御宇，遂馴致天下太平制度典章重還整備學術技藝亦從而彬彬興起。史評他道：『上仁孝豁達有大度。陳橋之變，迫於衆心泊入京師市不易肆嘗一日罷朝坐便殿不樂者久之左右請其故上曰：「爾謂爲天子容易耶？適乘快指揮一事故不樂耳。」嘗宴近臣紫雲樓下因論及民事謂宰相曰：「愚下之民雖不分菽麥藩侯不爲撫養務行苛虐朕斷不容之！」開寶初修京城及大內營膳畢上坐寢殿令洞開諸門端直軒豁無有壅蔽因謂左右曰：「此如我心少有邪曲人皆見之矣」平蜀之後嘗擇其兵百餘爲川班殿直郊禮行賞以御馬直扈從特增給川班擊登聞鼓援例乞上怒曰：「朕之所與即爲恩澤豈有例耶？」斬其暴訴者四十餘人餘悉配隸諸軍遂廢其直內臣有逮事後唐者上問「莊宗英武定天下享國不久何也？」其人言其故上撫髀嘆曰：「二十年夾河戰爭取得天下不能用軍法約束誠爲兒戲朕今撫養士卒不吝爵賞苟犯

我法，惟有劍耳！」五代以來，藩鎮強盛，上以漸削之罷諸節鎮專用儒臣分理郡國，以革節鎮之橫。又置諸州通判以分刺史之權。自是諸侯勢輕禍難不作，專務愛養民力。罷卻貢獻，禁進羨餘，常衣澣濯之衣，寢殿青布緣葦簾。晚節好讀書，嘗歎曰：「堯舜之世四凶之罪止於投竄何近代法網之密耶！」創平諸國必招之，不至而後用兵；及其既降皆不加戮，禮而存之，終其世當幸武成王廟觀從祀有白起，指曰：「起殺已降不武。」命去之。周恭帝封鄭王後遷於房州上以辛文悅長者俾為房州守。恭帝先上二年始卒，上發哀輟朝十日還葬加禮。上始入京時周韓通死節追贈優厚。王彥昇棄命專殺，終身不授節鉞。受禪之際，倉卒未有恭帝禪制，學士陶穀出諸懷中上薄之穀久在翰林頗怨望，上曰：「吾聞學士草制，依樣畫胡蘆耳何勞之有？」卒不登之政府內外官有時望者籍記姓名以待不次敍用，稱職者多久任不遷。定銓選法嚴舉主連坐法。嚴贓吏法有置極刑者懲五代藩鎮苟征重歛之弊寬商征寬麴鹽酒禁倉吏多入民租者或棄市；五代多以武人為牧守率意用刑上懲之故入者必抵罪定大辟詳覆法定折杖法頒新

宋人的風氣

刑統。定差役法作版籍戶帖戶鈔長吏有度民田不實者，或杖流之；諸州旱蝗賑饑捐租，惟恐不及；舉德行孝悌親策制科舉人放進士榜嚴覆試法御殿親試進士試書判拔萃數幸國子監詔天下求遺書初用和㠘所定雅樂初行劉溫叟所上開寶通禮二百卷。命宰執日記時政送史館撰日曆制度典章彬彬有條理」

照這以上諸語看起來，那麼在創業的英主和守成的明君裏面他都可以說是一位古今稀覯的帝王。

宋以文章建國，所以國民的風氣很能在其文學上面看出來。不過宋文學的特色和唐文學的特色之在於詩歌者異其選而其特色乃是在於經學文章的進步發達是故有宋一代，始於趙普以半部論語佐太祖而定天下又以半部論語佐太宗而治天下，終於陸秀夫於流離顛沛之際還擁著末帝昺在舟中講大學章句。其間歷代的天子，皆以經學為政的根本而天下的士大夫亦皆以文章為立身的階梯以故有宋三百年實儒臣寵榮的時代亦文章家得意的時代。太祖少時學於辛文悅晚年最好讀書用儒臣嘗謂宰相須用

第六章　宋時代之文化

二百八十一

讀書人，這實不啻是發表了他的百年施政的大方針，故自太宗以後歷代天子，皆紹其志而述其事。我們試一比較唐和宋的文學便覺得唐人氣象要渾厚，反之而宋人則甚為褊狹。唐人有力尊前輩獎掖後進之風反之，而宋人則好為吹求先進之疵，而傷敗後進之名。若說唐之世是屬於情的時代，則我們可以說宋之世是屬於智的時代便是說。唐人以詩歌達其性情，宋人則以文章騁其議論；而唐的詩人則大抵不遇而啼飢號寒，而宋的文人則率皆得意而顯於廊廟；這便是唐宋兩朝文學大相逕庭之點。加以宋人既有好為議論之風遂足致文學上流行一種詩話這麼的批評文學，而經學上則勃興以起以義理為主的程朱之學，以至政治上便惹出激烈的黨爭其終則宋人卒以議論而亡其國。蓋以文建國之弊必歸於弱此乃自然之數，以故有宋之初則見迫於遼其中則見迫於金，其終則見滅於元。而其君臣上下則皆甘於小康偸安日夕，曾無有立百年長計者雖則真宗之朝有寇準欽宗之朝有李綱高宗之朝有岳飛孝宗之朝有張凌，並皆忠肝義膽節概無雙許國之心堅逾金鐵泊夫和戰之議一起為天子者則

每主和而黜戰。寇準嘗進百年無事之策謂不如是，則數十歲後，必復令彼生心，真宗曰：『數十歲後當有能禦之者，吾不忍生靈重困姑聽其和。』像這樣姑息的講和主義初非止真宗一人為然，卽歷代天子都無不然此其所以一代思潮缺乏雄大魁奇的氣勢惟宋之士夫道義之心有極其堅定者如陸秀夫、張世傑、文天祥、謝枋得等皆能為宋室末路作掉尾的一大活躍這實在不能不說是三百年間崇尚名節獎勵忠孝的結果而足以稗益於世道人心的了。

五代的官職概沿唐舊至宋初則以同中書門下平章事為首相以參知政事為次相而共掌政事兵權則以樞密使握之此三者都是有宰相實權的而三師（太師、太傅、太保）及三公（太尉、司徒、司空）則作為宰相的加官樞密使唐代宗時始置二十二史劄記云：『唐中葉以後始有樞密使乃宦官在內庭出納詔旨之地。昭宗末年，朱溫大誅唐宦官始以心腹蔣元暉為唐樞密使；溫篡位改為崇政院，敬翔李振為使凡承上之旨皆宣之宰相宰相有非見時而事當上決者則因崇政使以聞得旨則復宣而出之然是時止參

謀議於中，尙未專行事於外，至後唐復樞密使之名，郭崇韜安重誨等為使，樞密之任重於宰相宰相自此失職。今按唐莊宗時崇韜為使；明宗時安重誨為使晉高祖時桑維翰為使；漢隱帝時郭威為使時郭威為使時率兵平三叛歸西京，留守同中書門下平章事王守恩，……郭威為使時率兵平三叛歸西京，留守同中書門下平章事王守恩方在客次待見而更已馳報，「新留守視事於府矣」守恩遂罷可見當時樞密之權等於人主不待詔敕而可以易置大臣……於是權勢益重，至稱兵犯闕莫不響應也。」由此所記觀之可見五代之時樞密使權為最重又宋的省臺寺監之官概仍唐舊制惟居其官而不掌其職的甚多如尙書、中書門下三省的長官並無宰相之權秘書殿中二省則名目僅存即如九寺五監亦大概都未嘗司厥職事。這是因為宋朝的官其名目只不過由之以定祿秩，至於實際任事則必有差遣而定之之慣例。直至神宗之時始改其弊欲令名實相協，以中書省取旨門下省覆奏尙書省施行而不置三省長官尙書左僕射兼門下侍郎行侍中之職，尙書右僕射兼中書侍郎行中書令之職而兩俱為宰相；別

置中書侍郎、門下侍郎、尚書左右丞以代參知政事為次相與樞密使共執政事。然至徽宗朝則又改之以太師、太傅、太保為宰相、少師、少傅、少保為次相並又大大變更官制。次至欽宗則仍以左右僕射為宰相、迨高宗則加同平章事於兩僕射改兩省侍郎為參知政事廢尚書左右丞，且簡省冗職之中被罷免者甚多。便是罷宗正寺以屬太常寺，衞尉太僕二寺屬之兵部；故九寺五監之中，宗正寺屬之戶部，光祿鴻臚二寺屬之禮部，而惟留太常太府司農三寺及少府國子二監俱仍然復舊是這樣裁汰冗職的原故，大概是因為南渡以後財政緊縮故有如此的必要，抑亦可以說是官制上的一進步外官則宋初召諸藩鎮於京師，各賜以邸第而分命朝臣出守列郡，號之為權知軍州事其本官高者謂之曰判以後遂為定制其諸府州的軍監都不設正官只派文官朝臣使往治理而謂之曰知某府事知某州軍監事各縣亦不設縣令而為中朝官的外補謂之曰知某縣事。監司初無諸州又置通判以為佐貳（補貳之官）長吏俱得與通判直接奏事。

其官，後來各路設轉運使以總財賦及其他諸事，乃更置提點刑獄使屬於轉運使而分其權。此外尚有專門管理漕運糴買的發運使、常平鹽茶茶馬坑冶市舶等則設有提舉又用兵之時則設安撫使宣撫使招討使招撫使經略使制置使等官。

遼的官制

遼起初於北宰相府南宰相府各各置左右宰相以掌軍國大政。其後倣唐制而置尚書中書門下三省。續通典云：『遼北宰相府有左右宰相掌佐理軍國之大政，皇族四帳世預其選；南宰相府有左右宰相掌佐理軍國之大政國舅五帳世預其選。太祖天顯元年大東丹國置中臺省，有左大相、右大相、左次相、右次相，命其酋長與遼人區別而用之，恩威兼制此皆北面宰相之制。聖宗統和二十一年七月召北府宰相蕭塔喇葛宰相漢王貼不及等賜坐論古今至道倣古制也。其南面官則於中書省設大丞相左丞相右丞相同中書門下平章事參知政事尚書省有左僕射右僕射，其三京宰相府（遼有五京，上京為皇都朝官京官皆有之，四京隨宜制官爲制不一西京多邊防官南京中京多財賦官三京謂東

金的官制

京中京南京也）。有左相右相左平章事右平章事，蓋既得燕代後倣唐制也。」由此可以知其沿革的大體。而更據遼史觀之，則北面宰相府治宮帳部族屬國之政；南面宰相府治漢人州縣租賦軍國之事；北面之官則有北樞密院（掌兵部）南樞密院（掌吏部）北南二大王院（掌戶部）夷離畢（掌刑部）宣徽南北院（掌工部）及獻烈厩都（掌禮部）而北南二宰相府總之；南面之官則有三公三師樞密院省臺寺監衞外官則有節度使觀察使防禦使團練使刺史、縣令等。

金的官制，大抵皆模倣宋元遺山張萬公碑銘云：「金制，自尙書令而下有左右丞相爲宰相，尙書左右丞爲執政官，凡內族外戚及國人有戰功者爲之，其次則潢霅人，又次則參用漢進士，不過以示公道而已，無相權也。」又續通典云：「金左丞相右丞相各一員……平章政事二員……左右丞各一員……參知政事二員……爲執政官爲宰相之貳俱列於尙書省位在尙書令下熙宗時率以宗室王公除拜丞相平章政事或參知政事往往帶元帥銜出則統軍入則佐

政，禮遇亦極優焉……』便可以知其大體。至關於其設置之時代，則二十二史劉記云：『韓企先傳：金太祖定燕京，始用漢官宰相賜左企方等置中書樞密院於廣寧府，而朝廷宰相自用女直官號。太宗初年，無所更改，及張敦問伏誅移院於平州蔡靖以燕山降又移置於燕凡漢地選授官職調發租稅，皆承制行之；自時立愛劉彥宗韓企先為宰相，其職皆如此，故規為施設不見於朝廷之上，惟治官政庇民事內供京師外給轉餉而已。後斜也宗韓當國勸太宗改女直舊制從漢官制度天會四年始置尚書省以下諸司府等十二年以企先為尚書右丞漢人為真相自此始。』而外官亦大抵用宋遼舊制。

宋的稅法原於唐制而分夏稅秋稅。夏稅以五月起徵收及七月或八月而止；秋稅則九月或十月起徵收至十二月或正月而止。其稅品為四類，一穀，二布帛，三金鐵，四物產。而穀類有七種粟稻麥黍稷菽雜子。布帛之類有十一種羅綾絹紗絁紬雜折絲線綿布葛。金錢之類有四種金銀鐵鑌銅鑌。物產之類有六種六畜齒革翎毛茶鹽竹木麻草芻菜菓藥油紙薪炭漆蠟雜物。至於賦稅的種類

遼的稅法

則分公田之賦、民田之賦、城郭之賦、丁口之賦、雜變之賦的五種：作公田者而收其租民田之賦由人民專有之田而收其租城郭之賦為宅稅地稅之類，丁口之賦為計人民的身丁而收其錢米之稅雜變之賦指不論牛革鹽之類卽輸其土地產物之謂。神宗時王安石所行的方田均稅法以東西南北各一千步（四十一頃六十六畝百六十步）為一方每年九月則遣吏分地而檢其肥瘠分作五等以定稅率。

遼的稅法其詳不得而知，惟據續通典所載，可以知其大概情形：「遼賦稅之制，自太祖任韓延徽始制國用。太宗籍五京戶丁以定賦稅。聖宗太平七年詔諸在屯者力耕公田，不輸賦稅，此公田制也；十五年募民耕灤河曠地，十年始納租，此在官間田制也；又詔山前後未納稅戶並於密雲燕樂兩縣占田置業入稅，此私田制也。各部大臣從上征伐俘掠人戶，自置郛郭為頭下軍州賦制也；其餘若南京歲納三司鹽鐵錢折絹，大同歲納三司稅錢折粟又開遠軍民歲輸稅，向例斗粟折五錢，耶律穆濟守郡時表請折六錢：

金的稅法

各隨地異宜當時稱為利民之政焉。」金的租稅，有夏稅（六月初起至八月止）秋稅（九月初起至十二月止）其制與宋大同小異其徵收額則如左表而猛安謀克（千戶長卽部長）之戶之所輸曰牛具稅，金史：「以每來牛田四頃四畝有奇歲輸粟大約三頭為一具限民口二十五受不過一石。」又有稱物力錢之稅者物力錢亦稱推排物力乃分按民之貧富而課之稅故曰『推排物力』而此亦曰通檢。

金史食貨志：「租稅之外算其田園屋舍軍馬牛羊樹藝之數及其藏鏹之多寡徵錢曰物力；物力之徵上自公卿大夫下逮民庶無苟免者。」又云：「計民田園邸舍車乘牧畜種植之資藏鏹之數徵錢有差謂之物力錢遇差科必案版籍先及富者勢均則以丁多寡定甲乙有橫斜則視物力循大至小均科其或不可分

金的徵稅表

戶	丁（丁、驅丁）	稅地稅
金科戶	粟三石	每畝粟三升
減半科戶	一石	每畝粟三升
協濟戶	一石	

宋的兵制

摘者牽以次戶擠之凡民之物力所居之宅不預」由此可以知道此稅的內容，惟金自國初推行此稅以來弊害百出人民極感困苦而章宗以後尤甚至有怨望者遂成為滅亡的一個原因。

宋兵制分四種（一）禁兵（二）廂兵（三）鄉兵（四）蕃兵。禁兵乃天子的親兵守衞京師且備征伐廂兵乃由諸州募集而供役使者；鄉兵則教人民以武事而能為防守之用者蕃兵乃糾內附的蕃人而用之於兵者以上皆隸屬於殿前都指揮使侍衞親軍都指揮使、馬步軍都指揮使的三司宋初懲於五代之弊大改兵制故兵數雖少而極其精銳及西夏畔侵寇西北邊時乃大行募兵以充禁旅由是中外禁兵及廂兵之數達百餘萬；神宗時乃汰冗兵為民王安石則興保甲法保甲法者以十家為一保選主戶之有幹力者一人為保長十保為一大保，選一人為大保長十大保為一都保選衆所服者為都保正以令部下保丁使各貯弓箭講習武技總之禁兵、廂兵之初制極為完善甚奏效果及招募一廣坐食之兵多而不成兵之用但保甲法行募兵乃衰顧此法廢置不定故民兵之制卒亦

遼的兵制

遼兵制有六種：(一)御帳親軍、(二)宮衛軍、(三)大首領部族軍、(四)部族軍、(五)京鄉丁軍、(六)屬國軍。此中鄉丁以其為耕稼之民不能成為主力，而屬國則以其非直接屬於遼的治理只不過有時候略有點助兵，故兩者都不能為正式軍隊惟御帳親軍宮衛軍大首領部族軍（親王大臣的私兵）雖其所屬各異而皆部族軍隊，故遂以這些部族軍作為正式軍隊，故遼史云：「各安舊風狃習勞事……家給人足戎備完整率之虎視四方強朝弱附，……部族實為之爪牙云。」

金的兵制

金在初起時部落極為寡弱，故諸部壯者無一非兵，而部長則稱曰孛堇。如是有警則下令本部及諸部孛堇徵兵，諸部孛堇若戰時兵少則謀克多則稱之曰猛安。然金初，太祖起兵之後凡諸部之來歸者悉授以猛安謀克卽遼人渤海人漢人之承襲猛安謀克而專以兵柄歸其本族。然海陵王時熙宗時乃罷漢人渤海人漢人亦俱以此授之；其意蓋欲多得他部族之力助也其後率多數的猛安謀克遷都於汴京，於是從前尚武的風氣遂日卽消亡。

宋太祖懲於五代藩鎮專殺之弊，於即位之初，即定大辟詳覆法，令諸州奏大辟案件而委刑部使之詳覆，次定折杖法，則概沿唐之舊制分刑名為笞杖徒流死五種如左表所載：

折杖法表

刑名	一等	二等	三等	四等	五等
笞刑等五	笞十（臀杖七）	笞二十（臀杖七）	笞三十（臀杖八）	笞四十（臀杖八）	笞五十（臀杖十）
杖刑等五	杖六十（臀杖十三）	杖七十（臀杖十五）	杖八十（臀杖十七）	杖九十（臀杖十八）	杖一百（臀杖二十）
徒刑等五	徒一年（脊杖十三）	徒一年半（脊杖十五）	徒二年（脊杖十七）	徒二年半（脊杖十八）	徒三年（脊杖二十）
流刑等三	流二千里（脊杖十八配役一年）	流二千五百里（脊杖二十配役二年）	流三千里（脊杖二十配役三年）		
死刑等二	絞	斬			

而流刑乃各各加杖而配役，蓋以一人而備受流徒杖三刑也。五刑之外，而又有刺配之刑，既杖其脊配其人復鯨其面故這也是以一人而備受三刑，復有凌遲之法，刑極惡之時用之，乃斬其支體而又斷其咽喉也。然刑罰雖是這樣峻烈而

遼的法制

遼當太祖初年庶事草創之際法制未定權宜立法以故遇親王有從逆者，則投高崖殺之，有淫亂不軌及忤逆父母者則以五車轘殺之，有訕謗犯上者，則以熱錐錐其口而殺之；其從坐之人則量罪之輕重而處以杖刑。此外又有梟磔、生瘞、射鬼箭、砲擲支解等刑。其後制死流徒杖四刑，復有淩遲籍沒、黥刺八議八縱沙袋木劍大棒鐵骨朶諸法，而其他不常用而無定式者尚有許多。起初契丹人及漢人相毆致死者法之輕重不均，迨聖宗時乃以漢律俱等科之。金之舊俗，餘十分之六償被害者其家，其親屬則許其以馬牛雜物償，而其牢獄則掘地深廣數丈而作之。其後制死流徒杖四刑，逮熙宗時參酌舊制及隋唐宋遼之法而定皇統制，（皇統乃熙宗時年號。）又逮章宗改定律令作泰和律

用刑則甚為注意定三限之制，限大事以四十日、中事二十日、小事十日而決，以防滯獄之弊又太宗時令諸州每十日即具囚帳及所犯之罪與其禁繫的日數以上聞焉。

金的法制

輕罪則管用柳蔶殺人或盜劫者，則擊其腦殺之沒其家十分之四入官而以其餘十分之六償被害者其家人以為奴婢其

宋的選舉法

義十二篇，（名例、衛禁、職制、戶婚、廄庫、擅興、賊盜、鬬訟、詐偽、雜律、捕亡、斷獄）實多本於唐律。

宋的選舉法和唐制大同小異，有進士、明經、三史、三傳等科，別又有制科、武舉。就中以進士為最盛其試有詩賦雜文策論帖經之類。最初每年皆有考試後為隔年又後則每三年一舉行。然詩賦之弊，則流於浮華帖經之弊則陷於記誦，故神宗時遂改之進士之試不復用詩賦而代以經義策論置詩書周禮三經義局，而以王安石為之提舉撰三經新義頒之以試舉人經義但後來有人論其是非者，遂止乃分經義與詩賦為兩科，一直行到南宋。制舉者，乃天子親自策試之制，初無定期而神宗時罷之其後或設或廢卒乃改置弘詞科後又改之而立詞學兼茂科。

遼的選舉法

遼因太祖起於朔漠際干戈倥傯之運，故未置選舉科目後乃設鄉府省三試，鄉中曰鄉薦府中曰府解省中曰及第分詩賦經義兩科而試進士至道宗時，設賢良科應舉者須先進所業十萬言。

金的選舉法

金承遼後前後設詞賦、經義、策試、律科、經

第六章 宋時代之文化

二百九十五

宋的學制

童諸科又有女真進士科專試女真文字,初唯試策,後增試論,故又稱策論進士。又設制舉弘詞科以舉非常之士,其以詞賦經義策論中選者號舉人。如是,太宗時,欲急得進士以撫輯新附,乃始置科舉次就南北童中選者號舉人。如是,太宗時,欲急得進士以撫輯新附,乃始置科舉次就南北原來習業之所以取士號之曰南北選,各皆以詞賦經義兩科選士,然至海陵王時乃改南北選為一,繼罷策試科,而諸進士舉人則由鄉而府而省而殿廷,凡四試,而在此之先武舉則既已早經設立。

宋初置國子學及大學,俱隸國子監,國子生為七品以上之子弟,大學生為八品以下之子弟及庶人之俊異者。其後大學設三舍之法,外舍二千人,內舍三百人,上舍百人,依序而登用其人。神宗時專用三舍之法而罷去科舉,然高宗時則復科舉而棄三舍。其他又置有律學、算學、書學、畫學、醫學等,至於地方則州縣各有學校。其後戰亂相續,學制頹廢,無可持筆記錄者。

遼的學制

遼在太祖之時,上京置國子監而設祭酒司業、監丞、主簿等官。太宗時置大學。道宗時除在中京置國子監以外無可記之學制,而契丹文字則太祖之時所

契丹文字

金的學制

製者,有大小二體記謂神冊五年(西紀九二〇年)製大字體以其年九月頒行之云。其字體以漢字為基礎而損益其筆畫自屬明白的事實惟經已散佚無由知曉間有傳稱為契丹文字者然無能完全解釋之者。金在海陵王時始置國子監學生為詞賦經義生百人及小學生百人宗室及外戚皇后大功以上者入學,官之兄弟子孫百五十人曾得府薦及終場人二百五十人其後又十五以下者則入小學世宗時置大學其初養士百六十人後又入五品以上之

女真文字

置女真國子學入策論生百人小學生百人除用女真文字教授外凡百皆照漢國子學生制。女真文字乃太祖時西紀一一一九年(天輔三年)八月命完顏希尹倣契丹文字而製成者,太宗時乃頒行女真字書世宗時又以女真大小字譯尚書頒行諸路。而此文字其後傳世甚久今世猶存有明四夷館所有之女真漢字對照的語彙故近年德意志人谷祿伯(Grube)氏遂據此書而能讀解又有

西夏文字

西夏文字者云是西夏王李元昊於西紀一〇三七年所製或又謂是以前一〇三〇年其父李德明所作其字形方整類八分而筆畫甚多則又如篆書蓋也是

第六章 宋時代之文化

二百九十七

宋的儒學發達之原因

用契丹文字作基礎而造成的。今居庸關壁刻，上有此種文字惟除去一部分可讀者外其餘尚未有能解之者。

宋的儒學乃所謂義理之學者是，可以說是對於從來的學術而開出了一新生面的。彼其盛況真凌唐駕漢遠足以比周末。因為自兩漢以來各經都有博士之職傳承成說排斥新論以文字的註疏為先而義理為後，故其發達遂不能超出訓詁註疏之外然。而魏晉以來奔赴隆盛的佛教至唐而造其極更至宋則遍行於天下士大夫之研鑽之者至眾，如是因其微妙深遠的思想之影響遂至進而穿求經學的真理而從來的訓詁註疏於茲遂廢而新的義理之學以起。義理之學單稱曰理學亦曰性理之學或格物窮理或道學。

宋的儒學

理學始於仁宗之時而開出此氣運來的則為胡瑗周敦頤邵雍諸人。胡瑗字翼之泰州人，初為范仲淹所舉見當時詩賦流行之盛瑗則率先唱導實學遠方之士之入其門者無慮數千人人材輩出實宋朝教育家之首出世稱安定先生周敦頤字茂叔道州營道人後居濂溪篤學力行深窮易理，著太極圖說明天

理之根源，又著通書四十三篇，說太極之蘊奧，世稱濂溪先生；出其門者有二程，卽程顥程頤邵雍字堯夫共城人苦學勵行安貧樂道精易通數理著皇極經世，世稱康節先生程顥字伯淳河南人神宗初爲監察御史裏行因反對王安石新法，極論其不當而罷嘗欲求道汎濫諸家出入老釋者殆十年卒乃得孔孟爲歸宿云其所著有定性書與太極圖說相表裏而啓理學之祕死後被諡爲明道先生程頤字正叔程顥之弟哲宗元豐初被召列經筵旋與蘇軾等不合遂爲洛黨領袖紹聖中被貶去生平以誠爲本以窮理爲主著易傳世稱伊川先生二程門徒甚多而伊川之門人謝良佐楊時游酢尹焞最優是稱程門四先生當時又有張載者載字子厚郿縣人曾一度出仕與當路者不合退居南山之下教授諸生以知禮成性爲學問之要。蓋謂道無形須以禮到則有形之禮與無形之理相合而後始能知道故以易爲宗以中庸爲體；其著有正蒙東銘西銘，世稱橫渠先生其他若范仲淹歐陽修呂公著王安石蘇軾等雖則不名醇儒而皆經術淵深優足以成一家。

第六章　宋時代之文化

降及南宋因國家多難儒學未盛然孝宗及寧宗時大儒朱熹出集理學之大成。朱熹字元晦婺源人出遊閩年十八及進士第在官者五十年韓侂胄專權被貶。初程顥之門人楊時傳其學於羅從彥羅從彥傳李侗李侗傳朱熹故朱熹乃承受程子之學統者然其學實集周張二程之說而大成之以居敬爲主以格物致知而以反躬踐其實著書甚多而易本義詩集傳四書集註小學近思錄通鑑綱目最爲名高年七十一死其門有蔡沈黃幹李燔張洽陳淳諸俊才甚著以上各家中周敦頤濂溪二程洛陽張載則關中人朱熹則曾修學於閩故與朱熹同時江南有陸九淵淵字子靜金溪人嘗出仕未幾卽還鄉教授世稱象山先生常謂程子之言不類孔孟學者苟知道則六經皆我心之註脚也故不用著書只有門人所輯之語錄出其門者有楊簡袁燮等學者。陸九淵其初與其兄陸九齡共講學以尙德爲宗謂學有悟入，稍近於禪之頓悟故與朱熹之以窮理爲主者不合世稱江西二陸二陸嘗與朱熹會於鵝湖，（江西省廣信府鉛山縣）而論辯多違理學遂分二派以上諸

家之外，尚有張栻、胡安國、楊萬里、呂祖謙、陳傅良、真德秀諸有盛名之學者輩出。

宋朝儒學大家表

	姓名	字號	主要的著作
北宋	周敦頤	茂叔 濂溪	通書太極圖說
	邵雍	堯夫 康節	皇極經世書
	張載	子厚 橫渠	正蒙、東銘、西銘
	程顥	伯淳 明道	定性書
	程頤	正叔 伊川	易傳春秋傳
南宋	張栻	敬夫 南軒	南軒易說論語解、孟子說、知言
	呂祖謙	伯恭 東萊	讀詩記書說左氏傳博議大事記
	朱熹	元晦 晦菴	四書集註、周易本義、詩集傳、小學、近思錄、儀禮經傳通解、資治通鑑綱目等
	陸九淵	子靜 象山	語錄（門人所輯錄者）

文學在唐世雖臻於極盛之域，而以唐末之亂繼之以五代雲擾遂從而大

衰。其間曾有徐鉉、杜荀鶴之徒然若以比唐的文學者,則究竟尚嫌不足。至宋始稍稍回復其氣運,論詩固終不及唐,而言文章則其盛況卻幾乎要駕唐而上之。宋初太宗時柳開、王禹偁倡導古文力滌排偶之風真宗時楊億、劉筠等作皆典麗雖駢儷餘風未盡除而已有極可觀者要之文章尚未能稱發達而詩則極為進步李商隱溫庭筠創為縟麗之詩號西崑體,一時皆化其風,時有穆脩、尹洙之徒,好韓柳文章欲興起古文又蘇舜欽梅堯臣等亦欲扶正詩風大盡厥力,抑此兩事其成功則皆緣於歐陽修之力歐陽修字永叔廬陵人始就尹洙而感古文之妙繼得韓愈之文苦心習之,遂以文成名其文有豐腴流麗迂餘曲折之妙,歐陽修於仁宗嘉祐中掌科舉痛抑時文由是場屋之習一變而宋代文章始足觀焉。歐陽修又善詩與梅堯臣極力排西崑體,而尚氣尚力,於是歐梅並稱。歐陽修之門人曾鞏號南豐通經術善為醇雅之文又王安石則文奇峭而詩幽深而眉山人蘇洵,字明允號老泉年二十七始志於學三應科舉不合格乃閉門讀書者六年以仁宗末年與二子軾轍俱至京師上其所作文二十二篇歐陽修一見歎美稱賈

誼不是過，由是蘇洵遂以文名；其文峭勁雄偉，謂得力於韓非子戰國策者居多云。

蘇軾字子瞻號東坡因反抗王安石的新法被貶竄後雖被召復任然又知數州抱負遂不獲伸其為人有大節忠義徹骨髓才氣飄逸其文若行雲流水具縱橫奔放之勢而詩亦然極似李太白蘇又稱蘇洵曰老蘇蘇軾曰大蘇蘇轍曰小蘇。蘇軾後世論唐宋之文者莫不推尊韓柳歐蘇加入曾鞏和王安石是稱唐宋八大家。蘇軾之門人有黃庭堅字魯直號山谷工於詩蘇黃並稱蓋黃庭堅之詩雖學杜甫而異其趣最善律詩黃庭堅之門人陳師道亦能詩世稱其師弟曰江西詩派，在當時文壇甚有勢力。

宋朝文學大家表

姓名	字	號	詩文集	擅長
歐陽修	永叔	廬陵	文忠集	詩文
梅堯臣	聖俞	宛陵	宛陵集	詩

蘇洵明允	老泉嘉祐集文
蘇軾子瞻	東坡居士東坡全集文詩
蘇轍子由	潁濱遺老欒城集文
曾鞏子固	南豐元豐類藁文
王安石介甫	臨川臨川集文
黃庭堅魯直	山谷道人山谷集詩

宋室南渡而後，雖文學已大衰，而猶有李綱胡銓（澹庵）作為雅健激楚之文，具有驅逐懦氣之概。其後王十朋、葉適陳亮呂祖謙朱熹繼出；王十朋之文沈重而詩亦渾厚葉適之文雄贍；陳亮呂祖謙之文矯健；朱熹雖則理學名家，而亦擅長文事又有尤袤楊萬里范成大陸游稱南宋四大詩家，而范成大陸游最著謂足與梅黃相頡頏。范成大字至能號石湖長於田園之作，善敘雅淡之趣陸游字務觀號放翁才氣豪健字句老練最工律詩至於宋末則有文天祥、謝枋得二人固非文人然其文肯其性格森嚴沈痛能與讀者以極大

詞曲的發達

的感動，以此著稱於世。

宋世詞曲發達而大行於世。詞曲乃古樂府之餘流，而後世戲曲的源泉，彼其目的，乃在高歌長吟以和管絃以合舞蹈故有詩餘之稱爲詩的長短句之別派，而又有塡詞之稱者則以其篇有一定之規矩句有一定之平仄猶之近體詩然而每題各殊其法式故詞人須依題而計其平仄排次之法，而塡之充每句文字詞曲始於唐行於五代而大盛於宋遂乃流傳於天下後世故宋乃詞曲極盛之時代，前有晏殊父子繼之者有蘇軾辛棄疾周邦彥柳永康與之張耒黃庭堅晁補之秦觀等並皆爲一世詞宗；是謂北派之詞。又徽宗時建大晟府登用詞人及音律家使作詞曲稱之曰大晟詞。其後至於南宋作家如姜夔、吳文英王沂孫、周密、張炎陳允平諸人無不精究音律善爲新聲；是謂南派之詞。而就中如張夔者，則尤爲傑出，故白石道人之名，遂永爲後世詞曲家所宗仰。如是，詞曲發達於北宋大成於南宋而其絕頂隆盛之期，則爲南宋百四十餘年之間。其後元興，小說戲曲新起而壓倒詞曲詞曲之盛，遂爲戲曲所奪而衰，故元明詩人，

小說戲曲及雜戲

第六章 宋時代之文化

三〇五

稱之曰詩餘只不過偶一作之，並且亦不能與管絃相和，與舞蹈相合了。小說及戲曲在宋世便已經發達而其大成，則在元世，此事次章當詳述之，故此處且不說。惟此處有宜說者，則在宋滑稽戲雜戲等已經盛行，又傀儡、影戲等亦盛行，而傀儡之中尤有走線傀儡、杖頭傀儡、藥發傀儡、肉傀儡、水傀儡等類。

遼的文學

遼興於北方，素無文學，且因契丹及女真文字行用於其國民間，故鮮浴中國文化，因是其固有文學遂不能充分發達，然文獻可徵者還多少有一點，而金的漢文學且次唐宋而大家輩出。遼自景宗以下三世九十餘年之間為其全盛時代，文教已漸發其緒，風氣亦漸於革新，故其王族及將相之中能詩文者極夥。金在太祖之時滅遼襲其遺制，太宗之時伐宋占有江北且陷汴京得經籍，遂採用宋的文物，文學至是乃漸見興起，故金的文學之由來，一者承遼之餘流，一者繼宋之文派，而世宗章宗二朝五十餘年之間，則可以說是金文學的發達時代。金史太祖本紀：『詔令宜選善屬文者為之訪求博學雄文之士敦遣赴闕』

金的文學

云云，便可知太祖則既已留心文事及其破遼獲契丹漢人之通漢語者遂令諸

王子宗室皆學之，由是文藝彬彬然與。次至熙宗、海陵王、世宗、顯宗、章宗諸帝，無不嗜好學問，長於詩文，故二十二史劄記云：『惟帝王宗親，性皆與文事相浹，是以朝野習尚，遂成風會，金源一代文物，上掩遼而下軼元，非偶然也。』又金史藝文傳序云：『金用武得國，無異於遼，而一代制作，能自列於唐宋之間，有非遼所及者，以文不以武也。』據二者所言其盛況便可想見了。金之詩人，其載在中州集者達二百五十家之多，就中最著者數韓昉吳激馬定國宇文虛中元好問諸人，而此諸人中又以元好問一人為壓倒有金一代的作家。元好問字裕之，號遺山，太原定襄人。年十四學於郝晉卿，通經傳百家，絡業後出遊燕京，文名振於邇至稱為元才子，仕至尚書省左司員外郎，金亡後乃不復仕，以著作自任，欲修金的國史，新構亭於邸中，名之曰野史亭，著金源君臣言行錄，壬辰雜編，中州集等書。

史學至宋，而極形發達，為體不限於紀傳，便編年體和紀事本末體也都出現了。先是五代時後唐的劉昫等撰唐書二百卷，但脫誤甚多，及宋世乃以曾公

亮爲監修，而令歐陽修宋祁改刪之成新唐書二百二十五卷其中本紀及志表，爲歐陽修所撰列傳則宋祁所撰於是名劉昫等所撰者曰舊唐書。其次薛居正等又奉敕撰五代史百五十卷而歐陽修亦私撰五代史七十五卷遂名薛居正等所撰者曰舊五代史歐陽修所撰者曰新五代史以文章言新史固有優於舊史之處，而以事實言則新史缺志類故不及舊史詳密其後司馬光與劉邠、劉恕、范祖禹等共費十六年之歲月成資治通鑑二百九十四卷起於周威王二十三年迄後周世宗顯德六年其間凡一千三百六十二年皆記其治亂興亡之迹其史實既皆精確益以文章又極謹嚴而尤其可取的則此書係以政治的沿革爲主而編修的故前後貫通一絲不亂遂爲編年體的首出之書據司馬光與友人書言他每日改書之紙長凡一丈，以爲日課逮完成時，其故紙滿屋二架云。又上此書與神宗時他奏言：『研精覃思窮竭所有日力不足繼之以夜臣之精力盡於此書矣！』便可以知道此書是費了如何的大精力來的此書所引用之書除正史之外尚採雜史諸傳及二百二十二家以三日課完一卷作之，司

馬光則全體都親自過目加以校訂云：司馬光不止是政治家、學者及德行，皆爲中國第一流的英傑卽其精通古今歷史，亦復今古罕類而幫助他的三人又都是有名的學者所以此書便自可稱爲空前的善史書原名通志神宗賜題資治通鑑並賜御製序文其後朱熹本之撰資治通鑑綱目九十四卷法春秋以道德爲標準寓意褒貶然其議論迂闊不免有過於刻薄之譏不過朱熹所撰的止有綱目則門人趙師淵等受師意而爲之者其他撰述尚有劉恕的通鑑外紀十卷目錄五卷，（錄庖犧氏以後至周威烈王二十二年以與資治通鑑相接）金履祥的通鑑前編十八卷，（與通鑑外紀同乃接資治通鑑之前者。）朱熹的續資治通鑑長編五百二十卷；（接資治通鑑之後錄自宋太祖至欽宗之事）更至明代，又有陳桱所著通鑑續編二十四卷，（述宋的事迹）胡粹中的元史續編十六卷，（爲補元史的闕略而編接續通鑑續編。）商輅等的續資治通鑑綱目二十七卷，（述自宋太祖至元順帝。）薛應旂的宋元通鑑百五十七卷；（述宋元兩朝事蹟接資治通鑑。）又至清代，則有徐乾學等的資治通鑑續編百八十

四卷，（乃與萬斯同、閻若璩、胡渭等所共編而訂正宋元通鑑者。）畢沅的續資治通鑑二百二十卷：（補資治通鑑續編之不備而作者）像以上將屬於通鑑系統的書蒐集攏來，則自太古以迄元代的編年史都已成立但都是大部的書僅續完一部，便須費不少的時日如是，乃有一貫此諸書而抄錄的歷史綱鑑補三十九卷，（明袁黃撰）綱鑑易知錄百七卷（清周之炯周之燦撰）等書出，又有清乾隆帝勅撰的御批歷代通鑑輯覽百十六卷，（附明唐桂二王本末三卷，）錄自伏羲以迄明末，由是自太古至明末的歷史大體便都可以通曉。

世袁樞據司馬光通鑑之文以一事為一篇各詳記其起訖作通鑑紀事本末四十二卷是為紀事本末體的創始次又有章冲的左傳事類始末及徐夢莘的三朝北盟會編諸著紀事本末體於一題之中纂錄其事實的本末有前後明瞭易知之便故是後冠名紀事本末的史籍著述甚為繁富又不標此名而實其體者亦續出不已這些裏面其最為普通所知曉者則有左傳紀事本末、（清高士奇撰、五十三卷）宋史紀事本末、（明陳邦瞻撰、二十六卷）遼史紀事本末、

宋的佛教

(清李萍撰、四十卷)、金史紀事本末、(清李萍撰、五十二卷)、西夏紀事本末、(清張鑑撰三十二卷)元史紀事本末、(明陳邦瞻撰、四卷)明史紀事本末、(清谷應泰撰、八十卷)三藩紀事本末等八種、而合通鑑紀事本末並稱曰九朝紀事本末。抑在宋世尚猶不止紀傳體編年體紀事本末體都已大備又有記載制度文物的沿革之作所出亦復不少蓋在唐世杜佑則既已編述通典逮宋末馬端臨爰補其不足而編述文獻通考上起上古下逮南宋凡歷代制度典章的沿革靡不記述無遺此外則鄭樵撰通志、王應麟撰玉海無不博引廣證良裨益史學不少。

五代之末，後周世宗破毀寺院禁度僧尼，佛教因之大衰。至宋太祖甚崇佛氏興復廢寺許造佛像遣僧行勤等百餘人使往印度尋求經論又刊行大藏經而僧徒之自印度歸者亦復不少而後佛燄乃復盛熾。次至太宗度僧尼前後凡十七萬人立譯經傳法院於東都使西僧譯經論而翻譯之業遂亦大盛雖真宗時有以院費不資罷免爲請者然帝不之聽益宏其業故當時譯作達四百十餘

宋的道教

卷，而僧尼之數亦至四十六萬餘人云。爾時禪宗最有勢力仁宗時設禪寺於汴京，以僧懷璉為之主，自是禪宗益隆名僧則有祖印、契嵩之流而神宗哲宗之代名僧尤夥，淨源中興華嚴宗，慧龍則起禪宗黃龍一派加以其時的搢紳學士也都與僧徒交往觥悅禪書遂足以增助佛門之勢而同時遂影響及於儒教以至創出理學然徽宗時則尊信道教改寺院為宮觀以佛為大覺金仙僧為德士尼為女德士但不幾時則仍復其舊次及南宋之時以國用多端敕僧尼使納丁錢，或賣度牒以充軍費故佛教遂又歸於不振。

宋初雖太祖曾賜華山道士陳摶以希夷先生之號，然而還沒有見出尊尚道教的形跡來遂真宗時卻不然了，加老子以尊號於京師築玉清應照宮又賜張道陵的後裔張正隨以真靜先生之號。由是賜號之事遂常行，仁宗時賜張乾曜以澄素先生之號，至徽宗則尤尊道教賜號更頻如張繼元的虛靖先生、王老志的洞微先生、王仔晉的通妙先生都是作玉清和陽宮安置道像又設先生、處士等道階置侍宸校籍等道官其後又崇信道士林靈素賜號通真達靈先生道

宋的書風

士等則尊帝爲教主道君皇帝，又建道士學置道學博士修道史，給道俸，終乃揚道而抑佛已。而林靈素以罪回鄉，徽宗亦爲金所虜道教之勢始頓衰降。及南宋因國家多難遂不再盛。

書至宋無復進步之迹，只是跟著當時有勢力的人的腕下去流行。如太宗工於書則一時公卿以上無不家鍾繇而戶羲之。又如李宗諤掌科舉時則士人皆習其書宋綬作參知政事則舉朝皆效其體號爲朝體。實則宋寒李俗世固有其定評。其後蔡襄既貴士庶皆倣之作書；襄書姿格極高富於風韻稱宋朝第一。而王安石爲相則時人又盡效其體。由是大抵都不復講古法，惟劉瑗隸書滕中及趙仲忽的草書，鮑愼由的行書，趙震篆書爲時之矯矯者。而如蘇軾、黃庭堅之流亦皆成一家之風。又米芾亦稱能手，而特以蘇軾之書筆力雄健富有奇骨，直至今日亦爲人所歎美。

宋的繪畫

繪畫名手在宋特多而最著者，前有李成、范寬、董源、釋巨然：李成最精山水，世稱其逼近自然范寬初師李成後學荊浩筆力勁健亦長於山水，董源擅秋風

第六章 宋時代之文化

三百十三

書籍的印刷

遠景，多寫江南真山水，釋巨然山水學董源，造詣極精，有前荊關後董巨之稱。其後則有李公麟及米芾公麟號龍眠山人，尤精於山水佛像，山水似李思訓，佛像近吳道子米芾能書得王獻之筆意，又工畫寫山水人物自成一家，其山水多以雲煙掩映樹木，而其子米友仁亦能書畫世稱其父子曰大小米。此外蘇軾及其子蘇過亦能畫文與可以畫竹著徽宗尤工繪事。

古代書籍都是寫本沒有印刷的。明陸深的河汾燕閒錄說：「隋文帝開皇十三年十二月八日敕廢像遺經悉令雕板此印書之始也。」可知印書之術蓋到隋時纔有。然據歷代之寶記（隋費長房撰）則只說復修天下的廢像遺經，並沒記雕板的事實故陸深之說實誤然至唐世佛典雕印之風漸盛遂旁及其他書籍次至五代乃始印行經籍所以印書之術的說是起於隋末唐初亦無不可。

後唐明宗的長興三年二月宰相馮道等奏命判國子監田敏欲依石經文字以校正九經而附之印板見於五代會要那麼經籍的印行便不能不說是以五代時為始果爾則所謂監本（指國子監印刷的書籍言即官版書籍之稱）者當

自此時起,其後歷朝沿其故事而設之;宋明稱監,遂稱祕書監,金稱宏文院,元稱編修所,又有祕書監與文書監,而明則稱南北監,經廠,清則稱武英殿、古香齋故清之監本特有殿板殿本之稱,然其爲御府所印刻則無不同又官本據館閣續錄:「祕書郎莫叔光上言,今承平滋久,四方之人益以典籍爲重凡搢紳家所藏善本外之監司郡守搜訪得之往往鋟板以爲官書其所在各印行」云云,則知其始於有宋中葉金時立經籍所於平陽刊行經籍元時官本其在河北則依金之舊設局平陽其在河南則設於杭州紹興平江信州撫州諸路刻印最多;明時則自南北兩京起以至各地方盛行雕造官司之至任者必刻新書數卷以爲例,其有數年不刻一書而任滿而去者則羣目爲俗吏,其他官署學校書院亦俱刻書又各藩王之校刊古籍者亦衆清時則在諸地方設官書局刊行甚盛而家塾自刻書則王明清揮麈錄說:「蜀相母公蒲津人,先爲布衣嘗從人借文選、初學記多有難色公歎曰:「恨余貧不能力致他日稍達願刻板印之庶及天下學者。」後公果顯於蜀乃曰:「今可以酬宿願矣。」因命工日夜雕板印成二書。

第六章 宋時代之文化

三百十五

復雕九經諸史兩蜀文字由此大興；至宋時，其書徧海內。初在蜀雕印之日衆嗤笑，後家累千金子孫祿食嗤笑者往往從而假貸焉」便可知是始於五代之末的母昭裔而其後所謂家刻本者，乃相次而出現至於出版書籍而販賣蓋始於唐之末年建安余氏。而宋時鏤板之地，則在吳越閩三處，以杭州（所謂越板）為上，福建（所謂麻沙板）。最下其他蜀本亦有名；金元兩朝官設的書籍所在平水，故坊肆一時皆聚於此，而以外吳越閩，亦不減於宋時，明時則燕京、金陵閶闔臨安為書籍的四大集散地而吳會、金陵最擅名於文獻，刻本甚多鉅冊類書悉聚於此。書籍的印刻已是如此盛興而其間活版便當然不得不起來了；果也據沈括的夢溪筆談則宋仁宗的慶曆中布衣畢昇者實始作活版其法用膠泥刻字薄如錢脣每字為一印火燒使堅先設一鐵板於其上以松脂蠟和紙灰之類而冒之欲印則以一鐵範置鐵板上乃蜜布字印於滿鐵範為一板持就火煬之藥稍稍熔則以一平板按其面即字平如砥云那麼則活板可知其實足始於宋仁宗時據胡元瑞的筆叢則謂今無有以藥泥為之者惟用木作活字又元王禎

亦傳易以木字一事，陸深則記為鉛字其沿革不得而詳及至明世，乃始用銅活字而無錫的蘭雪堂華氏桂坡館安氏等特著清世使用銅活字尤盛然高宗時武英殿的聚珍板實以棗木的活字而印刷者其在歐羅巴則第十五世紀之初，哈爾蘭(Haarlem)人珂司忒爾(Lawrens Jansson Coster)纔發明木板的印刻，然而還沒有至於印刷書籍迨一四三六年曼慈(Mainz)人約翰古田伯兒(Johann Gutenberg)纔發明金屬的活字自是至一四五〇年活字印刷始與繼而斯屈拉司布爾格(Strasburg)人拍迭兒雪或兒(Peter Schöffer)乃改良之，發明活字的鑄造到處用之逮一四六二年以後遂廣被於歐羅巴諸國故其後於中國木板印刻之發明者約八百年，活字印刷之發明者約四百年。

音樂在五代時後周的王朴雖曾改定雅樂，而因其聲過高，有不合於中和者，於是宋太祖時乃詔和峴更定律呂是為第一變；其後仁宗時李照又請改定之是為第二變，未幾諫官御史等又論其非遂復舊制後命院逸胡瑗等集禮官參定聲律更作鐘磬是為第三變；神宗時楊傑等又條上舊樂之失乃命范鎮劉

幾共改之是爲第四變；范鎭亦以其聲不正，乃更改作是爲第五變然而楊傑以其樂爲出於一家之學不用其後徽宗時，命道士魏漢津更作雅樂曰大晟樂，是爲第六變故宋樂前後凡六變至大晟樂則舊樂已全然變更次至南宋國事靡寧無復盡力音樂的餘暇遂無可特記者。

宋的農業

宋世於農田水利極用心思一事頗爲顯著。太宗時，於河北諸州，開水利田，起堤堰設斗門以便灌漑；神宗時遣使於各路使蔡農田水利又詔諸路監司，州縣可興水利之地，使造塘堰自熙寧三年至九年，史謂其修水利者凡一萬七百九十三處田數凡三十六萬一千一百七十八頃云又當時江南地方有稻圩田者築堤圍田以防外水故水旱之患甚少如是圩田盛開金時勸民多植桑棗又禁於農時飲酒由此便可以推測其甚爲注意農業。

宋的海外貿易

宋世內地商業大體如唐以來，無甚著之變化，然其對外及海外貿易，則極有可以注目的地方。對外貿易在北宋時對於遼夏，南宋時對於金都有互市官設権場而徵其稅；有時則設市易司，由官給以本錢，而成爲一種官營業務。海外

貿易則唐世因南海貿易之盛皆於廣州、泉州、杭州諸港設置市舶司徵收海關稅。逮唐亡經五代至宋其間廣州卻失其為海外貿易中心的地位這是因為宋和契丹在北方戰爭不遑南顧於是西紀八九五年即太宗雍熙二年一時遂禁止海外貿易。以此之故而和北方及高麗的貿易卻凌駕南海貿易而上之同時海外貿易的一部分遂移到杭州（浙江省杭州府）及慶元（浙江省寧波府）兩地於西紀一〇〇〇年遂置提舉市舶使使監察貿易事宜迨一〇八七年泉州亦置此官。後來宋室南渡命福建廣東浙江的貿易船不得赴山東以北諸港至一一三二年則泉州的提舉市舶使亦廢次至一一五六年則諸州市舶使皆罷。一一五七年則命市舶使探察外國商人的舉動一一六六年則杭州的提舉市舶使亦閉；一一七三年及一一八二年則和外國人交易使用金塊加以制限；一一九九年則發布和日本及高麗商人關於交易上計算決的規定：凡是這些蓋一則怕的這些外國商人與金私通作金的嚮導二則不外是當國家多難之際，慮物質流出海外或釀本國缺乏之虞的一種消極政策然而宋自南渡以後

得以長久維持其國命的財源，實不能不歸功於所得海外貿易的利益海關稅凡十分之一取之外來船貨其香藥及寶貨兩種則由官收買更由官賣出。凡往海外的商人必赴兩浙市舶司領官劵若有違誤則沒收其寶貨是時大食即亞拉伯商船之來中國廣東泉州杭州諸港通商者甚眾因之中國商人據彼輩傳聞所得遂亦多少獲得點關於西方諸國的知識如阿非利加的東海岸紅海沿岸埃及細利亞等地。當時在極東作海上貿易的中心地的，為三佛齊(Sarbaza)——唐時的室利佛逝，(Sriboja)便是現今蘇門答臘(Sumatra)島的拔蓮般，(Palenbang)而三佛齊與泉州之間一年有兩次的定期航海中國商船則載磁器、絹布、樟腦、大黃鐵器砂糖黃金屬及雜貨等赴三佛齊以與香料寶石象牙珊瑚、刀劍印花布織物及細利亞拉伯印度的貨物交換。此外藍無里、(Lambri)——蘇門答臘之北岸)閣婆(Java)勃泥、(Borneo)交趾占城、(Champa)馬尼剌(Manila)諸港亦莫不為中國及大食商船所輻湊而盛營交易之業而現今的菲律賓(Philipine)羣島的一部分既已在宋世就為中國人所知道那麼就可

知西班牙(Spain)人之發見該羣島，實後於中國人者五百餘年。

宋世曾屢鑄鐵錢及銅錢。迨仁宗時，蜀人有嫌鐵錢太重者乃私自作券，稱為交子，用以流通，於是，寇瑊乃創設交子務於益州；其後高宗時政府亦開始發行交鈔。交鈔便是紙幣，蓋時值國家多難以財政窮乏的結果遂爾發行此物，初用時人民皆感其輕便遂至流行而金在海陵王時亦發行交鈔和錢貨並行但弄到後來因爲濫發的緣故其價格因而大落大學衍義補說：『金循宋四川交子法置交鈔自一貫至十貫五等謂之大鈔自一百至七百五等謂金史食貨志說：『其鈔分一貫二貫三貫五貫十貫五等曰大鈔又分一百二百三百五百七百五等曰小鈔其制：外爲闌作花紋上書貫例有令史姓名押字。』可知金的交鈔共是十種。

第七章 元時代之文化

蒙古(Mongol)乃唐世契丹散處西北之室韋的一部，元遊牧於斡難、(Onon)怯綠連(Keralen)兩河河源的不兒罕(Bulkhan)山邊，(今肯特山的一支必爾喀嶺，世世隸屬遼金及至部長恰不勒(Kabuluk)乃始稱汗逮其孫也速該(Yesugay)乃併合附近諸部勢甚強大然其後爲塔塔兒(Tartar)所殺其長子鐵木真(Temutchin)嗣立時年纔十三歲諸部欺其幼，多叛去鐵木真成有大略先助金伐塔塔兒部以報宿怨以功得爲察兀禿魯(招討使之義)繼與克烈(Kerait)部長汪罕(Wangkhan)同盟破薛靈哥(Selenga)河畔的蔑里乞(Merkit)部又降貝加爾(Baikal)湖畔的泰赤烏(Taijut)部和興安嶺下塔塔兒部，如是蒙古之勢頓趨強盛西紀一二○三年諸部族遂推鐵木真爲蒙古部長號成吉思汗(Chingis Khan)蓋強

太祖的西征

者之義然汪罕嫉而襲之，反為成吉思汗所滅；於是乃蠻(Naiman)部長太陽汗(Tayan Khan)懼其將與蒙古部境接壤乃誘合以上諸部的餘眾來攻，為成吉思汗破之於杭海山(杭愛山)至是已幾於併吞內外蒙古之地。於是成吉思汗乃於西紀一二〇六年斡難河源諸部酋長開庫利爾台(Kuriltai)而卽大汗位這便是元的太祖會乃蠻的太陽汗之子曲出律(Khuchluk)與蔑里乞部長脫脫(Tukhta)合，來伐蒙古太祖擊破之殺脫脫，走曲出律乃更迫西夏於西紀一二〇九年降之次乃盡全力以向金，於一二一五年陷燕京幾盡奪黃河以北之地乃剽略汴京附近而還。先是，乃蠻的曲出律奔西遼依之已而與花剌子模(Khorasm)罕默德(Muhamed)勾通裏應外合以覆滅西遼，太祖遂以西爾(Sihr)河境為界而分割其地今則乘蒙古攻金之虛，將襲取之，太祖如是遣哲別(Chebe)討殺之，悉收西遼故地，遂與花剌子模接境。已而有蒙古隊商百餘人被殺於訛打兒(Otrar)城太祖乃乘此機於西紀一二一八年分遣其四子尤赤(Dju-

第七章 元時代之文化

三百二十三

chi)察合台(Chagatai)窩闊台(Ogotai)拖雷(Tului)西征經阿力麻里,(Almalik)伊犂曲城的附近。渡西爾河陷花剌子模的國都撒麻耳干(Samarkand)摩罕默德遁往呼羅珊(Khorasan)為蒙古將速不台(Subtai)及哲別所追蹴窮蹙之餘卒竄死於迦斯毗海(Caspian Sea)一孤島上時為西紀一二二一年。摩罕默德的長子札蘭丁(Djelalud-din)募兵於哥疾寧(Gazni)圖恢復太祖急來伐乃渡印度河遁往德里依其王阿爾塔摩西(Altamush)在這當中速不台哲別兩將窮追摩罕默德至迦斯毗海西岸怒欽察(Kipchak)部之曾納蔑里乞餘眾乃踰太和嶺(高加索山)伐之南斡羅思(Oros 卽俄羅斯)的諸侯乞瓦(Kiev)的太公密赤思老(Mistislav)等援助欽察部遨擊蒙古軍於阿里加(Kalka)河畔,(阿速Azov海附近)蒙古二將大破之於西紀一二二四年掠其地東還。

太祖旣定西域乃以康里(Kanli)部及欽察部之地與長子尤赤,以西遼之故地與次子察合台,以乃蠻之故地與三子窩闊台而四子拖雷則與以

太宗的南征

蒙古本土,其蒙古東南以至女真之地則分與四弟,其在中國的領土以及自阿猛河以西南之地則不置封王而令地方官管轄,如是及太祖西歸以西紀一二二七年先伐西夏滅之欲更侵金乃東行向汴至六盤山病死年六十有六。

西紀一二二七年元太祖既死,蒙古諸王將相會開庫利爾台擁戴窩闊台即大汗位是為太宗。太宗初奠都於喀喇和林(Karakorum)繼太祖遺志,欲滅金親將伐之,以西紀一二三四年滅金乃更圖宋,先是蒙古之伐金也遼的遺族等畔金據遼東國號大遼,乘高麗的高宗用權臣崔瑀國政紊亂乃寇之而侵略其北邊會蒙古部將哈真(Hatim)出遼遂討滅大遼並威服高麗。已而高麗又殺害蒙古使者,西紀一二三一年蒙古將撒里台(Saritai)乃陷其都城,高宗避難於江華島旋於西紀一二四一年上表稱臣。

拔都的西征

太宗征略東南兩方之時囂者,為太祖所逐而遁之印度的扎蘭丁,乃出自德里集兵恢復其故地又侵擾西方,太宗遣將剷平之;乃於西紀一二三六

第七章 元時代之文化

三百二十五

年，更起大軍五十萬，以朮赤之子拔都(Batu)為總督，以其兄斡魯朶(Orda)、己子貴由(Kuyuk)孫海都(Kaidu)拖雷之子蒙哥(Mangu)等為將，以速不台為先鋒，遣令西征。速不台進渡亦的勒(Ityr河今之坡爾迦Volga河)征不里阿兒(Bulgar)，蒙哥攻欽察，拔都則北向屠列也贊(Riazan)陷莫思科(Moscow)及諾弗果羅(Novgorod)更轉鋒南向燒乞瓦(Kiev)蹂躪羅思各地，拔都先率一軍蹂躪拉奇亞(Wallacia)擊破馬札兒(Magyar匈牙利)軍於沙約(Sayo)河上，陷迫司特走其國王，冰渡禿納(Danube)河，直逼意大利(Italy)之東南，侵莫拉維亞(Molavia)攻窩爾妙慈(Olmutz)退至馬札兒與拔都相會於是歐羅巴全土胥為震撼，捏迷思(Niemitz 謂德意志人)諸邦之民皆荷擔遁逃，會太宗訃音至，拔都乃以西紀一二四二年下凱旋之命，令諸將東屠格蘭(Gran)；其別軍則更入奧大利(Austria)威匿司(Venice)海都則率別軍向孛烈兒(Poland)取克拉考(Krakau)入西勒斜(Silesia)破歐北諸侯王的連合軍於窪爾斯他特(Wahlstadt)轉而

歸，而自留於南幹羅思，領有之地，東起吉利吉思(Kirgis)曠原，西抵卡爾拔特(Carpathia)山以及禿納河下流太利嶺之北，乃建都於亦的勒河畔之薩來(Sarai)，立金幹耳朵(Sira Orda)卽欽察汗(Kipchak Khan)國實西紀一二四三年事也。

蒙古以西紀一二四一年，太宗死，皇后脫列哥那(Turakina)稱制五年而政令大紊，貴由西征歸爲庫利爾台所推以一二四六年卽大汗位是爲定宗。定宗在位僅三年而死皇后海迷失(Gaimish)及太宗的一族等謀立太宗之孫失烈門(Siramun)然諸王大臣大半不聽以一二五一年推拖雷之子蒙哥卽位是爲憲宗如是失烈門及其兄弟咸懷怨望憲宗乃誅其首領黜失烈門等而分封太宗之子孫衆心始漸定。

初，唐玄宗時雲南的南方蒙舍詔的酋長皮邏閣受唐的封册而爲雲南王旋屢破吐蕃大拓領土其後皮邏閣的六世孫酋龍號國曰大理稱皇帝奄有領地自交趾以迄印度之間逮其死後國乃不振宋因忙於防禦西

大汗嗣立之爭

大理吐蕃交趾的降服

第七章 元時代之文化

三百二十七

憲宗及世祖的南征

北，無暇與大理通，而憲宗既為蒙古大汗其弟忽必烈(Khubilai)統率漢南軍事由四川入雲南以西紀一二五三年降大理王段興知吐蕃自始祖棄宗弄贊以來深信佛教及唐玄宗天寶年間乃有北印度僧巴特瑪撒巴(Padma Sambhava)來瓤喇嘛教其勢與年俱進至西紀一二五〇年頃喇嘛扮底達(Pandita)的號令已遍及吐蕃全土忽必烈既降有大理以西紀一二五三年入吐蕃與扮底達和繼令速不台之子兀良哈台(Uringkhatai)伐交趾時交趾陳晛代李氏而有國勢隆甚然及蒙古入寇防戰而敗西紀一二五八年遂降。

憲宗既降有西南三國，乃命弟阿里不哥(Arikbukla)留守喀喇和林，以西紀一二五七年親率大軍南下攻宋，死於軍中其弟忽必烈從賈似道之請，與宋和北歸一二五九年至開平，乃號大汗伐阿里不哥；一二六四年阿里不哥降旋奠都於燕京立國號曰元；這便是有名的元世祖。至是世祖乃遣使於宋迫踐前約因賈似道囚使不令還大怒遣伯顏伐宋陷其都城臨安繼取

旭烈兀的西征

世祖的東侵

驅州,連追宋之君臣極於厓山,遂滅宋而一統中國,時西紀一二七九年也。

先是,西域地方札蘭丁雖已敗北而有稱木剌夷(Mulahida)的伊斯蘭教徒屬於伊斯買爾(Ismail)派者,屢屢作亂,固猶未能鎭靜,於是憲宗乃命弟旭烈兀(Hulagu)出師西征,旭烈兀乃於西紀一二五三年率西征之軍,自天山北麓至阿猛河畔之柯提(Kesh)伐木剌夷於迦斯毗海之南平庫喜斯坦(Kuhistan)一二五六年伊斯買爾派教主魯兀乃丁(Rokn u-din)降繼於一二五八年陷八吉打(Bagdad)擒殺哈利發莫思他沁(Mostas-sim)遂滅阿巴司(Abbas)朝莫思他沁一族出奔迷思耳,(Misr 埃及)乃令郭侃等向印度而自引兵西行襲細利亞陷阿勒坡(Aleppo)取的迷失吉(Damascus)正將更進而殲滅迷思耳的伊斯蘭教徒會憲宗訃音至,乃擬班師歸國值迷思耳的兵正寇細利亞不果班乃悉晷定小亞細亞地方,奠都於他不里慈(Tabriz)建伊兒汗(Ilkhan)國於阿猛河以西。

是時高麗高宗死元宗立爲權臣所廢元世祖乃興問罪之師,盡收慈悲

第七章 元時代之文化

三百二十九

世祖的南侵

嶺以西之地使元宗復位，又以女尚元宗之子忠烈王，乃因高麗使之招致日本。日本自唐末斷絕使聘以來，中更五代及宋，雖僧侶商賈有私航赴中國者，而國際上的交往則全然斷絕。是時鎌倉幕府的執權北條時宗以元的國書無禮，斬其使者。世祖大怒，遣忻都與高麗兵共寇日本之壹岐、對馬無功，乃再授阿剌罕（Arakhan）及范文虎以戰艦四千五百艘並高麗之軍使寇鎮西，日本兵乘颶風擊之，幾盡殲其師，是實西紀一二八一年事也。

世祖既不得志於日本，乃轉其鋒而南向。當時大理國之西南有緬國（現在的緬甸）者，併吞阿羅漢（Arakan）及白古（Pegu）略暹國（暹羅）的一部，雄視南方，因其不應元的招諭，世祖乃遣納速剌丁（Nassir-ud-din）伐之，無功，乃更遣相吾答兒（Sangtar）相吾答兒以西紀一二八三年進陷緬都蒲甘（Pagan），其主生降，遂威服暹及金齒以下諸國。時占城（Champa）國於交趾之南，亦不應元之招諭，西紀一二八四年，世祖命皇子脫歡（Toghan）伐之，欲假道於交趾。交趾之主陳昑峻拒元兵，且擊破之。然

蒙古大帝國之版圖

未幾，陳吟謝罪入貢而占城亦來降。於是馬八兒(Mabar 印度的南海岸)來來(Loho 暹羅的南部)爪哇(Java)蘇木答剌(Sumatra)等皆相繼入貢，元之威令遂遍及於南海。

當是時蒙古大帝國直跨有亞細亞歐羅巴兩大洲，阿猛河之西有伊兒汗國，其北有欽察汗國西爾河外天山附近有察合台汗國，阿爾泰山附近有窩闊台汗國，以中國本部為中心而統領遼東內外蒙古、青海、圖伯特、中央及東南亞細亞有元室，而元世祖則以大汗君臨此大帝國置阿猛河嶺北、遼陽三行省及阿力麻里(Almalik)別失八里(Bishbalik)兩元帥府以管理此大版圖至是，而蒙古的威勢遂可以說是達到了他的最高點。

東西的交通

世祖之世，蒙古乃是一個空前的大帝國，到處割據的許多的零星小國都滅亡了，因此交通往來的危險也就減少於是東西的往還遂極其頻繁。而西亞細亞及歐羅巴的商人，陸路則自中央亞細亞經天山南路或自西伯利亞之南部經天山北路遠拓其販路及於喀剌和林及燕京而中國和波斯印

度的海上交通也驟然增進，泉州、杭州諸港實為當時世界第一的商埠；外國人的來居者甚眾。如彼有名的意大利人馬可波羅（Marco Polo）及摩洛哥（Morocco）的亞拉伯人伊文巴頭陀（Ibn Batuta）等之遠遊中國，實在元的時代；而日本這個國名能為西方所知的，也實在這個時代。加以蒙古大汗登庸人材初不問其國籍，故中央亞細亞及歐羅巴諸國人多來燕京仕於其朝；於是西方的天文數學砲術等乃輸入中土，而中國的羅盤針及活版術等則傳至西方。

蒙古自太祖太宗兩代，重用遼人耶律楚材，參與國政，制作法制，而後其國是稍定。然世祖當為漠南軍事都督時，即已抱改良內治之志，引用漢人之有才者以為幕賓及即位乃任用劉秉忠許衡等新定官制置中央政府於燕京設中書省樞密院御史臺等諸官省分掌政務兵馬黜陟其諸官之長必用蒙古人次官以下則不問內外只應於其才能而博加登庸由是外國人之來仕者陸續而至所從來之國如契丹女真畏吾兒圖伯特康里中央亞細亞波

海都之興亡

斯、亞拉伯、意大利、法蘭西等。世祖又命喇嘛八思巴（Phagspa）制蒙古文字，厚遇基督敎徒又傳播喇嘛敎：元的威勢至此時實可以說是達於其最盛期了。

初、太宗諸子孫，俱不悅憲宗之爲大汗，故憲宗死後遂助阿里不哥以與世祖相爭及世祖經營東南之際太宗孫海都乃據也迷里（Emil）畔世祖乃以察合台的曾孫八剌（Borak）爲察合台汗拔都之孫忙哥帖木兒（Mangu Timur）爲欽察汗以備海都；顧八剌及忙哥帖木兒都和海都連合仰海都爲大汗以臨欽察、察合台窩闊台之汗國惟伊兒汗阿八哈（Abaka）係世祖弟旭烈兀之子故獨抗海都。然其死後因繼承問題國內動搖遂不復能牽制海都，如是海都於八剌死後乃任其子都哇（Dua）爲察合台汗併兵東向侵元，又引誘滿洲吉林及遼東地方的太祖諸弟之子孫，使挾擊世祖世祖命伯顏扼海都於喀喇和林而親將平定滿洲由是海都又西去西紀一二九四年世祖死其孫成宗卽位海都又屢入寇已而大擧逼元成宗之姪海山（Karssan）

第七章 元時代之文化

三百三十三

繼承之爭及大臣之專恣

扼守喀喇和林逆擊之海都大敗，海都旋死其子察八兒（Chapar）乃與都哇共降元，經成宗至武宗（海山）時察八兒又叛旋敗窩闊台汗國遂亡實世祖死後十六年而西紀一三一〇年事也。

蒙古國風父子不必次及卽至元室亦並沒有制出繼承之法，故篡奪之禍相踵而擁立的權臣則多有紊國政損帝威者世祖死後諸王中有覬覦大統者伯顏奉世祖遺命立成宗而成宗因命劉深及哈剌帶（Karatai）等伐西南夷八百媳婦失利由是元之國威在西南諸蠻中遂漸致失墜成宗死無嗣皇后卜魯罕（Bulugan）欲立成宗從弟阿難答（Ananda）而廷臣則欲立成宗之弟海山乃使其弟愛育黎拔力八達（Ayurbaribatra）殺皇后及阿難答而監國政迎立海山於喀喇和林是爲武宗武宗死愛育黎拔力八達立是爲仁宗誅前朝的權臣脫脫（Tuktha）芟除弊政崇尙儒學專主恭儉政令簡明遂致天下安寧時鐵木迭兒（Timudar）有寵於帝之生母爲丞相恃勢貪虐兇穢不堪中外怨憤帝怒欲誅之爲太后救免不果殺僅罷其相位而止仁

元的衰微

宗死，其子英宗立，鐵木迭兒復為丞相，恃擁戴功，愈益暴恣專橫，帝漸疏之而專任拜住，鐵木迭兒遂怏怏病死。拜住以身任國事紀綱大舉，鐵木迭兒之黨鐵失(Tekehi)等不自安遂殺拜住弒英宗而立世祖之孫泰定帝，而鐵失等旋遭顯戮。已而帝赴上都(開平)旋死，其子天順帝即位時年纔九歲燕帖木兒(Yak Timur)乃迎武宗的次子圖帖睦爾(Tum Timur)於大都(燕京)而遣兵攻上都，遂帝遂自漠北迎立圖帖睦爾之兄和世瑓，(Kushala)是為明宗。帝即位後忽暴死，圖帖睦爾立是為文宗。燕帖木兒以策立功握政柄勢傾中外次經文宗的長子寧宗而至順帝伯顏握政權諸營兵漸懷異志如是其義子脫脫乃與帝謀貶伯顏而自代執政；顧是時天下已漸形亂象元室再也支持不住了。

初、世祖用兵四方且海都之亂久而不已國用遂告窮乏，乃舉波斯人阿合馬(Ahmad)使理財政。阿合馬遂與鐵冶增鹽稅大事聚歛卒受士民之怨而見殺於王著。其後盧世榮、桑哥(Sanga)等相次登用濫發交鈔增鹽鐵權

第七章　元時代之文化

三百三十五

元的滅亡

酷之稅，拘致諸路錢穀以救財政之急，於是羣臣彈劾，卒被誅戮，從此財政益紊，遂爲元室衰微的原因。加之世祖以來因歷代尊奉喇嘛教，喇嘛甚爲跋扈，間元室又假托繼承問題，禍亂踵接，擁立的權臣既紊國政，復損帝威，迨至順帝，農民乃不肯輸租，姦兇又附隨之以獲免於刑戮，紀綱遂爾大壞。其信喇嘛躭淫樂，益復濫發交鈔，其結果則物價騰起，國帑空虛，賦課愈重民力愈消，馴至人心離畔，元威掃地，於是多年屈服於蒙古勢力之下的漢族，乃鼓其敵愾之氣，四方競起，天下乃復歸於大亂。

元室威信既失，羣雄並起，浙江則方國珍，安徽則郭子興，徐壽輝則略湖北、江西而稱帝國號天完；張士誠據高郵，號周誠王，於是海內鼎沸，郭子興部將朱元璋深得士民之心，代郭子興領其衆據金陵（江蘇省江寧府）會天完之將陳友諒殺其主徐壽輝而奪其土地，兵衆通於張士誠，欲以謀朱元璋，朱乃先發擊殺陳友諒而倂有湖南湖北江西，繼又破張士誠收其江淮之地，更南下降方國珍定浙江，次又平福建兩廣之地，是時元丞相槊思監（Chak-

元時代的評論

雍塞四方警報為姦，與皇太子愛猷識里達臘（Ayur Siridara）謀斥御史大夫老的沙，(Rateshi)大同（山西省大同府）鎮將孛羅帖木兒（Polo Timur）乃收容老的沙起兵迫大都，殺槊思監皇太子出奔遂自為丞相專權；先是，河南的主將擴郭帖木兒（Kuku Timur）又起兵誅孛羅帖木兒為丞相。如是朱元璋之將徐達常遇春已北進俳河北到處破元軍至是遂自四面逼大都，順帝奔上都，元自世祖一統中國至是凡九十八年而亡時則西紀一三六八年。於是朱元璋即帝位而君臨中國，這便是明的太祖。

元朝：原崛起於蒙古的一部族而併吞四鄰，遂南下倒金滅宋；東則威服高麗；西則掃蕩中央亞細亞波斯俄羅斯波蘭匈牙利；南則征服西藏、雲南、印度支那諸國而建一跨有歐亞兩洲的大帝國，彼其版圖之廣大經略之宏偉，蓋非秦的始皇漢的武帝唐的太宗所能及也。元的統一雖則成於西紀一二七六年（世祖至元十三年）而其建國則以太祖鐵木真稱大汗於斡難河上為始實

在宋滅之前七十餘年。然而彼等原屬北方的遊牧之民故狩獵以外初無一定生業手慣劍槊之器耳習殺伐之音目不親文籍心不浴文化此其所由馬蹄所經宇內悉遭蹂躪顧以言文物典章則依然不過金宋的臣僕蓋宋以文建國而元則以武開基及其一旦得志於中原乍覩千古文物燦然具備不覺心醉神忘,驟然軟化而往年元氣消於一朝武威忽弛宗社遂傾這和遼的文物將興而見滅於金金的典章將盛而見滅於元恰是一個樣子。然若太祖鐵木真的雄圖和世祖忽必烈的英略却委實是古今所稀見的所以元的規模宏大這一點大非宋遼金之比;尤其世祖用人不問種族只努力欲輸入外國文明這更非他代所能及假使這個曠古的大帝國而像唐宋一般的國祚長久那麼一定會吸收新文明鼓吹新思想而為數千年的學術界開出一新生面在中國文化史上劃出一新紀元來惜乎世祖以後更不見有英主帝業忽衰國命遂絕這是我們現在所為此大帝國的生命尚不及百年而悲,而同時又為此新興國的文化於將開未開之際,卽已為風霜所侵而凋落實抱無涯之遺憾也。既是這樣短了命的

第七章 元時代之文化

大帝國，那麼除物質的文明有稍稍可觀者外，至於說是興起一代的文物，便自然沒有這麼的暇日所以元的學者雖則也講究性命理氣，而不能免淺薄之譏；雖則也從事文字訓詁，而不能無散漫之嫌；一代的碩學如許衡、吳澄、金履祥之徒，皆不過履宋儒的故轍嘗宋學的餘瀝而已。不過元人的剛猛而好殺伐之風，和宋人的空疎而尚議論之習，卻自有其不相一致之點所以元的詩人並不規模宋詩，反而祖述唐代，憲章金朝；但唐詩的特色在渾厚金詩的特色在悲壯而元詩的特色卻在幽麗此其相異也。不能發揚一代的精華爲中國文學史上闢一新紀元的，則爲元時代的小說戲曲這是世間的識者所以激賞元的小說戲曲至與漢史唐詩宋文元曲相對稱的原故。

元的官制

元的官制，如續文獻通考所說的：『太祖起自朔土統有其衆部落野處國俗淳厚惟以萬戶統軍旅以斷事官治政刑任用者不過一二親貴重臣耳及取中原太宗始立十路宣課司選儒術用之金人來歸者因其故官若行省若元帥則以行省元帥授之草創之初固未暇爲經久之規矣』蓋蒙古之初興本不過

是一些遊牧的人民，故所有制度極其簡單丞相曰大必闍赤(Bitikchi)掌兵柄者上有左右萬戶其後征服西域始置達魯花赤(Darugachi卽斷事官)於各城以監治之及太宗時侵略中國始設十路宣課司金人之來歸者則授之以原官。自世祖爲漠南軍事都督懷抱改良內治之念乃延漢人之有材能者以爲幕賓。既卽位乃命劉秉忠、許衡參酌古今之宜，訂定內外官制：以中書省爲總攬政務之所，而中書令爲之首相左右丞相爲之副，（其後左右丞相遂有首相之權。）其下有平章政事左右丞參知政事樞密院與宋同，爲掌握兵柄之所有樞密使爲之長御史臺爲掌黜陟之所有御史大夫爲之長；此外有寺監衞府各有所掌；其在外官職則爲行省行臺宣慰司廉訪司牧民之官則爲路府州縣又有關於工藝而設之官甚多，如大都（燕京）與各路則有諸色人匠總管府有局如織造繡染氈皮貨窰梵像瑪瑙玉石油漆等諸製造皆各有專官。但是凡諸官之長必爲蒙古人而漢人南人次之，就是說次官以下，則不擇內外人但各就其材能而博加採用：二十二史劄記說此事甚詳可供參考茲錄之如下：『故

元的稅法

一代之制，未有漢人南人為正官者中書省為政本之地，太祖太宗時以契丹人耶律楚材為中書令，宏州人楊維中繼之，楚材子鑄亦為左丞相；仁宗時欲以此在未定制以前至世祖時惟史天澤以元勳宿望為中書右丞相（元制尚右）回回人哈散為相哈散以故事丞相必用蒙古勳舊，故力辭，帝乃以伯答沙為右丞相哈散為左丞相太平本姓賀名惟一順帝欲以為御史大夫故事臺端非國姓不授，惟一固辭帝乃改其姓名曰太平後仕至中書省左丞相終元之世非蒙古而為丞相者止此三人哈散尚係回回人其漢人止史天澤賀惟一耳。」

元的稅法概照唐制其取於內郡者為丁稅地稅倣唐之租庸調其取於江南者為夏稅秋稅倣唐的兩稅法。如續文獻通考所記：「丁稅地稅之法，自太宗始行之：丁稅少而地稅多者納地稅，地稅少而丁稅多者納丁稅工匠僧道驗地官吏商賈驗丁虛配不實者杖七十徒二年仍命歲書其數於冊由課稅所申省以聞違者各杖一百。」世祖申明舊制於是輸納之期、收受之式、關防之禁、會計之法，莫不備焉。」則元的稅法大抵自太宗以至世祖一統海內之時所定。而地稅，

元的兵制

上田每畝取三升、中田二升半、下田二升、水田五升；丁稅，每丁徵粟一石、驅丁五升、（恐是五斗之誤）新戶的丁驅則徵其半老幼不徵；商稅三十分而取一。

元當初與其軍隊為蒙古軍和探馬赤軍，蒙古軍為其國人探馬赤軍則為其諸部族。男子年十五以上七十以下悉為兵以十八人為一牌牌有牌頭凡兵上馬則從事戰鬪下馬則屯而牧養又以孩幼之稍長者籍而為兵是曰漸丁軍；此外尙有獨戶軍、（由一戶出一人）正軍、（由二三戶出一人）匠軍、（取工匠以為兵）貿子軍、（取諸王侯及將相之子弟）答剌罕軍（由招募所成）等。其後平定中原，乃發人民為卒，是曰漢軍限年二十以上者繼充及得宋兵乃號曰新附軍此外尙有不出戌他方之兵為遼東的糺兵、契丹軍、女眞軍、雲南的寸白軍、福建的畬軍等；這些蓋是鄉兵；而又別有礦軍弩軍水手軍等世祖時內則立左右中前後的王衞而總以宿衞於諸軍衞設親軍都指揮使；外則於萬戶（萬人長）之下置總管千戶（千人長）之下置總把百戶（百人長）之下置彈壓而使樞密院總領之若何方有警時則設行樞密院事畢乃廢之。世祖又

元的法制

禁漢人南人私藏兵器，以絕亂源。軍器因在宋元之際，已經使用火器，故已大改革，卽戰術亦從而異其方法。先是，在唐世火藥固已用之於破石爆竹，然尙未有用之於戰爭者；迨宋太祖時始有火箭、眞宗時始有火球之名，而金元之戰及宋元之戰，往往見有用大砲而名爲震天雷者，此砲術蓋自西域傳來，在歐羅巴當一三三〇年頃云，德意志僧人伯爾偷德修哇茲（Beltord Schuwaltz）始發明火藥，然火藥之發明，實以中國人爲最古，至於大砲，則我們以爲係亞拉伯人所發明而傳至中國及歐羅巴者。

蒙古初無法律，故百司的斷理訟獄循用金律，頗極峻刻。迨世祖時，右丞相何榮祖緝公規治民禦盜理財等十事名至元新格（名例衞禁職制祭令學規、軍律戶婚食貨大惡姦匪盜賊詐僞訴訟鬬毆殺傷禁令離犯捕亡恤刑平反）上之帝乃刻板頒行，命百司遵守之。其法律雖有不依於古制之處，而刑名則同於古仍分笞杖徒流死五種：笞刑自七至五十七、杖刑自六十七至一百七，其所以自十數減三而爲七者，蓋基於天地人各宥其一之意；徒刑與宋無大差，流刑

元的選舉制

則南人遷北，北人遷南；死刑止有斬而無絞。

元自太祖始得中原之地，即用耶律楚材之議以科舉取士，然未成法即止，又世祖時雖曾議定科舉新制亦未及行，直至仁宗時始斟酌舊制定其條制每三年則行考試又有鄉會試及御試。當時分進士為兩榜，以蒙古、色目人為右漢人，南人為左每試凡三場第一場試蒙古色目人以經問五條試漢人、南人以明經經疑二問經義一道第二場試蒙古色目人以策一道，漢人、南人則於古賦詔、誥章表之內任科一道第三場則止有漢人、南人試策一道又其出身別又有蒙古國子學回回國子學之目這是前代所沒有的。而蒙古人之出身科目者授以從六品官色目人漢人、南人則遞降一級而授之。其後順帝時曾罷科舉然未幾即復。色目人者指西域諸國人而言謂其為異色目之人即外國人之義漢人南人則皆為中國人其區別的來由是這樣的：其初金取遼地的中國北邊人民元則先取金地的河南山東以北為漢人繼取宋的河南山東人民遂以為南人；元則先取金地的河南山東以北之人民為漢人繼則取南宋之地的人民為南人也。馬可波羅(Marco Polo)的

旅行記裏,稱南宋曰 Manzi,這是依據當時呼南人為蠻子之異名,故云。元是這樣不問國的內外人種的異同以任用人材而宿衛勳臣之家並有世襲其職者;故元史選舉志云:『仕進多岐銓衡無定制』又云:『吏道雜而多端』又云:『縱情破律以公濟私』又云:『文繁吏媮』故弊端如此而選舉之法遂致行之不能完全。

元初任用外國人之例

元自太祖以來,不問國的內外人種的同異而登用人材,故自契丹、女真、畏兀兒、圖伯特、康里、中央亞細亞、波斯、亞拉伯、歐羅巴等地之來仕而為文武官吏者,其數至為不少而舉其尤為著名者:則遼人耶律楚材仕太祖太宗為中書令,參預國政造作法制以奠定蒙古國是不花剌 (Bokhara) 人賽典赤瞻思丁 Sayid Edjell Shams ud-din 正確地說則 Shams ud-din Sayid Edjell 也。

一名烏馬兒 (Omar),於太祖西征時從來,歷仕至世祖時,被任為丞相而其子納速剌丁 (Nassur ud-din) 忽辛 (Hussain) 善速丁兀默里 (Shams ud-din Omar)、馬速忽 (Massud) 哈散 (Hassan) 五人亦俱被任為文武高官就中納速剌丁征

交趾有功後因黨於桑哥（Sanga）被誅；然其子伯顏答兒（Bayanchar）、烏馬兒（Omar）答法兒（Djafar）、忽先（Hussain）沙的（Saadi）五人仍歷仕甚高波斯的八瓦耳（Baurd）人阿剌瓦而思（Ala Wardi）降太祖，來仕於蒙古於定宗時掌財賦之事其子阿老瓦丁（Alai ud-din）仕世祖，有武勳，於西紀一二九二年以百二歲之高齡而死扎八兒火者（Djahar Khoja）為波斯的賽夷（Seyistan）人，仕太祖為名將軍死時有百十八歲云太宗時波斯人奧都剌合蠻（Abdur Rahman）有寵掌財政太宗病奧都進以酒太宗飲之而死定宗即位遂被誅猶太人愛薛通西域諸國語精於星曆醫藥初仕定宗世祖時任之為翰林學士成宗時為平章政事；世祖時西紀一二七一年有波斯人阿老瓦丁（Alai ud-din）及亦思馬因（Ismail）來出其所攜來之砲援世祖攻襄陽波斯的天文學者扎馬剌丁（Djamala ud-din）攜測天機來大都（燕京）（Siht）貢獻於中國天文學者甚多；凡普通所謂波斯人者實際都是中央亞細亞西爾河畔忽那克特（Fenaket）人，如阿合馬（Ahmad）者，擅理財術，為世祖所信任興鐵冶增鹽稅成

元的學制

續大著,拜平章中書政事,領製國用司事,更被任平章尚書省事括天下戶口以至藥林權茶無遺,專事聚歛,然其人好事刑威貪於賄賂,中外咸怨,卒為益都千戶王著所鎚殺;其次畏兀兒人桑哥(Sanga)亦得世祖信任掌財政,因濫發交鈔增稅鹽鐵權酷鈎致諸路錢穀,遂招衆怨為羣臣彈劾誅死;意大利人馬可波羅(Marco Polo)仕於世祖朝者垂十七年累官揚州都督樞密副使圖伯特人八思巴(Phagspa)者以佛學為帝師製作蒙古文字畏兀兒人迦魯納答思者通天竺教(恐是伊斯蘭教)及諸國語被擢翰林學士承旨此外波斯亞拉伯、中央亞細亞諸國的學者軍人意大利法蘭西的美術家工藝家等之來元求仕者尚不可以縷指數因之東西文明遂呈融合之象這實在是大可注目的一件事情。

元在太宗時曾設國子總教及提舉官,命侍臣子弟入學受業,然學制卻並沒具備到世祖時乃設國學監建國子學置學生百二十八人半為蒙古半漢人其後,於諸路設學官各置教授一人學正一人學錄一人府及上中州則置教授一

人,下州學正一人各縣則設小學置教諭一人又設蒙古國子學及回回國子學,命蒙古人色目人及漢人之官吏子弟入學諸路亦有蒙古字學回回字學之設,以教民間子弟。而又有陰陽學、醫學之設而各行省所在地則置儒學提舉司以統諸路府州縣的學校於江浙湖廣江西則有蒙古提舉學校官於河南、江浙江西湖廣陝西亦有官醫提舉司先是自南宋以來私人設立書院其風甚為發達,逮世祖時乃詔先儒過化之地名賢經行之所命好事之家出錢粟以贍養學者,並許立書院。(書院中掌教者曰山長) 至是內外學制乃都完整。

蒙古文字

蒙古初無文字,太祖征乃蠻(Naiman)時得乃蠻人所用的畏兀兒(Uigur)文字即回回文字乃始有文字其後又假借漢字以濟用追世祖時乃命喇嘛八思巴(Phagspa)製蒙古新字而頒行之這便是今世所傳的蒙古文字元史說:『命製蒙古新字字成上之其字僅千餘其母凡四十有一:其相關紐而成字者,別有韻關之法其以二合三合四合而成字者則有語韻之法而大要則以諧聲為宗。全元六年詔頒行天下凡璽書頒降並用蒙古新字各以其國字副之。』由

元的儒學

此可知蒙古文字之頒行，在至元六年卽西紀一二六九年也其書法縱書自左向右蓋原以畏兀兒文字爲基礎者然畏兀兒文字原爲景教僧侶用細利亞文字爲基礎而作之者那麼蒙古文字的系統而又多少可以認出其受了三思克利特(Sanskrit)及西藏(Tibet)文字的影響之處。

初，宋和金因互相敵視之故宋儒學說遂久不傳入北方。元太祖時獲金的軍資庫使姚樞而重用之次至太宗之時使其子闊端(Khutan)南侵命姚樞從軍凡儒釋醫卜有一藝之長者悉收之。遂得大儒趙復而還；由是宋儒學說始得以流播北方。而姚樞亦言此時始得見程朱之書云其次遂有郝經、許衡、劉因等的儒者輩出，郝經字伯常澤州陵川人仕世祖爲賈似道所拘，不屈以忠節顯；許衡字仲平懷州河內人仕世祖使宋，甚得信任學德尤高門流甚盛世稱魯齋先生爲元儒之大宗劉因字夢吉容城人號靜修初修經學究訓詁註釋之說甚覺不滿其後得周邵程朱之書一見心服，由是祖述朱子之說以一身兼諸學文章，爲一代大家，世祖詔徵之出仕未幾卽歸同時宋的遺儒有馬端臨及金履祥二

第七章　元時代之文化

三百四十九

元的詩文

人：馬端臨字貴與江西樂平人，著文獻通考；金履祥字吉父蘭溪人爲朱子女壻黃幹的再傳弟子隱於金華山中後遷於仁山之下講學故世稱仁山先生。南方有吳澄者出澄字幼清號草廬撫州崇仁人爲黃幹三傳弟子世祖晚年徵之，辭歸尋爲翰林學士泰定帝時又謝病歸其學以朱子爲宗而雜以陸氏之說，繼北方的許衡見稱名儒。其他成宗時有蕭㪺杜英順帝時有陳櫟胡一桂許謙、黃澤等皆稱一代的大家。

蒙古原無文字假畏兀兒文字及漢字以濟其用，及世祖時喇嘛八思巴始製蒙古文字，故元雖傳承金宋的文學而公用則爲蒙古語及蒙古文中國的語言文學固不置重而且國運太促文運遂不及見其充分發達然而其間卻並非沒有可以稱爲一代文豪之人如宋的宗族而仕於元的趙孟頫字子昂者不獨書畫精能卽詩文亦復淸迥奇絕開有元文學的氣運次則虞集楊載范梈揭傒斯四大家輩出而文運乃益宏虞集字伯生號道園初遊吳澄之門學問洽博稱一代文宗，然其生平文稿之存者謂止不過有其十分之二三云楊載字仲弘初

元的戲曲及小說

因趙孟頫成名，故謂其詩取材於漢魏，取音節於唐。云。范椁字亨父，世稱其人格高，故詩文亦清遠逸宕肖其為人；揭傒斯字曼碩，其詩清麗婉轉神骨秀削而體裁尤備，四家之次則有歐陽玄亦以文著和揭傒斯共盡力於撰修宋史金史，而與四家相前後以工於流麗之詞見稱者則有馬祖常、薩都剌二人，而薩都剌尤詩文俱秀絕，絕句更佳。迨元末詩人之有名者則有楊維楨字廉父號鐵崖元滅後不仕最擅樂府小詞常能出新機軸外此則共潛、（字晉卿）柳貫、（字道傳）吳萊（字立夫）之徒皆為明初文學之胚胎者。

元代文學到底不及唐宋之世的隆盛且其詩文較之唐宋亦極顯遜色，然而元代有為中國文學史上開一新紀元之事，則戲曲及小說之勃興是。中國歷代皆崇尚儒學故娛樂的文藝如戲曲小說之類，其發達甚為遲遲迨元世以蒙古人民及諸外國人注入了新思想的結果遂成為戲曲小說勃興的這一事。蓋漢世有樂府之一體起，及宋而為詞曲以益示其發達，逮元世遂大成而為戲曲焉。戲曲有南曲北曲之別：金元之入主中國也，其所用為胡樂，其音嘈雜而淒緊故

第七章 元時代之文化

三百五十一

中國人所爲詞不能入北人之耳，乃有別創新聲者，是爲北曲而中國人亦不慣聽北曲之音遂亦創新體是爲南曲。元代戲曲其數甚多羣英所編輯的五百五十六本中元有五百三十五本內中云有無名氏之作百七本娼夫之作十一本，於是明的臧晉叔乃選其特佳者撰爲元人百種曲外又有汲古閣本的元人六十種曲傳世此中之最爲傑出者於北曲則有西廂記於南曲則有琵琶記西廂記世稱王實甫作其材料取於唐元稹所作的會真記凡四套四十六折竟是一部情史所描寫者皆男女離合的情緒而其詞采則稱爲千古絕調琵琶記爲高則誠作據云係諷其友王四棄置舊妻而締姻權門故寫蓋狀孝婦貞妻行路之難，而其意匠比之西廂則尤爲複雜多端其文詞則異於西廂記之婉麗而以清冷雅艷勝總之此兩曲者各有短長以之對比而論評之人雖衆而其俱爲千古傑作則固無容置疑。而王實甫、高則誠二人之外，元代以戲曲名家者尚有關漢卿、馬致遠喬夢符等俱可稱爲第一流小說之起遠發源於周之稗官莊周之寓言、漢之虞初原來止不過記載神仙變異街談巷語之類及至唐世稱爲傳奇

而作之者甚衆,逮宋世而彌繁。追元世又因各種新思想,由蒙古人及諸外國人注入的結果足令人心喜歸奇異而學者亦探錄其耳食所得之異聞集為成書,風氣既盛,小說遂於以勃興然元代所出小說,其數雖多而就中可推爲白眉者,則不能不數水滸傳其次則為演義三國志。水滸傳的作者不詳謂爲施耐菴之作似乎可信而今世所傳種類雖多要以李卓吾的忠義水滸傳百二十回本為正。其內容則據正史宋徽宗之世有宋江者率其徒三十六人橫行河朔間為盜的一件實錄而構成的,書中令這些豪傑們,各各顯其獨得的性格而發為驚天動地的快舉作者的手腕實在是值得稱揚且其文辭又極雄渾爽銳之能事直令讀者不覺而起壯絕快絕之感這在中國的小說中實所罕見無怪金聖嘆至稱天下之文無有出水滸之右者。演義三國志之作者,名為羅貫中而不確其內容則據正史三國志而演義者其腳色文辭以比水滸傳俱大有遜色,然亦不失為稀世之一大小說次及明世,小說益昌及西遊記金瓶梅出遂偕水滸傳、三國志,共被稱為四大奇書。

元順帝時命脫脫(Tukhta)等撰修宋、遼、金三史，不及三年便告完成這實是因為世祖時有已經編輯了的三史舊本故完成得如此之速。宋史有本紀四十七卷，志百六十二卷、表三十二卷、列傳二百五十五卷總凡四百九十六卷。此書編纂大旨在於表章道學其餘則皆姑以備數而已故不免疎略蕪蔓之譏。而明何維騏略抄此書成宋史新編二百卷反而為得其要。遼史有本紀三十卷、志三十三卷、表八卷、列傳四十五卷內又附國語解一卷總凡百十六卷。遼原來不許國人著作流傳鄰境故其書史記錄在滅亡當時悉遭兵燹蕩然無存及脫脫等修史遂無可考證者僅能就耶律儼陳大任二家所記者加以編纂故疎漏之處甚多唯國語解一卷倣古人音義之意其例甚善而乖謬亦不少至清朝以之與金元二史的國語同加改譯始略得其真。遼史疎略如此清厲鶚乃撰遼史拾遺二十四卷參引他書以補其闕。金史有本紀九卷志三十九卷表四卷列傳七十三卷總凡百二十五卷係據劉祁的歸潛志及元好問的壬辰雜編所纂修且編者又深明史學故其體例，至為嚴整，故陔餘叢考及二十二史劄記俱推獎這

元的科學

書，如二十二史劄記說『金史敘事最詳核，文筆亦極老潔，迥出宋元二史之上。』

元世雖不乏名儒文豪，然其將相大臣，皆出自胡人，不知尊重學士的待遇，故文學經術不逮唐宋之世之隆。然因世祖之時盛用外國人，自中央亞細亞、西亞細亞及歐羅巴來仕者甚多，故西方的天文、數學、醫術、砲術、建築術以及測天機及其他機械遂陸續傳來，而科學的發達進步乃大著，遂在中國的學術上開關出一新時期來如郭守敬，（字若思）世祖時人通水利曆數儀象制度之學，受命新作授時曆以改治曆法又創作諸種測儀著關於天文曆數的各種書籍；同時有李冶（字仁卿）者研究數學著測圓海鏡一書。而中國的醫術在此以前雖南北朝之際曾受過印度醫學的影響而多少有點進步然經隋唐五代至宋，其間凡數百年而寥然無聞，及金始漸顯其勃興之機運迨元乃稍稍歸於整備。如金元之際有李杲（字明之號東垣）著內外傷辨論脾胃論振醫學久墜之緒，開來葉尙新之機次在元則有朱震亨（字彥修號丹溪）著格致餘論、法發揮、金匱鉤玄等書於是世人乃朱李並稱而尊其術，而醫術一門研究者乃

第七章　元時代之文化

三百五十五

元的喇嘛教

漸盛；在我們現在想來，這當是爾時亞拉伯及歐羅巴醫術傳來的影響所致。

佛教至元世而大衰，於是喇嘛教代之而與。喇嘛教者，乃興於吐蕃創西藏(Tibet)的一種佛教而專以祈禱禁咒為事者，其僧侶著紅衣故或亦稱紅教，吐蕃在唐世其國王棄宗弄贊(Chitsun lun btsan)深信佛教皈仰玄風，故於卽位之初，卽遣使者十六人赴印度求佛典且根於佛教的主義而更定國憲及刑法。其後至玄宗天寶年間王棄隸贊(Khri ide gtsug-brtan-mesag-ts'oms)吃㗚雙提贊)又遣使於印度自榜葛剌(Bengal)招善海大師(Santarakhuta)來，後聽其言又從北印度招瑜伽(Yoga)派高僧巴特瑪撒巴巴(Padma Sambhava蓮華生上師)至。於是巴特瑪撒巴巴便帶了許多的陀羅尼(Darani)及秘密修法來至吐蕃而創出適合於其國俗的一種密教這便是喇嘛教者，同於三思克利特(Sanskrit)語之鬱多羅(Uttara)乃上者之義而用以稱長老之語也，至是遂成吐蕃佛教的通稱。吐蕃佛教由是大盛，勢力所及，卽國王亦須受其裁抑，西紀九〇〇年頃，朗達爾瑪(Lang Dharma)王憂之謀破滅佛教

乃毀除佛塔寺院而命僧侶還俗，然在位僅三年卒爲喇嘛拔爾德爾結(Palderje)所弒。於是佛敎乃再恢復其勢力，朗達爾瑪之孫巴勒科爾贊(Pal K'ortsang)王時代乃再建寺院，前代以來逃赴印度的僧侶亦漸次歸來；而第十一世紀頃，迦濕彌羅(Kashmira)及印度僧侶又接踵而至，益復助長佛燄，而喇嘛遂至於左右國政。元憲宗之弟忽必烈(Khubilai)於西紀一二五三年率兵侵入吐蕃之時，正喇嘛扮底達(Pandita)威權旺盛之時，故忽必烈與之和而國王唆火脫遂降；忽必烈乃留兀良哈台(Uringkhatai)以攻諸夷之未降者而自伴扮底達之姪八思巴(Phagspa Ladoi Gyaltshan)而歸。已而忽必烈卽位爲世祖，憂吐蕃之地險遠而其俗獷悍乃任用喇嘛使撫御之；又以喇嘛八思巴爲帝師，使領吐蕃之地使其命令與詔勒並行，自是以來，威權之盛更無儔匹，凡歷代天子卽位之時俱受其戒而后妃公主亦無不膜拜頂禮喇嘛敎之盛如是，而八思巴之後，喇嘛相繼爲帝師，其勢力日益強大卒致弊害百出，如喇嘛僧之往來於吐蕃者佩金字圓符濫用驛傳使地方官苦於支應；而在民間，則驅迫男子好

淫婦女，橫暴直不可以理論，而地方官吏又不能逮捕喇嘛僧，如是彼等有時直強奪民田，侵佔財物，而奸惡之徒，乃從而附其勢燄，以脫於罪網，由是賞罰之途廢；而喇嘛僧者又無納稅的義務，如是農民遂有稱其部民不輸田租者，至歲入為之減少，彼等以受元室歷代的尊信，遂有營結近侍強請布施者，而朝廷的供養費之鉅，例如元史所記仁宗延祐四年定麵四十三萬七千五百斤、油七萬九千斤、酥二萬一千八百七十斤、蜜二萬七千三百斤以為其歲供，由此以推則外此所與之物其額亦必相當之鉅，便可以想見了。然至順帝時則尤甚；以故國庫益告窮乏，勢不至於厚歛人民不止，而人民不堪於其負擔，遂至挺而走險，而不屑於為蒙古所羈絆之漢人，乃崛起四方，而元室以亡；故喇嘛教者謂其為元室滅亡的一個原因亦不為過。

道教自宋徽宗以來稍稍衰退，卽在南宋亦不復振。元太祖之在西域，曾自山東招道士邱處機（長春真人）然初非示其尊崇止不過為欲得長生不老之術而已。憲宗時曾命道佛兩家互相辨難，道士卒不能勝，乃命焚其偽經又佛

教寺院之為道家占領者悉命退還，逮世祖以後，喇嘛教得勢，道教乃愈形不振。

然而元室則固歷代優遇道士者，太祖使邱處機總領道教準其到處建立道觀；世祖加張氏以真人之號，使其總領江南諸路的道教，又如張留孫者自世祖以來歷仕五代，參預樞機大得寵任。於是元世所行道教，凡有四派，即正一教、真大道教、太乙教、全真教是：正一教為張氏所傳，專行於江南真大道教之名；太乙教者因傳太乙三元法籙之術，故有此名，始於金道士蕭抱真，五傳至李居壽獲賜太乙掌教宗師之印；全真教為宋末道士王重陽所創，至其弟子邱處機得太祖的尊信，而其道士劉德仁五傳而至酈希誠，五傳至酈希誠乃賜以真大道教之名；太乙教者因傳太乙江北的根據以固。

元的伊斯蘭教

伊斯蘭教雖唐世曾一入中國，而未至於盛行，逮唐末則並其跡而絕。惟天山南北兩路之地此教流傳卻極見盛況，遂乃代佛教而有其勢力。而尊信之最篤者，厥為回紇 (Uigur) 人，以此中國乃稱之曰回教，故伊斯蘭教直至宋末亦不見其再在中國流傳。然元太祖攻金時，其軍中有奉伊斯蘭教如畏兀兒（與

第七章 元時代之文化

三百五十九

元的基督教

回紇同）人者；而太祖西征伊斯蘭教徒之來仕者亦衆；次及太宗憲宗，攻金與宋之時從軍者亦有伊斯蘭教徒；追世祖一統中國後盛用西域人致蒙古的王族將相中亦有信奉其教者由是流傳中國而尤以中國本部的西邊爲盛。

蒙古勃興之頃正歐羅巴人對於西亞細亞的伊斯蘭教徒起了幾回的十字軍之時，會蒙古在太祖及太宗時亦起西征之軍，到處覆滅伊斯蘭教國如是基督教徒遂以爲蒙古人是替基督教徒來撲滅伊斯蘭教徒的便想合蒙古人同盟。於是羅馬法王因諾建（Innocent）四世，乃命卜拉諾迦爾毗尼（Joan du Plano Carpini）於一二四五年至一二四七年之間訪欽察（Kipchak）汗拔都（Batu）於薩來（Sarai）更訪元的定宗於喀喇和林（Karakorum）以窺探蒙古的勢力；其次法蘭西王路易（Luis）九世聞旅行於巴勒斯丁納（Palestine）的拔都之子撒里答（Sartakh）信奉基督教乃於一二五三年遣佛蘭西司可（Francisco）派的路不路克（Guilelmus de Rubruquis）訪撒里答及拔都更訪元的憲宗於喀喇和林以謀弘布基督教其後佛蘭西司可派僧孟德可兒威諾

(Joan du Monte Corvino)又奉羅馬法王尼古拉司(Nicholas)四世之命經印度以一二九三年遵海路達中國至燕京得元世祖的許可從事布教隨而信徒漸多達六千餘人乃建教會堂於罕巴里(Khanbalig)卽燕京也次至一三〇六年可隆(Cologne)僧阿諾爾(Arnold)來共盡力於布教孟德可兒威諾以書報告羅馬教會在極東及印度的發展狀況，羅馬法王克勒勉(Clement)五世嘉其功於一三〇七年特命孟德可兒威諾爲迦台(Cathay)卽中國的大僧正且許其設立自副僧正以下的各種僧職以便助其傳道當時基督教的會堂不止燕京有之以外如泉州杭州及其他地方亦俱建立從而信徒的數目亦日見增加而宣教師之來中國者遂踵武於途云繼自一三一六年至一三二八年之間，波爾迭農(Pordenon)的僧正窩多利克(Friar Odoric)亦經欽察波斯細利亞、印度自海路來中國沿途訪廣州泉州遂達杭州入燕京時爲元的文宗之世一三三六年元順帝令意大利人安德勒阿士(Andreas de Perouse)致親書於羅馬法王別納弟克特(Benedict)十二世云其翌年曾得覆書又次一三四〇年

第七章　元時代之文化

三百六十一

佛蘭西司可派的馬利略里(Joan du Marignolli)秉羅馬法王的使節從陸路向中國中途建教會堂於阿力麻里(Almalik)此地乃一三三九年西班牙宣教師被虐殺之處，而其後馬利略里教堂亦復破壞而馬利略里則於一三四二入燕京逗留三四年而歸；又後尼古拉斯德邦納特(Nicholas de Bomnet)至燕京，為孟德可兒威諾諸之後繼者。然是時元威已歇羣雄割據四方國內雲擾布教漸陷於困難；迨元亡東西交通亦斷，而基督教之在中國遂次第歸於廢絕。

元的音樂

元因起自蒙古其初音樂未備至世祖時始命宋周臣領樂工又命王鏞作大成樂以後登歌及文武的二舞用之於太廟並選定社稷的樂章次及成宗製郊廟的曲舞仁宗時又命太常補綴樂工而後樂制乃大備。

元的書畫

通於有元一代言書法者以趙孟頫鮮于樞鄧文原明為最著；就中，趙孟頫及鮮于樞二人尤以畫得名。在元初有趙孟頫高克恭趙孟頫字子昂號松雪道人為宋的同族仕於元擅書畫文章經濟而畫山水木石花竹人馬並妙；高克恭字彥敬號房山初師米芾及其子友仁後學李成董源巨然之風善山水。其次

則有陳仲仁、顏暉、張嗣成等諸大家，而鮮于樞亦以能畫稱：陳仲仁字元長，能山水人物花鳥；顏暉字秋月，長於道釋人物，世稱其筆法奇絕有八面生動之致；張嗣成號大玄，工畫龍兼善山水草書。其後又有黃公望、王蒙、倪瓚、吳鎮四人稱元末四大家：黃公望字子久號大癡道人長於山水初師董源巨然晚年一變其法而自成一家；王蒙字叔明，號黃鶴山人學巨然善山水以墨法秀潤著倪瓚字元鎮號雲林初學董源晚年造詣愈深遂一變古法以天真幽淡為崇善為林木平遠竹石世稱其清疎澹遠風致絕倫絕無朝市塵埃之氣云吳鎮字仲圭號梅花道人學巨然善山水並工花鳥。

元的農業

元初立司農司以董文用為山東西道的巡行勸農使，大關東方之地。後頒農桑令以每村五十家為一社，以高年而通曉農事者為之長，使專以教督農民，其不及五十家者則與別村合社若地遠而不能與別村合者許其得自立社因此，農業遂漸次發達。

元的工商業

在元以前歷代皆有重農輕商的積弊，故工商業頗不見其發達。及元之興，

第七章　元時代之文化

三百六十三

因侵略外國版圖擴張的結果，和外國的交通頻繁，通商既盛，故內地的工商業，亦從而發展。而在元時，如政府自營貿易及立官設工場以製造供給官用物品等事尤其可以窺見其進步的一斑。元史所載關於官營之業，如設梵像提舉司（掌雕刻繪畫）、出臘提舉司（掌出臘鑄造之事）等的署場，設局以製造繡繪繡紋綿紗羅瑪瑙金銀木石油漆窰冶等物；又於各地置染織提舉司，凡十六所以掌染絲綿織布帛等事，由此便可以想見是時產業之盛。而且元世科舉又未遍行，故士民之不得伸其驥足者，遂唯有走於工商二途，從事商工業者既多，民間產業因亦趨於隆盛。然世祖時外勤遠略，內盛聚斂，而鹽鐵榷酤商稅田賦等的征利以重逮明宗以後苛斂尤酷，卒致民怨沸騰，不及百年而國祚以隕；如是日趨隆盛的民間商工業遭此頓挫，故其發達或遂因此而不能達於完全之境。

元的漕運

江南地方以抵燕京為時期年裁達，故不能全靠海而須廣開新河；然又因舟多自元以上南北運輸都由河川，及元乃有海運。然海運若遇風信失時則自

元時代的東西交通及通商

破損，尋罷，卒專用海運。其後開會通及惠通二河，乃有漕運。然武宗時，派官吏至江南議海運事，令江南各地運糧仍悉遵海道，由是海運益盛。惟其航路屢經變更，其最後所開者若使風信得宜，則自浙西至燕京，旬日便可達，雖時有漂沒之患，然謂比之漕河所費其所益已多云。

蒙古勃興以後至於元的時代，東西交通所由頻繁凡有兩大原因：（一）因空前絕後的一個大帝國興起以後，其隨在割據的許多小國都歸滅亡，交通往來因以自由（二）以政治上及軍事上的目的故新開官道設宿驛置守備，而旅客的危險困難遂從而減少。有此二因，東西的交通乃為之面目一新；而中央細亞西亞細亞波斯印度以及歐羅巴的商人之走海陸兩路而來蒙古及中國者遂繁然不絕。其由陸路而來者則經中央細亞天山南路一則通過西北利亞的南部經天山北路以達於喀喇和林及燕京；其遵海路而來者則發程於波斯、印度的海岸經印度洋中國海而抵泉州、杭州諸港。故如泉州者在當時實為世界第一的貿易港，亞拉伯人波斯人及其他

第七章 元時代之文化

三百六十五

外國人之來此居住者，其數直達萬以上云。如是則如馬可波羅(Marco Polo)及伊文巴頭陀(Ibn Batuta)等的旅行記裏所載的中國的寨東(Zayton, Zaiton)或寨村(Zaitum)遂不得不推定其爲泉州。蓋泉州城的異名曰剌桐城又曰瑞桐城方輿勝覽：『州城留從效重加版築旁植剌桐桐環繞名曰桐城；後花其年五穀豐登否則反是故謂之瑞桐。』(留從效五代時人，初仕南唐後仕於宋太祖。) 由是可知寨東乃剌桐及瑞桐之對音故可推定爲泉州雖有些學者推定寨東爲漳州的。然殊難令人首肯緣漳州及漳州二港至今尚爲南洋貿易的要港兩俱爲廈門(Amoy)灣的樞要之地，故彼推定漳州以爲寨東者，亦非全無理由特泉州自唐宋以來，即以外國貿易港而見重。故寨東之爲泉州實無可以置疑。元世祖時，泉州、上海、澉浦、溫州、廣東、杭州、慶元七港俱設有市舶司以驗查輸出輸入的貨物而取關稅十分之一粗者十五分之一。及盧世榮掌財政時乃具船給本選人使赴海外貿易所獲利益分爲十分官取其七，其餘三分以與貿易者其有人民私航海外作買賣者則禁止之，然盧世榮死後制亦隨

廢舉此時代自歐羅巴及西亞細亞而來蒙古及中國之旅行家與宣教師之著名者，則如卜拉諾迦爾毗尼路不路克、孟德可兒威諾窩多利克等宗教家以外，尚有小阿爾美尼亞(Armenia)王之弟偕東(Haython)於一二五五年來蒙古謁憲宗；有名的意大利人馬可波羅則於一二七五年至中國仕世祖朝垂十七年；摩洛哥的亞拉伯人伊文巴頭陀則在順帝時自一三四六年至一三四八年之間居於中國。其他亞拉伯波斯中央亞細亞等的學者軍人技術家、意大利、法蘭西的學者畫家技術家職工等遂傳於中國的磁石盤活版術等則傳入西方。就中馬可波羅乃意大利的威匿司(Venice)人以一二七五年隨其父尼可羅波羅(Nicolo Polo)及叔馬獲波羅(Maffeo Polo)俱來中國仕於世祖先學蒙古的言語風俗次出使於喀喇和林大理緬國占城南印度等地旋被任爲揚州都督在職者三年益得世祖的信任累進至樞密副使。於是波羅等逗留中國重十七年之久其間曾曆請西歸世祖俱不之許會世祖有女與波斯的伊兒汗

(Ikhan)阿兒渾(Arghun)締婚,將由海路送公主往,而蒙古人憚於航海,世祖乃命波羅等任護行之役,遂於一二九二年之初發寨東卽泉州護送公主往波斯。逮其任務旣畢乃更向鄉里,於一二九五年之末歸於威匿司。已而威匿司與日內瓦(Genova)有爭端馬可波羅出與日內瓦軍戰於一二九八年戰敗被擒被繫於日內瓦之獄者一年,其間乃以其在東方所見聞者語其同檻的披沙(Pisa)人路司諦其阿諾(Rusticiano),至後年其諸所告語者遂成爲一部的書籍而行於世,這便是有名的馬可波羅遊記馬可波羅以一二九九年被赦還威匿司,至一三二四年死,年七十歲。如是,第十三世紀之末至第十四世紀之初,馬可波羅遊記出世以後而後日本一名,始喧傳於歐羅巴中同時爲歐羅巴人所一向沒有知道的東洋各國的事情也因此書而獲闡明,遂剌激起歐人的冒險心,來矣以通商傳敎及別的種種目的,爭赴東方,遂成爲喚起第十五六世紀的海陸發見的動機所以我們實在不能不承認此書影響之及於世界文化者其功績至爲偉大。抑一三四〇年出世的拍果羅諦(Francesco Balducci Pegolotti)

的通商指南一書，其功績亦為我們所不可忽略看過的。拍果羅諦當第十三世紀之末，生於意大利之惠連宅(Florence)，壯年時備於該市的富豪巴爾敵(Bandi)之家，一三一五年後乃主安威爾士(Anvers)、倫敦(London)、奇普魯士(Cyprus)等地的商館，一三三五年頃在奇普魯士從小阿爾美尼亞王處得到通商的特權次至一三四〇年乃蒐集各種材料著成通商指南(Libro di divisamenti di paesi e di misuri di mercantazie e d'altre cose bisognevoli di sapre a' mercanti 到了後年普通都稱此書曰 Pratica della mercantura,乃通商指南之義。) 一書此書開頭為諸國的物產志並記其用途及買賣方法和稅法等次則詳記當時的商業地、著名的商業地、輸出入稅、通貨的換算價格度量衡的換出法等此外則凡為通商貿易上所必不可缺的各種條項，悉網羅無遺。以前中國和印度波斯、中央亞細亞、西亞細亞等地雖則其交通往來頻繁已極而直至第十四世紀的前半期為止，歐羅巴中的消息傳到中國來的極為稀罕故如孟德可兒威諾云不得本國音信者垂十二年。但因為跟著商業貿

元的交鈔

易的發展形勢遂忽爾一變，一三四〇年，此書一旦出世，而歐羅巴的商人，乃郎得以詳知在中國及印度等各市場的貿易商路沿途各國的貨物通貨以及中國的交鈔如是，日內瓦惠連宅的商人欲從海路走中國及印度者乃續出，而東洋貿易遂頓呈活氣。故拍果羅諦的通商指南一書，我們也非得承認其曾經給世界文化以偉大的影響不可。

元在太宗之時始造交鈔，至世祖又造中統交鈔九種，卽十文、二十文、三十文、五十文、一百文、二百文、一貫文、二貫文是。又造至元交鈔分自五文以至二貫十一等而每年印造的數目則自數十萬以至數百萬焉。其法以絲為本用絲鈔一千兩代銀五十兩（卽至元鈔1貫＝銀$\frac{1}{2}$兩＝金$\frac{1}{20}$兩的比例）諸物之價並從絲例。其後武宗時又造至大銀鈔及仁宗罷之，故惟中統，至元二鈔終元之世皆行使之。如是起初時於各路立平準行用庫以為金紙的交換又立回易庫俾故鈔與新鈔交換又丁錢田賦皆可用交鈔完納故交鈔遂風行天下。追積日旣久回易庫一閉不復交換僞造復多，由是信用墜地物價騰貴鈔價

下落，而經濟上乃大起擾亂。至順帝時，遂依丞相脫脫（Tukhta）之議廢止鈔法，而鑄造至正通寶使與歷代銅錢並用然未幾而元亦旋亡。

第八章 明時代之文化

明太祖的經略

明太祖卽位之初,元順帝尚在上都,有帝號;夏主明玉珍之子明昇則據四川不應明的招諭而元的宗室把匝剌瓦爾密(Patsaluarmi)尤雄踞雲南遙作元的聲援已而明軍入四川,降夏帝明昇討雲南,破把匝剌瓦爾密,乃更進而把大理金齒等諸蠻都降服了由是西南之境悉平其間元順帝已死太子愛猷識里達臘據喀喇和林稱大汗次則其子脫古思帖木兒(Tukus Timur)立入寇遼東然為明軍所破蒙古的部族乃全然解散明於是平定了漠南及滿洲而一統天下時則西紀一三八八年也

太祖的政策

太祖旣定南北於邊要之地特置行都指揮使司以嚴國防改修律令,復唐代衣冠收兵權入於朝廷分政務與六尙書再興科舉之法天下大設學校以盛教化而太祖又懲於宋元兩朝之布郡縣制致來帝室孤立之憂,乃分封

靖難之役

諸子凡二十四王於要地以為屏藩，因之邊陲諸王，遂權有征伐之權，其勢強盛，隱然有與朝廷對抗的形勢。加以太祖以其功臣多屬武人懼其身後作變，乃起胡藍二大獄殺其徒數萬人，以此之故其後靖難之役起，故內無一人曾為惠帝勤王者。

太祖死後其孫惠帝（建文帝）即位，憂諸王之強大，乃與齊泰、黃子澄等謀倣漢削平七國之例，乃廢周代岷齊湘諸王，其餘諸王乃自然因之疑懼不安。時太祖之子燕王棣在燕京坐鎮北方，夙有重望陰懷異圖，至是乃招納元的降卒起靖難之兵南下，又併有寧王之眾，遂大舉衝京師。帝用方孝孺之議，割地請和，然燕王不聽，終逼金陵其中宦者多與燕王通城遂陷，帝出奔，生死不明；燕王即位是為成祖，時為西紀一四○二年；其後成祖遷都燕京為北京，而舊都則稱曰南京。

成祖的南征

初，元室之傾也安南王陳暭通於明，受其封冊其後黎季犛立邊功，乃私攬政權於西紀一四○一年遂自立以代陳氏國號大虞。時陳氏之裔天平避

成祖的北伐

國難於老撾(Laos)，乃入明哀訴，成祖欲納之還安南，中途為黎季犛所要殺。於是成祖乃命張輔南征，破安南之軍於富浪江(紅河)畔，生擒黎季犛父子，安南平，乃置交趾布政司，由是占城老撾等地皆望風降明，釁者陷金陵遷惠帝不知所終，成祖疑其或者遁逃海外，曾授中官鄭和以水師三萬七千餘使之遍歷南海諸國，至是安南陷諸國皆服明威入朝來貢者有琉球真臘暹羅、滿刺加(Malacca)、渤泥(Borneo)、蘇門答剌爪哇榜葛刺(Bengal)等三十餘國。

當是時，蒙古有元的太祖之弟槊只哈薩兒(Djuchi Khassar)之後裔阿魯台(Alutai)者迎立順帝之後本雅失里(Benia-cheli)為韃靼(Tartar)可汗，不應明的招諭，成祖乃遣邱福擊之於臚朐河畔不利，西紀一四一〇年，成祖親率大軍五十萬北征，大破本雅失里於斡難河，其時占領著外蒙古的西部及天山北路的瓦剌(Oirut)部長瑪哈木(Mahmud)乃乘此機殺本雅失里而擁立其子洽里巴(Dalbek)，勢甚振，阿魯台遂降明，於是瑪哈木乃一

宣宗之治

統漠北,將入寇,西紀一四一四年成祖親征破之,追瑪哈木至圖拉(Tula)河旋師。其後阿魯台又漸得勢為邊患;成祖亦起親征之師,前後凡兩回於西紀一四二四年還至開平之西北榆木山病死。

成祖之子仁宗,在位一年而死其子宣宗立,即位之初,即親征平叔父漢王高煦之叛;後又北巡破兀良哈(Uriangha)之兵兀良哈者,女真之別種前者曾助成祖靖難之役有功,得大寧(山西省濼州大寧縣)附近之地乃漸盛,至是遂為帝所擊破。時朝廷有楊榮、楊士奇、楊溥等名臣國內大治雖則安南征伐曾招失敗,而明威顧不以是損;是為宣德之治宣宗死其子英宗立太皇太后張氏性明敏信任上言三楊,政治清明。顧太后一死三楊亦相繼去世,宦者王振弄權屢思耀武揚威發大軍擊破麓川(雲南的西南部)蠻又征兀良哈無功而深招北人之怨卒來瓦剌入寇之禍。

七木之變

宣宗之世瓦剌部長瑪哈木之子脫歡(Toghon)襲殺韃靼部長阿魯台而併吞諸部立元的後裔脫脫不花(Tukhta Buka)為可汗而自為相稱太

第八章 明時代之文化

三百七十五

師，專權勢逮英宗時脫歡死其子也先（Yessen）為太師富有勇略瓦剌的勢力乃日趨強大於西紀一四四九年遂大舉侵明入大同陷諸城英宗於是聽王振之勸率大兵五十萬親征之至土木（直隸省宣化府懷來縣西）為也先所襲帝被擒瓦剌之兵一直進逼北京，城中震駭有言南遷者然孫太后擁立英宗之弟景帝用于謙之議盡力禦敵也先遂解圍而退明年復通好送還英宗。

及景帝疾篤，石亨與宦者曹吉祥等謀乃廢之而令英宗復位並殺于謙，負其擁立之功恣擅威福英宗重祚八年而死其子憲宗立宦者汪直、李孜省、僧繼曉等相繼弄權朝政大紊憲宗死子孝宗立恭儉勤政遂成所謂弘治之治。然孝宗之子武宗性狂暴親近劉瑾等羣小朝政復紊盜賊屢起時安化王寘鐇反未幾平而帝又寵任江彬巡遊無度寧王宸濠遂起叛亂帝正欲起親征之師，會王守仁起兵討平之。

武宗無嗣而死楊廷和奉遺詔迎立孝宗之弟興獻王之子厚熜，是為世

宗。已而追崇興獻王之議起，禮部尚書毛澄，受楊廷和的意旨，根據漢宋故事，以孝宗為父稱皇考，興獻王則稱皇叔父，而帝則自稱姪皇帝。既以此請，帝怒而卻之廷臣等無已，乃欲以孝宗為皇考以興獻王曰皇本生皇考與獻帝其妃曰本生皇太后為請；然桂萼則欲以孝宗為皇伯考與獻王為皇考、其妃則謂宜去其本生之稱。如是廷臣相與論爭者直亙三年之久終乃依席書等之議稱孝宗為皇伯考其皇后為皇伯母與獻王稱皇考、其妃稱聖母武宗則稱皇兄其后稱皇嫂而詔告天下尊稱遂定是曰大禮之議。

土木變後，瓦剌的也先遂弒脫脫不花而自稱大元田盛可汗，縱極驕暴，然旋亦為其重臣所殺韃靼部長孛來(Polai)乃與毛里孩(Molikhai)謀擁立脫脫不花之子麻兒可兒(Malkol)顧二人又爭權互相攻伐於是瓦剌及韃靼之勢遂兩俱衰傾其後脫古思帖木兒的六世孫韃延汗(Tayan Khan)立有雄略定沙漠南北取河套（陝西省邊外北河之西）之地號大元大可汗，屢次寇明邊西紀一五〇一年遂南下陷寧夏韃延時封少子札賚(Jalair)

第八章　明時代之文化

三百七十七

俺答入寇

於漠北蒙古,以漠南蒙古之東半與長孫卜赤(Bodi),其西半則以與次子巴爾色(Paldi)而使爲吉囊(Gumpilik)則據陰山爲土默特(Tumet)部之祖韃延汗在位凡七十三年以西紀一五四三年死卜赤立稱亦克罕(Alak Khan)其子打來孫(Daraism)徙宣化府之北子孫世世繼汗位其部落曰察哈爾(Chahar)。

蒙古自明武宗時屢來侵迨世宗時俺答勢張甚連擾陝西,山西總督曾銑禦之有功,乃唱恢復河套之議於時世宗信奉道教日事齋醮不問政事於是嚴嵩弄權讒殺曾銑西紀一五五〇年俺答乃大舉侵入進迫北京顧明之將士無肯出戰者聽蒙古兵縱掠而去如是剽掠奪者前後垂三十年其後降瓦剌略青海時爲西紀一五七一年追一五八一年俺答死其子黃台吉(Khung Taichi)嗣亦尊奉喇嘛教甚至;至是殺戮;世宗子穆宗時遂來與明通好受封順義王時爲西紀一五七一年漸知崇奉喇嘛教厭棄

交趾的叛服

寇明之事遂稀。

先是，交趾雖一時曾成為明的州縣，顧陳氏的餘眾復起，張輔、沐晟等乃擒獲陳季擴而後陳氏乃全亡。然清華人黎利又煽動安南人作亂屢與明軍戰破之於是西紀一四二七年明將王通等乃與黎利講利，棄交趾而還。黎利乃遣使至明得宣宗的許可立陳氏後人以為國王然未幾卽自請明冊封為安南王國號大越時西紀一四三一年。追黎利之孫黎灝有英略親征滅占城，降老檛伐緬甸大揚國威遂建中興之業又迫其孫黎瀅內亂忽起莫登庸鎭定之遂乘勢弒二君篡王位於是黎氏舊臣阮淦乃偕其女媚鄭檢共奉黎氏之後據清華以莫氏篡弒之行訴之於明，世宗發兵欲討莫氏莫登庸請降乃授莫氏以安南都統使之職並許其世襲時為西紀一五四一年。如是莫氏僭竊及六十五年屢與黎氏戰一五九二年鄭檢之子鄭松遂滅莫氏一統安南明神宗時乃授黎維潭以安南都統使之職。而阮淦之子阮潢，又惡鄭松之恃功專橫，於西紀一六〇〇年據順化（Hue）併占城之故地，

第八章 明時代之文化

三百七十九

緬甸與暹羅

明太祖時征雲南，威服大理、金齒諸蠻然宣宗時麓川（雲南的西南部）部長思任發叛併吞孟養木邦等部，英宗時乃遣王驥等南征追思任發入緬甸擒之。其後至世宗時孟養部長思倫爲思任發之裔怨緬甸之應明而捕思任發也侵之陷其國都阿瓦(Ava)緬甸王的少子莽瑞體(Mon Taya Shweti)出奔洞吾(Toungoo)後爲其地酋長其時喜望峯(Cape of Good Hope)的航路已開，葡萄牙(Portugal)人之來印度及馬來半島者極多莽瑞體乃傭之以攻伐四方西紀一五四四年遂恢復阿瓦爲緬甸王又上溯金沙江(Irawade)下雲南諸蠻破暹羅侵及明之南徼暹羅之地原分暹(Shan)及羅斛(Lakok)兩部元末有羅摩直波智(Ramathibodi)者始統一兩部而建暹羅國定都於猶地亞(Ayuthia)至是爲緬甸所破於是西紀一五八三年緬甸王莽瑞體之子莽應裏(Burankri Naunchan)率大軍入寇雲南明將劉綎擊破

明初的倭寇和日明的交通

之，更南進陷阿瓦暹羅亦乘機略其東陲，緬甸之勢乃由此衰。

元自東侵以後日本國民對外之氣為之大振然其國內分為南北兩朝，爭亂相踵垂五十餘年遂致財用缺乏其諸國的豪族中乃多求通商之利於元及高麗已而元室式微日本的南朝亦衰傾其遺臣遂偕西陲的流民剽掠元及高麗沿海迨明初元末羣雄張士誠方國珍等的殘黨又與日寇相結出沒海上北至山東南至浙江福建無年不備蒙其害明太祖乃遣使於日本的征西將軍懷良親王請禁邊寇然無效乃設防倭衛所於沿海諸要地專備寇盜成祖時日本南北朝已歸一統其將軍足利義滿自稱日本國王遣使於明，修睦鄰交得明的勘合印信從事貿易且屢屢捕殺海賊由是明之海患始得以稍紓。

倭寇的猖獗

而日本的中國及九州等地的諸侯，遂亦有商船，往來於明及朝鮮以致富強然未幾日本出了應仁的大亂遂入了戰國擾亂之世四方不逞之徒乃投身商賈假名貿易頻向海外而明的奸商等乃與官吏結合以欺日本商民，

第八章 明時代之文化

三百八十一

購物而不給值於是此等人乃憤怨不已遂又起而剽略沿岸如是日本的貿易商民遂一變而為沿海的寇盜其徒多則一萬少亦數十浮游海上以弋貿易之利無利則侵略州縣殺人放火到處劫掠明人稱之曰倭寇畏怖遁竄無能桿禦而明的奸民大盜亦投身寇中導之以攻掠明之故倭寇之勢遂猖獗極一時就中徽州人汪直寓居日本肥前的平戶屢導海賊西紀一五五三年賊船數百艘蔽海而至侵掠浙之東西揚子江之南北亘三年之久及一五五七年汪直為胡宗憲所誘殺而後倭寇之勢稍衰繼而又寇福建廣東，西紀一五六二年陷興化府據平海衞（福建省興化府蒲田縣東）其明年俞大猷、戚繼光等擊斥之倭患乃衰然猶以台灣島為根據地以出沒於明之南海岸倭寇旣如是為患沿海明人深怨日本其後萬曆年間日本興師寇朝鮮時明乃出兵援之遂交干戈要之倭寇初非盡屬日本，明之奸民亦居其半，且皆烏合之衆，並沒有豪族大姓作他們的統率然明人顧乃畏之如虎至與蒙古並稱曰南倭北虜而明室的命脈直亦為此二患所縮短也。

朝鮮之興起

萬曆朝鮮之役

初、高麗自忠烈王以來，每事都要受元的干涉，直至第十四紀中葉，恭愍王立，始得脫元的羈絆然是時外則來倭寇之侵擾內則有僧遍照之擅權故國勢至復微弱次及明興曾一旦奉其正朔然恭愍王無子死遍照之子辛禑據遺命嗣立乃與蒙古通欲討明遣李成桂等為將帥使侵遼東顧諸軍既渡鴨綠江李成桂忽班師謂大國不可侵犯遷禍於江華島而立其子昌已又廢之而擁立高麗王族恭讓王尋受禪遷都於漢陽（今之京城）以西紀一三九二年遣使至明受國號及封册這便是朝鮮的太祖。

於是，朝鮮自太祖以來凡得數世國內大治盛講程朱之學大興文化然傳次燕山君暴虐無道國內遂亂及其弟中宗立乃改革虐政然因倭寇為患州縣疲弊至中宗之孫宣祖時遂為日本的豐臣秀吉所侵寇。時日本的豐臣秀吉既一統國內乃更欲假道朝鮮以圖明，命朝鮮為嚮導宣祖拒之秀吉乃興師先寇朝鮮，西紀一五九二年日本兵入朝鮮加藤清正、小西行長等連下諸城京城平壤相繼陷落宣祖乃出兵義州求救於明時明為神宗在位乃命

第八章　明時代之文化

三百八十三

滿洲的興起

遼陽總兵祖承訓出師援朝鮮與小西行長戰於平壤大敗更遣李如松乃破行長然與小早川隆景戰於碧蹄館（朝鮮京畿道礪石嶺之北）卻又大敗，神宗遂遣沈惟敬就行長議和議熟日本諸將乃退出京城西紀一五九六年，明使至日本秀吉以其璽書之無禮及條約之不一致拒不納明年乃復興師侵朝鮮及明曾擊破朝鮮軍又明年秀吉病死諸將奉其遺命收兵還宣祖始得重歸京城此前後二役都在明神宗的萬曆年間故此謂之曰萬曆朝鮮之役。

自金亡後通古斯族久已沈淪不復有聞，降及明世，乃有據今盛京省之東北的滿州部愛新覺羅（Aisin Gioro）氏者起。愛新覺羅氏者世世居寧古塔（Ninkuta）之西南鄂多里（Otori）明英宗頃乃移於赫圖阿拉（Hotoala）之興京）其後經百數十年至神宗萬曆年間奴兒哈赤（Nurhachu）出以父祖遺甲十五副起而統一附近諸部，次又降有通古斯族的扈倫、長白山諸部及蒙古的科爾沁部，西紀一六一六年遂自立為汗立國號曰後金這便是清

東林的黨議

的太祖。太祖由是侵明的邊境，一六一九年破遼東經略楊鎬的大軍於渾河畔，遂取瀋陽遼陽，乃遷都瀋陽是即今之奉天。

明自太祖以來力許言論的自由，故英宗以後宦官權臣，舞弄政柄之時，學者遂多亦從而議論政治的得失。神宗時顧憲成以後宦官權臣，舞弄政柄之時，欲以妃所生幼子常洵爲太子，顧憲成諫之罷歸鄉里，無錫（江蘇省常州府無錫縣）乃修東林書院，與弟允成及同志高攀龍等託於講學以諷刺時政。時鄒元標、趙南星亦不得志去朝，集徒講學爲顧憲成聲援論朝政之可否由是在野的學者爭景附之，而廷臣亦有嚮慕風聲遙爲應和者，遂乃崇尙氣節以與政府對抗；在朝當局則稱此輩曰東林黨而加以排斥會神宗已定長子常洛爲太子已而有號長差者入太子宮梃擊門者世人以爲此乃鄭貴妃所嗾使，非東林黨欲置之不理，東林黨則主張必須糾訊，是爲梃擊之案。神宗死光宗立，數日有疾服鴻臚寺官李可灼之藥俄死，東林黨又主張糾彈，非東林黨則以爲可灼無罪而反對之，是爲紅丸之案。光宗死後其寵妃李選侍與宦

明的衰微

官謀擁立光宗之子熹宗，閣臣慮有後患，乃移選侍於別宮，如是東林黨乃贊美閣臣之處置適當，而非東林黨則大攻擊其非禮，是為移宮之案。

熹宗即位之初，葉向高為相，與趙南星、高攀龍、楊璉、左光斗等協力從政，東林黨一時勢頗盛。已而宦者魏忠賢握政柄與帝之乳母客氏謀恣殺諸臣宮嬪，廢除東林黨而禁錮殺戮之，暴戾拔扈無所不用其極，國政是以大紊。熹宗弟毅宗立，乃貶殺魏忠賢等，然是時國民疲弊已達極點，流賊起於各地，加之滿州勢力又日強盛進逼邊境，明室覆滅之期乃迫於旦夕。

滿洲的強盛

滿洲於西紀一六二六年太祖死，其子太宗立，使阿敏征朝鮮陷平壤，逼京城，朝鮮王仁祖服，乃轉兵逼明。時明毅宗以袁崇煥防滿洲為太宗破之於大凌河，拔錦州，乘勢進兵直抵山海關。曩者俺答勢振，漠南時韃靼的可汗繞能保有察哈爾部，逮卜赤的遠孫林丹 (Lingdan Khan) 汗其勢稍又復振，屢屢寇明，明乃以重幣厚賂誘之使禦滿洲，林丹乃侵及遼東，又壓迫蒙古諸部，如是諸部乃歸降滿洲請援，太宗乃合蒙古諸部兵併擊察哈爾，林丹敗走

流賊蜂起及明之滅亡

死，其子孔果爾汗（Khongkhorkhan）降獲傳國璽，於是更國號曰清，實西紀一六三六年也是時朝鮮又與明通太宗旣平漠南蒙古還乃親督軍攻朝鮮，陷京城朝鮮王仁祖遂與明絕而受清之封冊時爲西紀一六三七年。

明自神宗時援朝鮮與日本構兵國用不足乃大大講求富國之方：開礦山，增徵鹽茶船舶等稅，悉以宦官領之於是礦監稅監遍於各行省；彼等乃乘勢凌虐良民慘毒四流，是謂礦稅之害光宗立依遣詔罷免礦稅然時則害毒之深已及全國逮熹宗時國民疲弊，遂造其極乃人人思亂。毅宗時會年穀不稔，如是李自成、張獻忠等乃乘之而起造亂於陝西各地流賊遂四起響應而明自成祖以篡奪得大位其後遂削減諸王兵力故藩鎮之權甚爲輕微兼之時當邊陲多事之秋國內武備自形不足以此流賊之勢乃窮極猖獗；張獻忠略四川、湖南據成都李自成席卷陝西、河南據西安抄掠山西進逼北京，毅宗於是召還擔當著防禦滿洲之任的吳三桂然李自成勢極熾吳三桂未到，即已陷北京，毅宗縊死於萬歲山時則西紀一六四四年也其後明之宗室福王、

評明太祖

唐王、桂王等，雖曾相次傳帝統，然僅能守有明室之名，至於明的天下，則固可以說在毅宗的時候就早已亡了。明自太祖至毅宗凡十七代二百七十七年，至桂王則二十代二百九十五年。

照中國歷代的慣例，一代的國是，每出於英主的方寸中，那麼明有天下，其規模之不能弘大便可以說是毫不足怪。明太祖固然可以說是一世之英傑，然其英略，不能比於唐太宗之洪懷其雄圖，不能媲美元太祖及世祖之豪膽而其氣宇則尤不若宋太祖之雅量。是故一統天下以後，收拾人心爲子孫立萬世之計時固亦力事修明治道獎勵文事求遺賢於草莽徵山澤之逸民襲歷代英主所執之慣用手段而一一行之。但是他既沒有河海之量又復無天日之表陽施恩惠於百姓陰則猜忌刻薄以疑人逐乃屢起大獄族誅無罪的功臣。如胡維庸之獄，他殺李善長以下三萬餘人，藍玉之獄，父殺傅友德以下一萬餘人，他固然是倣效的漢高祖的故智懼功臣等之為武人恐其作亂於身後然而詩人高

啓，亦蒙腰斬，文臣宋濂，則使之遠戍而死，這便足以證明他的褊狹和刻薄而有餘；所以靖難役起，內無一人說是爲其孫惠帝勤王者，這不能不說是他自己所下的因而結的當然的果。他鑑於宋元之以孤立而亡，乃分封諸子二十四人於名城大都爲王，這自然是學的漢高祖誅除功臣而封諸子的一套政策，所以後來起的禍害，也就和吳楚之亂一般，而有燕王棣的篡立。夫成祖的遠略固亦足以方之漢的武帝，但是他以太祖的遺謀爲政，又因他自己已經就是一個篡立的模範所以他的子孫，也就常不免於藩王之禍，況乎邊境則屢來戎狄的入寇，沿海屢蒙海賊的侵掠宮庭則已萌倿倖跋扈的見端，故其禍也極有類於漢的宦官外戚之專橫，而降及明末正義之士一時崛起，遂成爲東林之黨，這又和漢末的黨人抵抗宦官，其事同而其揆一了。這自然是天下的儒宗以及清流之士一時之間一唱百和，遂相團結而成風俗，而其狹量與徒好議論之風恰恰又和漢末儒生往往誹議朝政臧否人物，其弊正復類似；蓋兩者都是文學的國家之小規模所養成的國民態度表現之結果也。太祖又定爲科舉之法以經義取士，

明的官制

這是根據着宋神宗以後以經義試進士來的。此其目的，初不在於欲網羅一代的鴻儒碩學，止不過想令天下的驥足盡牢絡進自家的圈套內罷了。尤其在憲宗以後科舉文體乃用八股，自是一派濁流遂泛濫橫溢於文學界裏以腐化文士的心腸遂生出專伺有司的鼻息以圖一時的迎合之風。以此真正精確的儒業既不見與而雄渾壯大的文學竟亦不現：有明三百年的文化便止能在小規模的天地中局促過了。而原始要終便都不外是一幅太祖面目的存在。

明太祖初照元制設中書省而置左右丞相及胡維庸謀反，乃俱廢之，而以天下大政分隸於吏、戶、禮、兵、刑、工的六部由是六部尚書權力極大無宰相之名而全有宰相之實抑其中吏、戶、兵三部尤盛。太祖諭羣臣道：『以後嗣君……毋得議置丞相；臣下有奏請設立者論以極刑。』便可以看出有明一代所緣不置宰相的理由了。然而這種制度在天子英明能自勤萬機之時固亦未嘗不適當，獨至一遇着庸懦無能之主那時便終於行不去了所以所謂殿（中極殿建極殿文華殿武英殿）閣（文淵閣東閣）學士者，乃起而代握宰相的實權，殿閣學

士者原為文學侍從之臣管票擬批答等事蓋不過前代翰林學士之流故在太祖之時亦止以之預備顧問迨成祖時解縉等居此職參與機務仁宗時楊榮及楊士奇以東宮師傅的舊臣領部事又兼領學士之職而後其地位乃漸高權力乃漸重世宗時遂儼然有宰相之實而政務樞機乃歸內閣。（明史：「以其授餐大內常在天子殿閣之下……故亦謂內閣。」六部以尚書為長官侍郎為次官其下有郎中員外郎等執事之官都察院（元的御史臺）以左右都御史為長官其下有左右副都御史左右僉都御史以及十三道的監察御史以掌糾彈百官辨明寃枉通政使司以通政使為長官掌通達內外的章奏之事又有宗人府（與前代的宗正寺同）詹事府翰林院國子監及太常光祿太僕鴻臚諸寺其職掌與前代無異惟太理寺與刑部都察院並稱為三法司翰林院則自景宗時起非進士不得入翰林非翰林不能入內閣其位置固極清高京官之制大略如左。而外官則明初亦倣元制置行中書省然其後廢之各省（南直隸、北直隸、山東、山西、陝西、河南、浙江、江西、湖廣、四川、福建、廣東、廣西、雲南、貴州）設承宣

布政使司與提刑按察使司：布政使司之長官爲布政使，掌一省的財賦，按察使司的長官爲按察使，理一省之刑獄省之下府有知府州有知州縣有知縣以掌各地方的政令。又至明末曾有總督及巡撫之設，原爲臨時派遣之官巡撫常派都御史總督亦以都御史兼之至清遂儼然成了定設之官其權力遠出兩司之上。

明的兵制

明的兵制，蓋爲唐的府兵的遺意，其京師有諸衛（凡二十六衛）及五軍都督府。（左右前後中）諸衛爲天子親軍謂之上直衛五軍都督府（左右都督爲長，有同知僉事）分轄地方的都司衛所。大抵各省有一個以都指揮使爲長而統督衛所又有北京衛以所有衛所之兵調充衛爲五千六百人指揮使爲之長所有千戶所，凡千一百二十人以千戶爲之長。有百戶所凡百十二人以百戶爲之長。百戶所以下有總旗二人小旗十人自衛指揮使以下之官多世襲而其軍士亦父子相繼，（太祖時，有都司十七、內外之衛三百二十九千戶所六十五）取兵有從征歸附謫發之別。凡衛所之兵平時則從事屯田有事征伐之時則待

明的稅制及役法

符信而出兵事平將則上其佩印兵則各歸衛所統率之權在都督府征伐調遣，則由兵部至英宗時曾創立團營以簡閱精銳經憲宗孝宗武宗世宗之代營制屢更，兵威越加不振；且五軍都督府之勢力亦大衰衛所之兵則耗散及流賊蜂起明室遂爾滅亡兵器與前代無異惟世宗時右都御史汪鋐，曾昌言佛郎機（於茲當言葡萄牙）砲的便利追武宗晚年乃傳其製法以銅爲之熹宗時因防禦滿洲，曾命基督教士製造銃砲。

明的賦役之制，視歷代制度要較爲整齊的，這全是因爲有黃册及魚鱗圖册故：黃册及魚鱗圖册乃太祖時編造成的明史：『黃册以戶爲主詳具舊營新收開除實在之數爲四柱式；魚鱗圖册以土田爲主諸原坂墳衍下隰沃瘠沙鹵之別畢具魚鱗圖册爲經，土田之訟質爲黃册爲緯賦役之法定焉。』可知黃册便是戶籍簿以册面用黃紙故稱魚鱗圖册乃土地登錄簿以寫田地的方圓丈尺字號、四至及主名因其狀恰如魚鱗故名。如是賦役遂以黃册及魚鱗圖册爲準。丁有役田有租與前代同有夏稅秋糧夏稅以麥爲主秋糧以米爲主但得

以銀鈔錢絹代納稅率在太祖時，官田每畝為五升三合五勺，民田三升三合五勺，重租之田八升五合五勺，蘆地五合三勺四秒，草塌地三合一勺沒官田一斗二升。(蘇松常嘉湖因嘗為張士誠抗守故太祖怒之，乃更課以數倍之租)。納稅之期，夏稅限至八月，秋糧限至明年二月，納稅之職由納糧萬石之地選納租額之最多者二人以為正副糧長使掌稅糧之事但沿及後世乃有私官糧之弊叢叢生稅額在成祖時天下的稅糧凡三千餘萬石、絲鈔等三千餘萬計其後漸見耗減至世宗時乃更增稅率（每畝加九釐）較常租猶增加至五百二十萬石。役法、凡人民年至十六以上即為成丁成丁則有役六十乃免之又役以戶計者曰甲役以丁計者曰徭役由於臨時的命令者曰雜役又有力役及雇役之別通常凡成丁、每歲於農隙赴京師服役三十日間其法具於明史讀之可悉：「以一百十戶為一里推丁糧多者十戶為長餘百戶為十甲甲凡十人歲役里長一人董一里之事先後以丁糧多寡為序凡十年一周曰排年。在城曰坊，近城曰廂鄉都曰里里編為冊冊首總為一圖鰥寡孤獨不

任役者，附十里後為畸零僧道給度牒。有田者編册如民科，無田者亦為畸零每十年有司更定其册以丁糧增減而升降之册凡四一上戶部其三則布政司府縣各存一焉；上戶部者册面黃紙故謂之『黃册』田稅丁賦之外又有鹽稅、茶稅、坑稅、商稅市肆門攤稅場房稅及契稅等雜稅其中以鹽茶兩稅尤為重要而商稅所取則為三十分之一。

明的刑法，在太祖時制定大明律三十卷四百六十條。明史：『草創於吳元年，更定於洪武六年，整齊於二十二年，至三十年始頒行天下』又草創之初律令總裁官李善長議：『歷代之律皆以漢九章為崇至唐始集其成今制宜遵唐舊』云云太祖從之可知其大略皆仍唐宋之舊唯其名例的次第爲吏律戶律禮律兵律刑律工律此為與前代稍稍不同者。吏律有職制、公式二目；戶律有戶役田宅婚姻倉庫課程錢債市廛七目；禮律有祭祀、儀制二目；兵律有宮衛軍政、關津廐牧郵驛五目；刑律有盜賊人命鬥毆罵詈訴訟受贓詐偽犯姦雜犯捕亡斷獄十一目工律有營造河防二目此外有名例四十七條合之凡四百六十條。

刑名分笞(五等)杖(五等)徒(三等)流、死(二等)五類二十等，亦與前代同其他十惡八議之類亦與以前無異唯徒流附加杖而未配役則較宋時為輕。其犯十惡殺人強盜竊盜放火發塚受贓詐偽犯姦等者，則遇常赦亦不釋若所犯為常赦得宥之罪者倘其祖父母父母有疾或家無次丁之時得許具罪名上奏之後存留養親。適丁老疾則據幼又親族互相容隱則不論其罪。若犯罪之時為幼少而發覺適丁老疾則據老疾論罪犯罪之時已屬長大則據幼少論罪其他自首減輕，再犯加重等皆與前代相同。而發覺之時為壯大追踪厥發察院、太理寺是為三法司：刑部受天下的刑名，都察院掌糾察太理寺掌駁正。若犯人不服知縣的處分得以控訴於知府，道台乃至抗告於按察使若按察使的處分亦不服時還可以上告到京師的都察院這自然全是為的慎重刑獄起見，用意不能不說是周到。然實際則史言姦吏恣其私心小民多無處告愬云。

明的選舉法也和前代一般有鄉試會試殿試之別：凡子午卯酉之年於各

省試士是稱鄉試;直隸則行於京師,各省則行於布政使司,鄉試及第者稱舉人,明年(丑未辰戌之年)則舉人集於京師試於禮部是稱會試,次則天子親試之於殿中是稱殿試,其詳如明史選舉制所說:『三年大比以諸生試之直省曰鄉試;次年以舉人試之京師曰會試,中式者天子親策於廷曰廷試,亦曰殿試。鄉試以八月會試以二月廷試以三月,商輅三試皆第一,士子豔稱爲三元,明代一人而已。』至其科目則唯有進士一科,一場試以四書義三道、五經義四道二場試判語五道,(詔誥表之內課一道)三場試經史時務策五道,殿試課時務策一道。如是分殿試及第者爲三等,一等爲一甲限三名,第一者曰狀元,第二者曰榜眼,第三者曰探花,皆賜進士及第;二甲賜進士出身,三等爲三甲賜同進士出身,二等三等無定員,狀元除翰林院撰修,榜眼探花除翰林院編修,此外爲庶吉士或爲知縣之候補。又自憲宗以後應科舉者必用八股文,此種文體乃設爲對仗而廣之爲八股,故曰八股。清顧炎武日知錄:『經義之文流俗謂

之八股,蓋始成化以後股者對偶之名也。天順以前,經義之文不過敷衍傳注,或對或散,初無定格其單題亦甚少成化二十三年會試「樂天者保天下」文起講先題三句卽講樂天四股過接四句,復講保天下四股復收四句作大結。弘治九年會試「責難於君謂之恭」文亦然每四股中一反一正一虛一實一淺一深。其兩對題扇扇立格則每扇之中有四股次第之法亦復如之故今人相傳謂之八股。」由茲所記便可窺見此種文體的大概。——成化為明憲宗年號,弘治為孝宗年號,天順者謂天啓順治,前者為熹宗年號,後者則清世祖年號,又起講者,謂扼一篇之綱領而發揮其大旨也。

明的學制於南北兩京設國子監有祭酒司業、博士等職以為教授凡肄業國子監者均稱監生其中又有舉監生(舉人)貢監生(生員)蔭監生(品官的子弟)例監生(捐貲)之別。地方則府設府學,州設州學,縣設縣學有教授、教諭、訓導等職以為教授府學置教授一人,訓導四人,生員四十人;州學置學正一人,訓導三人,生員三十人,縣學置教諭一人,訓導二人,生員二十人。生員有廩膳生

明的儒學

員、增廣生員、附學生員之別。其諸衛所、亦設有學校。而又別有宗學、社會、武學等。成祖時，撰四書大全、五經大全、性理大全以分配於各學校以為教授之主。應科舉時必照此諸書，故苟欲希冀榮達者必暗記大全之文而從其說；至於受驗用的八股文這更是照例要學的。

明自太祖以來即尊重程朱之說，至成祖則更命胡廣、楊榮、金幼孜等儒者採宋元諸儒之說，撰四書大全、五經大全、性理大全分布各學校，且令應舉者必皆依此諸書立言，故士子苟懷榮達之想者無不暗記大全之文不敢稍自違異，如是程朱之學則固弘於世而真正的儒學則多未有研究之者間有之遂生出河東姚江兩學派之別。河東派起於英宗時人薛瑄。瑄字德溫，河津人故其學稱河東派。其學以程朱為本以躬行復性為主謂『欲淡則心清心清則理見』又謂『自朱子後斯道已大明，無著作之要。』次則有吳與弼（字子傳）及其門人胡居仁（字叔心）亦確守朱子之說不敢違背即有所說亦不過述先儒的陳說罷了。但是和胡居仁同門的陳獻章（字公甫）卻專一主靜，謂『靜坐久即可見

第八章 明時代之文化

三百九十九

吾心之體隱然呈露」其說稍近陸象山而為姚江學派之先河。姚江派者，王守仁所開。守仁字伯安，號陽明，餘姚人，故其學稱姚江派。曾築室陽明洞中研幾極深於老佛之學。孝宗的弘治十二年舉進士，曾出仕未幾以事謫龍場，窮荒無書，乃日繹舊聞，遂悟格物致知當自求之於心，不當求之於事物，喟然歎曰：『道在是矣！』其說專以良知良能為主，揚陸而抑朱，是謂姚江之學，亦曰陽明學。其門有羅洪先（字達夫）錢德洪（字洪南）王幾（字汝中）鄒守益（字謙之）王良（字汝止）之徒，皆祖述師說。由是儒學分為河東姚江兩派，互相爭以張其門戶，然兩俱止談性命理氣而不一顧漢唐的註疏，後遂激出清初考證之學的反動來。自考證大行，而儒學面目遂亦為之一新。

明初文章以宋濂為第一，王禕、劉基亞之。宋濂字景濂，號潛溪，元末曾被舉翰林院編修不就，明初為翰林學士承旨，經學湛深，所為文敷腴朗暢。王禕字子克，其文醇朴宏肆，人或以為出宋濂之右。劉基字伯溫，佐太祖有功，後為胡維庸毒殺，其文雄奇豪達，而詩尤得其妙，甚有頓宕之作。宋濂之門則有方孝孺字希

直博學有氣概，又能文以筆力勁健稱。詩在明初以高啓爲第一。啓字季迪，號青邱，博學多才，上自晉魏下至盛唐無所不窺，尤長七古七律，其詩風神飄逸，李杜以來稱名手。仕太祖爲戶部侍郎，後以忤旨腰斬於市。與高啓同時有楊基（字孟載）張羽（字來儀後改附鳳）徐賁（字幼文）共稱四傑，以比唐之楊炯、王勃、盧照鄰駱賓王四人。外則袁凱（字景文）亦多雄健蒼老之作。次則楊士奇（名寓）以閣臣而作爲簡淡和易之文稱臺閣派之祖。曾一時風靡文壇。後至明中世李東陽出，乃一開新氣運。李東陽字賓之，仕至吏部尙書大學士，才情兼美，詩文共妙，稱海內詞宗。然李夢陽（字獻吉）獨譏其萎弱謂文必主秦漢詩必宗盛唐，才思雄鷙卓然以復古自任。與何景明、徐禎卿、邊貢、朱應唐、陳沂、鄭善夫、康海、王九思等結詩社，號十才子。又李夢陽、何景明、徐禎卿、邊貢、康海、王九思、王廷相稱七才子。何景明字仲默其詩雖高邁之氣不及李夢陽，而人稱其隱秀則遠過之。徐禎卿字昌穀能詩，別與唐寅、文徵明、祝允明結詩社稱四才子。已而李攀龍、王世貞起，昌言古文辭推李夢陽爲正宗；又與梁有譽、吳國倫、徐中行、宗臣、謝

榛結詩社稱八才子。李攀龍字于鱗,王世貞字元美,世以李王並稱,執詩壇牛耳。李攀龍死後,王世貞獨文盟者二十餘年,始風靡海內,然其實則斷斷能力仿盛唐,不過摸擬剽竊罷了。如是在李王弊風橫流一世之時,雖然亦能與李王之勢相抗衡。其間能卓然自維持其一家見識的止有一王守仁固屬儒者,然其詩文俱成新調,可讀者極多次則有歸有光為文以唐宋為標準所作優美秀麗,一矯李王弊風。有光字熙甫號震川,其文法度森嚴深本經術排詆王世貞,遂成有明文辭的中堅於時又有袁宏道(字中郎)兄弟三人(兄名宗道,弟名中道,故宏道號中郎)者出亦欲力矯李王之弊,吐為清新輕浮之詞,一時流行幾於傾靡一世,而其弊則陷於卑淺,遂生出鍾惺、(字伯敬)譚元春(字友夏)等以幽深孤峻之詞為主的一派來。追明末有張溥、(字天如)陳子龍、(字臥子)俱以工詩文顯。

明代二百七十餘年之間,其最為隆盛者歐為一種復古文學,要不過以修

辭為主，盛為擬古的詩文，故卒未能發揮出一種國家的特色。亦止承元代發展的餘響，毫無異彩可言。據明史藝文志所錄，明一代的箸作中，其屬於小說者，有宋濂的蘿山雜言以下百二十七部三千三百七卷之多，然而這些都止是輯錄雜話瑣談的一些隨筆漫錄之類，曾無有洞穿世態人情之徵而出之以精深微妙之筆者；唯湯顯祖的續虞初志八卷約略可以認為出色之作。蓋曾經元代長足的進步之戲曲小說，至明乃忽遭頓挫，不獨羞出之於士君子之口，一般並視之為誨淫之書而加以排斥，詬之為亡國之文而加以輕蔑。以此之故，戲曲家若湯顯祖、沈青門、陳大聲等雖出，而終不能博一世人心的歡迎。

湯顯祖字若士，萬曆十一年進士，歷任太常博士、禮部主事，尋為知縣，著治蹟其後，以坐事免官，家居二十年而死。性慷慨有志節，自幼即善屬文夙愛宋濂之作而排擊李王的古文辭，極有聲名，既罷官家居，乃以其不平之氣託之於筆作邯鄲夢紫釵記南柯記牡丹亭還魂記等四種，皆說夢，故有玉茗堂四夢之名。就中，牡丹亭還魂記最稱傑作，以趣向的奇幻、情緒的纏綿及思想的豐富擅勝，實足

中國文化史

以追隨西廂記琵琶記之後也而明的小說中其最為膾炙人口的，以西遊記為第一，而金瓶梅次之：西遊記全篇達一百回以唐玄奘赴天竺取經為經而緯之以孫悟空、豬八戒、沙悟淨的活動用奇幻的著想巧妙的筆致，以道破生人的性情縷述解脫的方便，遂使幽深玄遠的教理即眾生亦胥得解會焉；至於金瓶梅，則為一以複雜的雜話為腳色而精緻地描出個個的性格之名著然往往雜入淫猥遂大足以損其趣味以上二書後世以之與水滸傳三國志相配稱中國小說的四大奇書然其實則西遊記不及水滸傳而金瓶梅又不敵三國志明甚此外明代所出的演義小說之類尚復不少然謂足以四敵上言二書的都沒有。

明的史學

明太祖於洪武之初得元十三朝的實錄，乃詔命李善長宋濂等十餘人編纂元史。然其書僅六月即成，故甚為失之草略，且缺順帝元統以後的歷史故其明年，乃命儒士歐陽祐等往北平採輯遺事，又詔宋濂、王禕再總其事而續修之，凡成本紀四十七卷、志五十三卷表六卷列傳九十七卷共二百十卷然猶不免脫誤甚多及人名不一致之譏，惟志類則可觀者甚多其次，胡粹中以元史詳記

世祖以前攻戰之蹟,而略於成宗以後治平之事,且於順帝時尤為闕失,遂乃撰元史十六卷以補之。又柯維騏者,憂宋史之蕪雜撰宋史新編二百卷評者謂此書比之宋史要為精簡得宜。而陳經撰通鑑續編二十四卷以續司馬光資治通鑑之後而述宋的事實然有事實頗近蕪雜之評;而胡粹中的元史續編則接續此書而作者尋薛應旂亦撰宋史元通鑑百五十七卷以續資治通鑑之後,顧事實極其複雜拙作也。此外有陳邦瞻的宋史紀事本末二十六卷及元史紀事本末四卷取捨甚為得要足以續通鑑紀事本末。

明代的科學直至其末世以東來的基督教宣教師之力始一改其面目外,在此以前則以視前代亦未見其有何較著的進步的痕迹獨其間在神宗時,有李時珍者撰本草綱目三十九卷是為中國學術史上可以特筆大書之一事實。

李時珍字東璧蘄州人好讀醫書憂其混亂乃芟煩補闕積三十餘年而成名之日本草綱目實藥用植物學也。據清趙翼的陔餘叢考謂本草一名之見於書目始於齊的七錄,蓋本書的原本應是成於張仲景,華陀等之手,而梁的陶宏景,唐

的于志寧李世勣等更有所增益宋仁宗嘉祐中掌禹錫作之注而歷世增益尚多至李時珍爰更增益作注遂成三十九卷乃名以本草綱目也書成將上梓李時珍遽死神宗詔使購求而時珍之子建言乃奉父遺表並其書獻之遂命刊行天下其天文地理曆法數學砲術等固明末清初的東來的基督教宣教師之力而一改其面目之事實當於明及清的基督教條述之茲且從略。

明的佛教

明太祖幼時曾爲僧即位後遂大崇佛教而加西藏僧哈立麻(Hari-ma)尊號使統領天下佛教又詔南北兩京各印刻大藏經武宗亦好佛教學經典通曉梵語自稱大慶法王然至世宗時則甚崇道教而排佛命毀京師寺院除宮中佛殿由是佛教次第衰頹。

明的喇嘛教

元滅後明太祖以元的帝師喇嘛僧喃迦巴藏卜(Nan Kapa Tsamp)爲國師是後相繼有灌頂國師、贊善王、闡化王、正覺大乘法王、如來大寶法王等諸封號使各領西藏的人民以服屬於明次至成祖亦以公哥監藏巴藏卜(Konchen Tsam-i Tsamp）為圓智妙覺弘教大國師；又聞有異僧哈立廓（Harima）者，召之封為萬行具足十分最勝圓覺妙智慧普應祐國演教如來大寶法王四天大善自在佛，使領天下的佛教，其徒字羅（Polo）以下三人皆為國師尋封法王尊崇甚為優隆。先是喇嘛以戴紅帽著紅衣娶妻而傳其子為例，迨宗喀巴（Tsong Khapa）出創格爾格（Gerg）派戴黃帽著黃衣不娶妻以化身轉生而傳其教，由是，喇嘛教遂分為紅（Samar 即紅帽派）黃（Saser）兩派。明中葉以後，紅教全衰，黃教興隆，凡蒙古西藏之地皆奉之為。宗喀巴者以西紀一四一七年即成祖永樂十五年生於甘肅之西寧衛，初修紅教，後見其有弊遂自創黃教建甘丹（Galdan）寺於拉薩（Lhasa）東十餘地而居之，以西紀一四七八年即憲宗成化十四年死。死時遺言命其兩大弟子達賴喇嘛（Dalai Lama）班禪喇嘛（Panchen Lama）以化身轉生而傳其教，故是後兩喇嘛死時必指示其所轉生之地，乃自其地迎立此嬰兒，遂以為例；達賴喇嘛居拉薩附近的布拉（Potala）班禪喇嘛居札什倫布（Tashi-lhun-po）而交掌其教焉。

明的道教

明自太祖時曾以道士張正常為真人，授二品秩，稱其僚佐曰贊教、掌書，由是歷代皆保護道教，然而並沒有信奉他迨世宗時乃深溺於道教而宮中建立道觀，以道士邵元節為真人使總領天下道教後又舉道士陶仲文。邵元節進至禮部尚書死贈少師，諡文康榮靖，陶仲文進少保禮部尚書後封恭城伯，死諡榮康仲肅四字之諡實開古來未有之先例。如是西紀一五六一年使御史婁敬世宗大任等求天下的符籙祕書道士之來集於京師者極眾，道教之勢大臻隆盛，世宗遂服道士王金等所獻丹藥而死及穆宗即位乃誅戮道士中之奸惡者而大抑道教顧終明之世尚能維持其勢力於不墜。

明的基督教

因元世與歐羅巴交通隨着而流傳到了中國的基督教至明世交通一滯，教迹亦從之而湮然此僅為一時之事，降及明末東西交通既復流傳乃又不絕。是時歐羅巴有新舊兩教之爭，舊教徒因新教之故而失之於西的勢力，乃從事外向而欲獲之於東海上新航路既開，遂爾陸續東向一五五二年耶穌會派 (Jesuits) 的佛蘭西司可德扎維爾 (Francisco de Xavier) 發印度的臥亞

(Goa)經滿刺加(Malacca)而來中國,然不許登陸,病死於上川島;次又有同派的墨爾其窩兒奴涅司、(Melchior Nunes)(一五五五年)多美尼珂派(Dominican)的加司拔答克魯司(Gaspar da Cruz)(一五五六年)馬丁司赫拉達(Martins Herrada)所率的奧古司丁派(Augustin)教士(一五七五年)及迫德羅德阿爾法羅(Pedro d'Alfaro)所率的佛蘭西司可派(Franciscan)教士(一五七九年)均各各來中國居於上川島耶穌會派的會堂於一五七一年建於澳門,多盡力於日本的傳道其中國的傳道則在一五八二年亞歷山德羅哇里尼亞尼(Alessandro Valignani)來中國以前卻沒有開始過。一五八一年耶穌會派的米卡爾路遮羅(Michael Ruggiero)羅明堅、意大利人)及馬竇利其(Matteo Ricci 利瑪竇意大利人)最後來澳門翌年,哇里尼亞尼乃命二人在中國傳道,馬竇利其乃赴廣東,留居總督所在的肇慶府於教授天文地理數學等科學之傍,盡力於布教者垂二十年;其間曾一至南京,卽欲進赴北京,顧不果而還其後,始於一六〇一年乃利同派的鐵果德潘

脫牙(Diego de Pantoja)龐迪我、西班牙人)同入北京,獻時計及基督畫像於明廷,漸漸乃獲得徐光啓、李之藻等名士的皈依,盡力宣敎,後遂得神宗的崇敬,賜第宅,建天主堂於北京。於是沙巴諦奴司德烏爾西司(Sabbatinus de Ursis 熊之拔,意大利人)等耶穌會敎士俱相繼來中國傳敎,一時頓呈盛況。顧自一六一○年馬寶利其死不幾時,而強烈的反對乃起於南方,而朝廷亦遂爲南京禮部侍郎沈㴶等之言所動,一六一八年遂下嚴禁邪敎之令,北京敎士自代替馬寶利其以管理各省敎士的尼古拉窩龍果巴爾滴(Nicolao Longobardi 龍華民、意大利人)起,悉放逐之於澳門,並封禁天主堂及邸第。但是,在這時候,滿洲之勢益益與隆,明廷益爲防禦滿洲之故,乃有製造銳砲的必要,一六二二年憲宗乃遣使澳門,命周亞俄德羅卡(Joao de Rocha 羅如望葡萄牙人)馬諾爾爹亞士(Manoel Diaz 陽瑪諾葡萄牙人)及龍果巴爾滴等製造銃砲,翌年又召用周主俄阿勒略(Julio Alenio 艾儒略,意大利人)佛蘭傑司珂山畢亞索(Francesco Sambiaso)畢方濟,意大利人)等及葡萄牙人。於是西

教之禁漸解，龍果巴爾滴乃再入北京，着手布教和約翰特連司（Johann Terrens 鄧玉函德意志人）共開曆局於宣武門內聖堂東邊的首善書院，推步天文，製造象眼儀、紀限儀、平懸渾儀、交食儀、列宿經緯、天球、萬國經緯、地球儀、平面日晷、轉盤星球候時儀、望遠鏡等，又翻譯或纂修曆書；而亞當沙兒（Johann Adam Schall von Bell 湯若望德意志人）及雅珂布司羅（Jacobus Rho 羅雅谷意大利人）又來助之，徐光啟等亦參加焉。亞當沙兒和羅兩人共續其星曆之業，一六四〇年奉毅宗命鑄造戰砲，其明年曆書完成及冬，進崇禎十五年（一六四二年）新曆會翌十六年（一六四三年）三月朔日有食之欽天監的推步不合於天行，而亞當沙兒等的曆局推步則密合無間。先是自太祖以來以生出時差故曆法的改正已久為明廷懸案，至是毅宗遂斷然有改革之志，欲以西洋新法代大統回回兩曆通行天下，上諭已擬就而政府當局躊躇不決，遂不果施行，明一六四四年三月，明朝滅亡明亡後，亞當沙兒等仍留北京受清朝的優待，盡力於天文、地理、曆法、數學、砲術之業，此諸事實當於次章詳述茲姑從略。至

於他們對於中國的科學及藝術的貢獻，觀左表便可了然；（表中科學及藝術以外之著述不載）。

明末清初在留中國基督教士著譯科學藝術書籍表

原名	滿名	國籍	到著—死年	著書
Matteo Ricci.	利瑪竇	意大利	一五八一—一六一〇	幾何原本、西琴曲意、同文算指通篇、句股義、圜容較義、乾坤體義、測量法義、渾蓋通憲圖說、經天該
Edward-da Sande.	孟三德	葡萄牙	萬曆十三—一六〇〇	畫答睡畫二答
Nicolao Longobardi	龍華民	意大利	一五九七—順治十一	地震解
Sabbatinus de Ursis.	熊三拔	意大利	萬曆三四—泰昌元	泰西水法、表度說、簡平儀說、
Alphþuso de Vagnoni.	王豐蕭	意大利	萬曆三五—一六四〇	寰宇始末、空際格致、推驗正道論
Manoel Diaz.	陽瑪諾	葡萄牙	萬曆三八—順治六	天問略
Julio Alenio.	艾儒略	意大利	萬曆四一—順治六	坤輿圖說、幾何要法、西學凡、職方外紀
Francesco Sambiaso.	畢方濟	意大利	萬曆四二—順治六	崇禎歷書、長歷補注解惑、遠鏡說、渾天儀說
Johann Terrens.	鄧玉函	德意志	天啓元—崇禎三	遠西奇器圖說錄、測天約說、黃赤距度表、正球升度表、大測、諸器圖說

四百十二

明王太后之遣使羅馬

Johann Adam Schall von Bell.	湯若望	德意志	天啓二—康熙五 一六二二—一六六六	古今交日考、西洋測日歷、星圖、交食歷指、交食表、恒星歷測、恒星表、八線表、恒星出沒、學歷辯、測天略說、大測、新歷曉惑、測食略、引歷法西傳、新法差異歷、測量全義、比例規解、五緯表、五緯歷指、月離歷、月離表、日躔歷指、日躔表、黄赤正球、籌算
Jacobus Rho.	羅雅谷	意大利	天啓四—康熙三 一六二四—一六六四	
Joo Monteiro.	孟儒望	葡萄牙	崇禎十一—順治五 一六三七—一六四八	天學略義
Ferdinand Verbiest.	南懷仁	比利時	順治十六—康熙二七 一六五九—一六八八	驗氣圖說、坤輿圖說、儀象志、儀象圖、康熙永年歷法、測繪紀略、坤輿全圖、簡平規總星圖、赤道南北星圖、神武圖說、御覽簡平新儀式用法、進呈窮理學
Thomas Pereira.	徐日昇	西班牙	康熙十二—四七 一六七三—一七〇八	律呂正義續編
Joachin Bouvet.	白進	法蘭西	康熙二六—雍正八 一六八七—一七三〇	天學本義
Ignatius Köglers	戴進賢	德意志	康熙五五—乾隆十一 一七一六—一七四六	儀象考正

以耶穌會派教士等的熱心毅力，而信奉基督教者遂增加至數千人之衆。

尤有明之朝廷上自毅宗下至廷臣都有崇信者，即其滅亡之後繞保餘喘於南方的桂王朝臣若瞿式耜、（聖名Thomas）若丁魅楚、（聖名Lukas）若龐天

壽等，皆爲基督教信者，而王太后、(聖名 Helena 烈納) 馬太后、(聖名 Maria 瑪利亞) 王皇后 (聖名 Anna 亞納) 及太子慈炫 (聖名 Constantinus 當安) 等亦因龐天壽等之勸而受洗禮先是自一六四三年以來波蘭人而耶穌會教士的卜彌格 (Michael Boym) 來中國布教時和同派的安德勒查維爾珂夫勒爾 (Andre Xavier Koffler) 俱極蒙桂王的信任桂王乃授卜彌格以王太后的諭文 (本文現藏羅馬法王廳巴其坎 Vaticano 的文書館) 署年月永曆四年十一月十四日者 (二六五一年一月) 及龐天壽的書信將之往羅馬呈法王因諾建 (Innocent) 十世兼與威匿思 (Venice) 共和國及其他基督教諸國通殷勤蓋是時桂王頗思賴法王之威德以及基督教的功德而求得一安心之地並欲得諸基督教諸國的同情助以精銳的武器以期再造明室如是龐天壽乃以家人伴卜彌格自廣州 (廣東) 西航赴印度的臥亞 (Goa) 乃更登陸經印度波斯以一六五二年九月抵小亞細亞之斯密納 (Smyrna) 乃更西航其翌月入威匿思面謁威匿思共和國的總統 (Doge) 致龐天壽的書信，

明的音樂

一六五三年一月，抵羅馬奉王太后的諭文及龐天壽的書信呈法王。當時法王已得在留中國的耶穌會教士的報告深知中國的情況，倘其表示好意於到底已無恢復之望的明帝則止徒買新勝的清朝之嫌忌於後來布教影響不小因此遂荏苒不作答書迨一六五五年因諸建十世死新法王亞歷山大（Alexander）七世當進始於是年十二月作覆書於王太后及龐天壽於是，卜彌格於一六五六年就歸途一六五八年還至中國然而是時兩廣之地則既已入清朝，桂王播遷雲南王太后及龐天壽已夙死，卜彌格乃去而流離於安南之境中途嬰病以一六五九年八月死而桂王亦於一六六一年被執於緬甸，由是明室更不留餘影。

明在太祖時欲興復雅樂，曾命諸臣考定顧終已不能返於古音成祖亦曾問人以黃鐘之律而無應者。英宗景宗憲宗孝宗之世樂器亦皆不過虛設止為具文。世宗頗以制作自任用張鶚李文察，皆明樂之士然亦終未成功要之明的音樂大抵本於漢唐宋元之舊僅易其名其聲容的次第器數的繁縟雖有可觀，

第八章　明時代之文化

四百十五

明的書畫

而究不免雅俗雜出之譏。神宗時，利瑪竇所將來的樂器，說是「縱三尺，橫五尺，載櫃中絃七十二以金銀或鍊鐵為之絃各有柱端通於外鼓其端而自應」云云則其為批亞娜（Piano）可知又利瑪竇所著書中有西琴曲意足知當時西洋音樂已入中國。

明初，有王冕王履以畫名，其後沈周仇英出，乃稱大家。沈周字啟南，號石田，亦稱白石翁博學能詩文又工於畫，凡峯巒煙雲波濤花卉鳥獸蟲魚無不妙造自然，性行高潔而至孝，世人稱沈孝廉而不名畫成必題詩其上故時人又呼以二絕先生。仇英字實甫，號十洲，畫學周臣長於畫人物鳥獸山水樓觀旗輦車容之類，而尤工人物以秀麗鮮麗神釆生動見稱同時又有唐寅文徵明：唐寅字伯虎，又號子畏、六如能詩文亦師周臣，工畫山水人物花鳥無一不能，人稱其畫法沈鬱風骨奇峭。文徵明名璧，號衡山能詩文書畫法，曾就沈周學之而兼趙孟頫、倪瓚、黃公望諸雅潤不失法度略同於其書畫而書學李應禎，尤名滿天下其詩文書畫者四方踵至雖富貴之人，欲得其片紙隻字亦不易之體，當時來乞其詩文書畫者四方踵至雖富貴之人，欲得其片紙隻字亦不易

云。如是以上沈、仇、唐、文，是爲明四大家。其他則陳獻章經學湛深而工於畫，其畫運筆遒勁甚多可觀。又關思（字何思號虛白）亦以擅長山水有聲追明末有董其昌字玄宰其畫初宗宋的米芾後遂於晉唐諸家出之以錯綜變化而自成一家，畫則初學黃公望兼仿董源，後乃集宋元諸家之長而以己意行之人稱其瀟灑生動非人力所能及，而他自己也說「余畫比之文徵明各有長短徵明之精工具體非吾所能及，而至於古雅秀潤則余卻更進一籌」云云其爲山水樹石煙雲流潤自在而神氣具足又出之以儒雅之筆風流蘊藉評者謂宜其爲一代宗師也。

有明一代的農業，與前代初無異狀唯耕作之法則極有可以見出其進步之處者。江蘇安徽江西浙江湖南諸省多水田有灌漑之利，故產稻米至多；就中江蘇浙江尤爲豐富福建廣東廣西固亦產稻米而其額不多山東直隸山西陝西甘肅及滿洲一帶則多高原而產小麥大麥高粱。農民亦多於耕耘之傍兼事牧畜。凡以上情景直至清代亦大概都無變化。又明末徐光啓所撰的農政全書

明的商業

六十卷，內分農本田制、農事、水利、農器、樹藝蠶桑蠶桑廣類種植、牧養、荒政十一門，蓋甚為完備的一部著述而其水利中所述則尤參用熊三拔著的泰西水法也。

明初，改元的關市之稅到十分簡約，然後來又漸漸增加，除農具和書籍外，大抵課稅為三十分之一又命在京兵馬指揮管領市司每三日則檢查街市的度量衡一次稽考牙儈的物價。其後宣宗時設鈔關以稅通行河川船舶之積載貨物者，故商買頗大感困難。至於外國貿易，則在寧波、泉州、廣州設市舶司置提舉官，蓋寧波通日本、泉州通琉球而廣州則通占城、暹羅西洋諸國也。渤泥（明時稱婆羅）以西日西洋以東則日東洋這大概是緣於航路之便而區別的。如是利日本的貿易遂極其旺盛。因日本人中，有為侵掠之事者遂設制限定每十年船二艘人數二百以勘合印信及表文為驗勘合印信乃所授的合符，往來諸國之證者蓋加印而裁為兩半，後此須勘合往來，故有此名。此種勘合印信以太祖洪武十六年（西紀一三八三年）授與暹羅為始，如廣東通志所說，便是此

物志云：『勘合簿、洪武十六年始給暹羅以後漸及諸國每國勘合二百通號簿日扇。如暹羅國暹字勘合一百通及暹字底簿各一扇，發本國收填羅字號簿一扇，發布政司將比過送貯內府羅字勘合一百通及暹字號簿一扇，朝貢填字國使臣姓名年月方物令使者齎至布政使先驗表文次驗簿比相同方許護送至京。每紀元更給』又有送至日本之勘合印信野史外國傳引外國書翰言：『景泰元年編完日本國日字壹號至壹百號勘合底簿壹扇付本國差來專使允澎等齎回』蓋將軍足利義滿初和明貿易時以勘合百通約每十年一貢每貢正副使不得過二百人。若非其時人員逾數，帶刀劍則並以寇論乃定以寧波為貿易地點；至足利義政時改為一貢三百人然其後勘合百通約底簿為海賊奪去又後土御門天皇時日本海賊侵掠朝鮮全羅道海岸朝鮮王不能禦，乃與海賊和與以蓋有王的印璽之書，約期計船的大小而與以財帛，是為朝鮮有勘合印的濫觴其後日本的大內氏世世掌明及朝鮮的勘合印而駛商船這大概是從海賊去奪來的又義興時曾奪正德的勘合印而盛營貿易。日本大永七年

中國文化史

明的外國交通

八月將軍義晴遣使請新勘合印金印不通,天文八年明乃再許以十年一貢,每貢限三百人然商人未嘗遵守,明遂又拒絕之。而其實則明的商賈希望和日本貿易的甚多故日本的商民遂為密商通貿易,其後遂變而為倭寇。於是明世宗時乃罷市舶自是倭寇侵略日盛貿易從此中絕迨倭寇勢衰始復三市舶司,一時雖尋廢後又復之。先是,葡萄牙人來廣州後又於寧波廈門、並設商館至西紀一五六六年遂租借澳門尋西班牙人亦以馬尼拉(Manila)為根據而和中國通商其後荷蘭人及英吉利人亦來廣州貿易。至於北邊貿易則以馬為主。其地點在開原的南關東關及廣寧,此諸地俱可和蒙古地方的馬驟開交易之業其後廢開原的東關及廣寧而在宣府、大同開馬市。

元亡後明太祖於西紀一三九五年遣使中央亞細亞往撒麻耳干(Samarkand)訪帖木兒(Timur)大王。明使經哈密(Hami)土魯番(Turfan)伊犂(Ily)而至撒麻耳干更經西拉志(Siraz)赴亦思法抗(Ispahan)逗留彼土者數年。據當時來撒麻耳干的喀司諦拉(Castilla)使節克拉維(Clairjo)的

旅行記，謂一四〇四年有旅客一隊以駱駝八百頭載絹麝香大黃寶石等物自迦台(Cathay 指中國)的罕巴里(Cambalu 指北京)至撒麻耳干云其載在明史則帖木兒的後嗣沙哈魯(Shah Rukh)兀魯伯(Ulugh Beg)等的使節於西紀一四三〇年、一四三七年、一四四五年、一四四九年俱曾來至中國。而明的使節又曾巡歷過哈密土魯番賽蘭(Sairam)、訛答剌(Otrar)達失干、撒麻耳干渴石(Kesh)不花剌(Bokhara)、哈烈(Herat)特爾墨德(Termed)等地成祖即位之初即遣中官馬彬往使於爪哇(Java)蘇門答剌(Sumatra)等諸國已遣李興使遏羅(Siam)尹慶使滿剌加(Malacca)及柯枝(Cochin 印度的西南海岸)追西紀一四〇五年又命太監鄭和及王景和等赴南海諸國鄭和等乃大賫金幣率大船六十二隻兵三萬七千餘人自蘇州之婁家港(今之瀏家口)出發泛海至福建其次達占城乃遍歷南海諸國到處宣示明之威德厚賜其君長使之歸服有不服者即以兵威之由是諸國悉惟命是聽在鄭和歸航之時盡遣使朝貢鄭和等歸未幾又被命遍歷南海諸

國，於是來朝者益多及安南陷朝貢之國凡有琉球、占城、眞臘、暹羅、緬甸、滿剌加、渤泥、蘇門答剌、爪哇榜葛剌等三十餘國焉。如是鄭和歷仕成祖仁宗宣宗三朝，出使南海者凡七回共二十五年擒舊港（唐時代的室利佛逝宋時代的三佛齊而蘇門答剌的拔連班也）之酋陳祖義，錫蘭（Ceylon）王亞列苦奈兒及其妻子，蘇門答剌的王子蘇幹剌等故其足跡所經遠及於亞拉伯之南端阿丹（Aden）及亞非利加之東海岸木骨都束（Magadoxa）、竹步（Jubb）、不剌哇。（Brava）由是諸國的人民利中國的貨物遂往來不絕南海貿易乃益趨茂盛，中國商賈通商往來者旣衆爰有移居其地者因之漸以養成勢力；如明史所記呂宋的潘和五，婆羅的王爪哇新村的村主舊港的梁道明、陳祖義皆是。

明太祖懲於前代鈔法的極弊乃停止交鈔而鑄洪武通寶然其弊則：（一）因爲要命民間輸銅人民乃極以爲苦；（二）私鑄者極多；（三）商賈苦於銅錢的笨重而不便運輸因此諸弊乃又造交鈔發行需費鉅國家負擔一時加重；（四）一貫五百四百三百二百一百文六種其價格定爲鈔1貫＝錢1000＝銀1兩＝

金$\frac{1}{4}$兩。令一百文以下用錢,其他專用鈔票,已而鈔價下落,乃更造小鈔而禁用錢。於是,至成祖時乃鑄造永樂通寶而禁用金銀,然而鈔價愈跌,至宣宗時乃鑄造宣德通寶而停造新鈔,新增稅目收回舊鈔悉令燒棄,而鈔法之弊始得掃淨顧交鈔雖盡而一時亦不能鑄出爾許銅錢,乃再興出以布帛代用的習慣,並通用銀兩,政府徵收租稅亦許得用銀完納。

第九章 清時代之文化

西紀一六四三年清的太宗死,其子世祖立翌年聞明的流賊李自成犯北京,乃命叔父睿親王多爾袞圖進取。時明將吳三桂負防禦清軍之任,駐山海關附近聞李自成遂陷北京,毅宗自殺乃降清請申討李自成。世祖爰命多爾袞援助吳三桂討李自成遂之陝西,遷都於北京。毅宗之死也明的遺臣等乃擁立神宗之孫福王於南京,史可法則督軍謀恢復中原。世祖於是命叔父英親王阿濟格定陝西平李自成命豫親王多鐸伐明以西紀一六四五年入揚州,史可法死之乃渡揚子江陷南京,執福王於蕪湖,乃下令漢人悉為辮髮從滿洲之俗然明的遺臣等猶擁立唐王於福建以與紹興的魯王相應而固守江西、浙江、福建諸地。西紀一六四六年世祖乃命肅親王豪格和吳三桂入四川平張獻忠,命貝勒博洛定浙江走魯王,遂入福建擒

聖祖之業

唐王於汀州。然明之遺臣等固猶未屈仍立神宗之孫桂王於廣西又有據江西、湖南、四川而從之者故自是以下凡亙數年明清激戰不已然西紀一六五九年,清軍入雲南悉平明的舊境,桂王亦遁入緬甸。時緬甸辦陀格勒(Bentagle)王實迎桂王而置之赭經(Sagain)乃和雲南諸部同心協力以抗清軍又寄寓的葡萄牙人也都加入。但是,緬甸人不樂王之納明遺族而招禍也,王弟莽猛台(Maha Parara Dahmma Raja)遂弒王而自立,西紀一六六一年吳三桂等討緬甸,迫阿瓦(Ava)莽猛台請降執桂王以獻。自桂王遁走緬甸以來,中國已更無明的遺族,故謂世祖實為一統中國者。

西紀一六六一年世祖死其子玄曄立是為有名的清聖祖,因其年號為康熙,故又曰康熙帝。其一代曰康熙朝。帝天資英邁兼文武蓋一古今無可比類之英主,在位凡六十一年之久,恭謙而愛民故雖起自夷狄統御漢人然能得其愛戴這實可以說是無愧於其聖祖之聖茲舉其偉業之主要者則:(一)削平三藩的反畔;(二)滅鄭氏取臺灣;(三)結尼布楚(Nertchinsk)條

第九章 清時代之文化

四百二十五

約，定清俄的境界；（四）征準噶爾；(Dsungar)（五）鎮定西藏；（六）改革制度、獎勵學術、任用名儒編纂大部書籍。

世祖征明以明的降將吳三桂、孔有德、尚可喜、耿仲明之功爲最多，故明的遺族旣盡乃封吳三桂於雲南，孔有德戰死無後封尚可喜於廣東封耿仲明之子繼茂於福建繼茂死，其子精忠襲封，皆握有兵權勢力雄厚是謂三藩。

迨聖祖親政，憂三藩之强大欲撤之，會尚可喜請撤藩歸遼東聖祖立許之，吳三桂不自安，西紀一六七三年先反，侵掠四川、貴州、湖南各地耿精忠亦舉兵與臺灣鄭經連和而尚可喜之子之信亦幽其父而應之，於是嫌厭清的辮髮令之漢人亦皆爭起影響西南數省乃皆陷入亂中。顧之信與吳三桂有隙，耿精忠又與鄭經不協乃皆前後降清獨吳三桂稱帝號都衡州已而病死，其孫世璠繼立戰敗走雲南旋自殺內亂乃平時則西紀一六八一年也。

征服臺灣

臺灣在昔本未隸中國明之中葉始有移住此土者逮明之末造日本亡命者據之稱其地爲高砂，旋於西紀一六二三年爲荷蘭人所奪迨一六六一

締結尼布楚條約

年，鄭成功乃逐荷蘭人而取之。初，明的海賊鄭芝龍寓日本的平戶娶於田川氏女而生成功其後歸明屢立戰功曾迎唐王於福建已又畔而降清然鄭成功誓志恢復明室據廈門與清軍連戰十餘年逮明已全滅乃取臺灣據之以福建廣東沿岸然不得志而死其子鄭經嗣立亦紹父遺志三藩亂起舉兵應之屢攻西紀一六六二年病死其子鄭克塽立，幼弱將士不服聖祖乃遣施琅伐臺灣既至克塽出降由是臺灣始歸清的版圖時西紀一六八三年；其後西紀一七二一年臺灣民朱一貴自稱明帝之裔起事然不二月福建官兵討平之。

居住黑龍江流域的通古斯族諸部，在太宗時曾服屬於清先是俄羅斯既取西比利亞(Siberia)清世祖時俄國的將軍哈巴羅夫(Khabarof)乃取雅克薩之地築阿爾巴井(Albazin)城，由是俄清之間乃時起爭鬪迨三藩亂平，聖祖乃用意於北築愛琿(Agun)城置將軍以鎮北邊父遣使雅克薩命俄羅斯人退去俄羅斯人不應，西紀一六八五年乃遣彭春攻阿爾巴井城下之。俄人雖退然清軍一去則復來據雅克薩聖祖於是乃介荷蘭人致書於俄

帝彼得（Peter）一世請定清俄的境界於是俄國的全權戈羅文（Feodor Ale-xevitch Golovin 費曜多羅）和清國的全權索額圖於西紀一六八九年會於尼布楚（Nerchinsk），定以外興安嶺、（Stanovio 山脈）格爾必齊（Kerbechi）、額爾古那（Argun）阿為兩國境界俄羅斯人乃約退出雅克薩這便是尼布楚條約。

準噶爾為明代瓦剌之後居伊犂及噶爾丹（Galdan）為部長遂併合青海蒙古諸部降服回部卽天山南路諸國威制西藏西紀一六八八年遂侵略喀爾喀。（Khalkha）喀爾喀卽外蒙古乃達延（Dayan）汗之末子札賚爾（Jalair）的後裔札薩克圖（Jassaktu）汗土謝圖（Tushiyet）汗車臣（Tsetsen）汗之所分領噶爾丹旣侵入三汗部眾乃皆東走至於漠南而降清朝聖祖乃於西紀一六九〇年出兵擊破噶爾丹於烏蘭布通（Ulan Putung）已又侵入喀爾喀聖祖乃親征之西紀一六九六年破之於昭莫多。（Chao Modo）噶爾丹旣外征久不歸而準噶爾部遂為其姪策妄阿拉布坦（Tse-

鎮定西藏

wang Arabdan）所併，回部、青海亦俱離叛。由是噶爾丹腹背受敵進退維谷，西紀一六九七年乃仰藥死而後蒙古及青海乃皆為清的藩屬。

西藏自明中葉以後雖黃教獨占勢力，然達賴、班禪兩喇嘛止於總裁教務，至於一般的政務則第巴（Dipa）實司之，而漸張其權勢；故至第巴桑結（Sange）遂擅自擁立第六世的達賴喇嘛焉。然和碩（Khoshot）部的拉藏却不服，而拉藏又為是藏中之大有力者，遂殺桑結而別立新達賴喇嘛於西寧，於是策妄阿拉布坦乃乘此紛擾以西紀一七一七年侵入西藏，襲拉薩（Lhasa），殺拉藏汗聖祖於翌年遺皇子允禵發兵擊退準噶爾兵，迎西寧的達賴喇嘛於拉薩而立之，與以封冊自是清的威力乃遠振西藏。

聖祖的文德

聖祖極用意內治創定制度獎勵學術，尊用國內的名儒使著作大部的書籍，又命基督教教士講究推步之術及器械的製造等事而編製全國的地圖。抑又極其尊尚儒教以收服漢人人心，利用喇嘛教以懷柔西藏蒙古，而此外政治上的施張可觀者尚極不少總之，清室的基業蓋在聖祖時而完成也。

第九章　清時代之文化

四百二十九

世宗的西北征伐

西紀一七二三年聖祖死其子允禛立，是為世宗。翌年青海的羅卜藏丹津(Robtsan Tanjin)畔，揚動青海西藏的喇嘛使作亂，西紀一七二四年乃遣岳鍾琪等鎮定之，置駐藏大臣於拉薩置青海辦事大臣於西寧以鎮撫青海。西藏已而策妄阿拉布坦之子噶爾丹策零(Galdan Tsereng)屢擾邊疆，青兵苦於征伐，土謝圖汗的一族策凌(Tseling)擊退之，世宗乃分土謝圖汗之地以封之號賽音諾顏(Sain Noyan)部，由是喀爾喀之地，乃有四部。

高宗之業

西紀一七三五年，世宗死其子弘曆立這义是有名的清高宗，因改元為乾隆，故亦稱乾隆帝其一代日乾隆朝在位六十年治世之長亦同於聖祖，而治功之偉亦不劣於聖祖因用武十度皆未嘗有失自作十全記十全者：平準噶爾擾金川受廓爾喀(Gurkha)之降者各各二回定回部靖臺灣降緬甸安南各一回故云。而高宗又極好學亦命儒臣編纂大部的書籍。

征伐金川準噶爾回部

金川在四川的西邊而金沙江的上流分大金川小金川西紀一七四七年，大金川畔高宗命傅恆及岳鍾琪平之，然其後兩金川又亂更命阿桂討之，

緬甸和邏羅

第九章 清時代之文化

西紀一七五七年乃全然平定。準噶爾自噶爾丹策零死後內訌大作，策妄阿拉布坦之從孫達瓦齊(Dawatsi)乃篡立惡其族人阿睦爾撒那之悻功橫暴擊破之阿睦爾撒那乃率所部降清高宗乃於西紀一七五五年命班第阿睦爾撒那共討準噶爾擒達瓦齊然阿睦爾撒那旋父據伊犂反殺班第一七五七年高宗命兆惠等討之先平衞拉特(Werat)諸部，阿睦爾撒那遂敗走俄羅斯旋死準噶爾悉平。先是回部，卽天山南路之地，乃紥合台汗時此諸汗者盡喀什噶爾(Kashgar)、土魯番(Turfan)的諸汗之所領，聖祖時此諸汗之後人爲噶爾丹所滅由是屬準噶爾迨準噶爾旣亡伊斯蘭敎的僧族和卓(Khoja)及布羅特尼(Barhan ud-din)兄弟作亂，高宗仍命兆惠進討西紀一七五八年悉平。由是天山南北盡爲清的領土，清之威力，乃遠振於蔥嶺以西。

緬甸自辨陀格勒王以後國勢不振，白古(Pegu)乘之而獨立西紀一七五一年陷其國都阿瓦於是木䟽部(Moksabo)的土司雍藉牙(Aung Zeya)一名阿龍卜拉(Alompra)者起兵抗之西紀一七五四年乃恢復阿

瓦而爲緬甸王。已又征服白古，侵雲南的西南部，屢破清軍，西紀一七六七年，高宗命明瑞討之敗戰死，一七六九年又命傅恆及阿桂征之亦無功。先是雍藉牙既死，其子孟駁(Maung Upa-Raja)及辛標仁(Simpyuin)相次立，頻頻侵擾暹羅，西紀一七六七年遂陷其國都猶地亞(Ayuthia)。然未幾暹羅人卽恢復其勢力，反而侵入緬甸，加以清軍又頻來征討，雍藉牙的少子孟魯(Mon Tara-Rri)乃懼而降清，西紀一七九〇年受册封爲緬甸國王。暹羅在明之季世卜拉憍、卜拉沙登(Phra Chau Phrasattong)曾建造新王朝用日本的山田長政爲政，曾奮其國威迫王死，內亂卽作，長政亦遇害。清聖祖初年希臘人康士但丁華爾根(Constantine Phaulkon)來暹羅勸國王請法蘭西保護，招其兵入國內，暹羅人惡之起內亂，緬甸人乃乘隙侵入，西紀一七六七年，國都猶地亞陷至一七七八年，暹羅遺民擁漢人鄭昭爲主，逐緬甸人而建國奠都於盤谷(Bangkok)。然其後鄭昭又因內亂被殺，其將鄭華(Phaya Chakri)嗣位，西紀一七八六年受清的封册；這便是現在暹羅國王的祖人。

安南

安南自明末以來，大越、廣南兩國相對立者，垂百八十餘年。其間大越則黎氏諸王僅擁空名而實權盡在鄭氏，廣南則初取南方的占城繼略柬埔寨(Camboja)一面又和日本通商國勢曾一時頓增隆盛。然西紀一七七三年阮文岳阮文惠兄弟起自廣南的西山(Tay-son)阮文岳先滅廣南以西紀一七八六年為交趾王阮文惠於西紀一七八七年滅大越稱東京(Tongking)王。於是大越王黎維祁請援於清高宗命孫士毅於西紀一七八八年率兵往，恢復東京。然明年，阮文惠來襲敗而歸黎維祁遁奔清已而阮文惠請降西紀一七九〇年自請入朝高宗許其請，封之為東京王自是黎氏乃不能再歸國。

廓爾喀和台灣

廓爾喀(Gurkha)部原居喜馬拉亞山之南尼波羅(Nepal)之西後乘尼波羅有內亂乃奪其地而據之西紀一七九〇年侵略西藏高宗使福康安等討之，迫其國都喀特曼慈(Khatmandu)受降而還。臺灣因清之官吏貪縱失民心西紀一七八六年彰化林爽文作亂，陷諸縣高宗遣福康安等討平之。

清朝衰替之兆

高宗雖則在這些外征上面克奏膚功，然其間則內地亦有臨清的清水

第九章　清時代之文化

四百三十三

教徒之亂甘肅的伊斯蘭教徒之亂幸皆未幾卽平然而西紀一七九三年所起的白蓮教匪及繼起的貴州苗猺之亂則猖獗極一時清廷大爲所苦故清朝在高宗之世其盛固足以比於聖祖然而隆盛之中衰兆已形由是國家乃漸致多事。高宗以西紀一七九六年退位是爲仁宗改元嘉慶。其時白蓮教匪又大起於湖北蔓延及於河南陝西甘肅四川到處肆其殺戮；四川賊徐天德王三槐等亦起而抄掠郡縣討伐九年始得平靜此次之亂教匪苗猺並起糜財二億殺賊數十萬官兵鄉勇之戰死五省民庶之罹災者直不可以數計慘狀蓋不忍言抑其間又有海盜蔡牽出沒定海浙江提督李長庚逐之奔臺灣未幾復與福建的海盜朱濆合犯浙江尋二賊不相能各分離，蔡牽自稱鎮海王大逞抄掠後爲李長庚所破奔安南旋又還與朱濆合然兩人終亦爲淸軍擊死而後閩浙兩洋巨盜始全平。西紀一八二〇年仁宗死其子宣宗旻寧立改元道光已而回部變叛天山南路大亂。

曩者，天山南路既平，布羅尼特之子薩木克(Sarimsak)遁走浩罕(Khokand）圖恢復不果，其子張格爾（Jehangir）有雄略，乘天山南路的參贊大臣斌靜荒淫失民心乃襲喀什噶爾的邊塞西紀一八二六年遂佔喀什噶爾，乘勢連陷英吉沙爾（Yengishar）、葉爾羌（Yarkand）、和闐（Khotan）進逼阿克蘇（Aksu）。宣宗命楊遇春及長齡會於阿克蘇伐之，楊遇春等旣破賊復喀什噶爾又進復英吉沙爾葉爾羌和闐於是張格爾遁走浩罕長齡放反間誘之要擊之於喀什噶爾城下，張格爾生擒。清廷於是遂移參與此次叛亂的伊斯蘭教徒於伊犁且與浩罕絕不復與互市。浩罕大怒援張格爾之兄玉素普（Yusuf）陷喀什噶爾又擾回部，清廷復平之，西紀一八三一年與浩罕的互市復舊而使監禁和卓的一族於其國自是天山南路乃得以小康一時。

英吉利在中國的貿易起初爲葡萄牙人所妨礙頗復不振迨英吉利東印度公司得志於印度以後乃頻謀擴張尤自印度大輸入其鴉片（opium），流毒無藝清廷嚴禁之；高宗仁宗之世曾兩燒鴉片數千箱顧其後法禁漸弛，及宣宗道光年間比年販賣者達三萬四千箱之多如是民命耗損資財濫出

鴉片戰爭

害患之深靡有底屆，湖廣總督林則徐乃上書痛論之。宣宗遂舉林則徐為兩廣總督使得以便宜行事，林則徐乃於西紀一八三九年命留在廣東的英吉利商人限三日內悉出其所藏鴉片凡得二萬二百八十三箱乃悉數焚棄，又以全數未盡因不從命令禁絕通商令廣東市民毋得供給其飲食日用諸物。於是英人大窘盡出餘藏，林則徐又燒之。嚴命此後有輸入賣買鴉片者即處死刑。

時英吉利的廣東領事葉利阿（Charles Elliot）頗思用平和的手段以謀互市的復舊，然林則徐頑執不應，遂向本國請出師，英吉利政府亦決意寇清，一八四〇年下訓令於印度總督哈丁疾（Lord Hardinge）布勒墨爾（Bremer）及葉利阿（George Elliot）兩將乃率軍艦十五隻到澳門，初遣使於林則徐請解互市之禁不應，乃北進佔舟山島轉而西渡錢塘江攻乍浦封鎖廈門、寧波兩港。已而葉利阿北航入直隸灣泊於白河河口會見直隸總督琦善於大沽請傳達國書，然清廷要其在廣東商議，葉利阿乃拔錨南下。於是宣宗

乃遣琦善及兩江總督伊里布往廣東，撤各地兵備，免林則徐以議和。然事不易如是即決，一八四一年布勒墨爾又取攻勢，奪川鼻、大頭角兩島，如是北京的主戰黨其勢復熾，宣宗乃褫琦善及伊里布職，再起林則徐而命皇姪奕山為將往廣東尋英將高符(Gough)率援軍至，英吉利軍大振，進占廣東連陷廈門、定海、鎮海、寧波乍浦而英吉利的軍艦則入揚子江下吳淞、溯江攻上海縣，殺清之驍將陳化成直攻鎮江陷之，便將擊南京，宣宗初主戰已見清軍屢失利，遂欲和議之成，乃起復伊里布命和者英、牛鑑急赴南京，與英吉利的全權公使波丁遮(Potinger)會議，結約十三條，是為南京條約，時則西紀一八四二年八月二十九日（道光二十二年七月二十四日）也，此約要項為：(一)清廷賠償軍費一千二百萬美金賠償英吉利商家三百萬美金賠償鴉片六百萬美金，總計須交付二千一百萬美金；(二)開放廣東、廈門、福州、寧波、上海五港為互市場；(三)香港的主權讓給英國。於是比利時、荷蘭、普魯士、西班牙、葡萄牙諸國都相繼派遣領事來廣東，而亞美利加共和國和法蘭西兩國尤

長髮賊之興起

特派全權公使來中國至是，清廷乃知外人之不易與，而倨傲尊大之氣亦稍挫，乃採用西洋文明的利器設砲臺造軍艦焉。

鴉片戰爭之後，清廷威稜漸輕，人民已不復尊重清室；會廣東、廣西之地，歲大饑盜賊蜂起，亂乃雲興時廣西桂平人洪秀全者自稱為天父的第二子，而以基督為大兄作金言寶誥等書以惑愚民密與楊秀清馮雲山謀西紀一八五〇年舉兵金田與其徒三百餘人却掠鄉鎮於是不逞之徒多來附集其勢日盛，洪秀全乃建國號曰太平天國而自稱天主因其徒皆蓄髮遂目之曰長髮賊。時宣宗已死其子文宗奕詝立改元咸豐遣林則徐討長髮賊則徐病死中途乃更遣李星沅賽尚阿等然洪秀全等乘帝室承繼之交大擾桂林一帶出湖南攻長沙更轉入洞庭取岳州進下漢陽武昌清廷命徐廣縉善、向榮等防之然無功洪軍的舟師已從揚子江東下陷九江安慶蕪湖西紀一八五三年二月遂入據南京。洪秀全乃於茲建造宮室興馬服飾儼然王者之制分遣諸將略大江南北，並將衝北京江北為之震蕩清室遂爾大搖。於是文

宗遂下詔徵募勤王之兵，會有湖南湘鄉人曾國藩以母喪在籍，乃應詔發鄉勇連討土匪先復湖南會水陸之師，已取武昌旋又為洪將楊秀清奪回尋洪將石達開率大軍自南京向武昌湖北巡撫胡林翼拒戰大舉進討，再復武昌。其間，曾國藩之弟曾國荃及左宗棠李鴻章亦俱起兵盡力征討然洪勢殊張，到處恣其刼掠。

阿羅號事件

清國以鴉片戰爭的結果開放五港，和外國的交通遂極其頻繁從而犯罪之徒乃多投匿於外國船仰其庇護西紀一八五六年十月碇泊廣東的淸國軍艦忽派兵士闖入揚著英吉利國旗的阿羅（Arrow）號上逮捕船人屬淸籍者十二人倒其國旗棄之甲板。於是英吉利領事拔克思（Harry Smith Parkes）大怒詰其不法要求還其船人，然兩廣總督葉名琛處置此事不得其宜遂惹起英清間的衝突來。於是英吉利的首相拔爾馬司登（Lord Palm-erston）乃諮議會得軍費的協贊又向法蘭西、俄羅斯亞美利加合眾國提議，擬共派遣公使往北京會有廣西人民殺害法國的宣敎師法帝拿破崙（Na-

英法的北清侵伐

一八五七年十二月英法聯軍陷廣東城,執葉名琛,送之加爾葛達(Calcutta)。其明年北進入直隸灣四國公使發書清廷請交涉聯軍先佔白河河口的大沽砲臺清廷大驚以大學士桂良,花沙納爲全權大臣赴天津,和四國公使相見;迨一八五八年六月天津條約成,而後英法艦隊始啓椗南歸。旣歸而清廷態度又還強硬,命僧格林沁(Sang Kolinsin)改築大沽砲臺欲令條約的批准交換行之於北京乃率聯合艦隊抵大沽砲臺發砲擊之與英法兩國的公使則欲行之於上海然翌年英法兩國的公使則欲行之於上海然翌年聯合艦隊卽退歸上海以待援軍。一八六○年七月英吉利軍集合於大連法蘭西軍集合於之罘凡艦船二百餘隻直向直隸灣,陷新河、塘沽的砲壘進下大沽取天津奪張家灣與

長髮賊的平息

僧格林沁戰於八里橋,破之,遂向北京。於是文宗避難往熱河,以皇弟恭親王奕訢爲欽差大臣議和不成,十月聯軍遂入北京,燒西北城外的圓明園,掠奪清室的珍器重寶。會俄羅斯公使伊格那傑夫時在北京,乃出而執調停之勞和議始告竣:(一)清國賠償英法兩國銀各八百萬兩(約一千六百萬圓)。(二)承認英法兩國的公使駐劄北京(三)南京條約的五港之外更開牛莊、登州、(之罘)潮州、(汕頭)臺灣瓊州九江漢口七港(四)允許自由傳布基督教(五)以香港對岸的九龍半島租與英吉利;這是北京條約時爲西紀一八六〇年十月也。

其間長髮賊之中亦起內訌,楊秀清因欲除洪秀全而自立被殺,馮雲山以下的諸將亦多死去然而清廷因和英法兩國的葛藤不清竟亦不遑討伐,故太平天國反得以乘之而振其勢屢破官軍陳玉成復取揚州;石達開自江西入湖南攻廣西更入廣東,李秀成亦擾江蘇浙江遂下丹陽。迨清旣與英法和,乃專其力於征討任曾國藩爲兩江總督兼欽差大臣督理江南軍務。曾國

藩於是連破石達開、陳玉成之兵。而曾國荃、左宗棠亦各破賊所至恢復。洪秀全乃出兵浙江，欲二分官軍的兵力，一面又以兵迫上海。西紀一八六一年會文宗死其子載淳立改元同治是爲穆宗。時上海的官紳、居留的英吉利人及亞美利加人商議決助清兵防洪軍來襲。亞美利加人瓦德（Ward 華爾）乃訓練清兵編制洋槍隊屢建殊功至得常勝軍（Ever Victorious Army）之名。已而瓦德死亞美利加人白齊文（Burgevin）代之望賞厚不協而去乃投洪軍於是戈登（Charles George Gorden 英吉利人）遂將常勝軍屢奏奇勳。是時江蘇巡撫李鴻章已連破太平軍而曾國藩亦恢復各地洪將石達開、陳玉成相繼成擒洪勢大損於是曾國藩乘之合諸道之軍共圍南京洪秀全窮蹙仰藥死南京遂陷時爲西紀一八六四年七月。而各省的餘賊及捻匪尋亦相次平息自長髮亂起至是凡十五年侵擾所及實達十六省之廣云。

往歲尼布楚條約締結以後俄羅斯的東方侵略曾一時頓挫後來清國平定外蒙古及天山北路和西北利亞的交通遂繁，俄羅斯屢遣使於清求規

定通商條約,世宗於是許之西紀一七二八年遂訂恰克圖(Kiakhta)條約,以恰克圖為兩國互市場,俄羅斯人並得至北京通商建設公使館及教堂自是,清廷遂依賴條約而怠其北方的警備如是俄羅斯的東部西北利亞總督武拉維夫(Muravief)乃乘之秉尼古拉(Nicolai)一世之命頻頻經略東方,西紀一八五一年遂占領黑龍江口於其地建設尼古拉福司克(Nicolaivsk)已而俄羅斯在歐羅巴有克利米亞(Crimia)之役,英吉利法蘭西的聯合艦隊襲堪察加(Kamtchatka)的彼得羅拔福羅福斯克(Petropavlovsk)無功而返,然武拉維夫則益感占領黑龍江地方之急,遂迫清廷欲從新訂定兩國境界時清廷內為長髮所苦外又有英法的葛藤自無北顧之暇文宗遂令黑龍江將軍奕山於西紀一八五八年與武拉維夫會於愛琿(Aighun)協商其結果,則:(一)以黑龍江左岸之地歸為俄領;(二)黑龍江和松花江(Sunagri)的會流點以下之地併右岸亦歸為俄領;(三)與俄羅斯以黑龍江、松花江、烏蘇里江的自由航行權未幾,俄國公使伊格那傑夫以調停清國和英法間的不

新疆之亂與伊犂紛議

和而結北京條約之勞,遂割烏蘇里江以東之地與俄爲酬,於是武拉維夫的希望遂全達於彼得大帝灣頭建設弗拉第福司透克者,俄羅斯語乃東方領地之義。極東經營的進展弗拉第福司透克(Vladivostok)港以圖

西紀一八七五年清穆宗死無子,乃以皇叔醇觀王載湉之長子載湉入嗣大統改元光緒,是爲德宗。然帝是時年僅五歲,遂由慈安皇太后(文宗的皇后即東太后)及慈禧皇太后(穆宗的生母即西太后)垂簾聽政,慈禧皇太后乃帝之伯母即彼有名的西太后是。初準噶爾部日趨隆盛之時,於是占領着伊犂西北西爾河東北一帶之地的吉利吉思(Kirgiz)族,乃爲所驅逐而自西爾河下流移居於烏拉爾(Ural)河之間,裂爲大中小三部。西紀一七三〇年以後小中二部次第歸降俄羅斯,迨一八四六年大吉利吉思部亦爲俄羅斯所攻略,故中央亞細亞及清的伊犂等地遂和俄國接壤,天山南路昔曾爲清高宗所平定然長髮亂起,河西的回教徒東干(Dungan)族反天山南路的回教徒亦並起應之,於是和卓的後裔布蘇格(Buzurg)乃乘機和浩

罕的雄將阿古柏伯克(Yakub Bek)共侵入喀什噶爾已而阿古柏伯克廢布蘇格而代之降服天山南路及河西的回教徒，奠都於阿克蘇與英吉利俄羅斯土耳其通好以抗淸。淸廷於長髮賊平定之後卽伐之然其國人離叛莫爲之用，西紀一八七七年，阿古柏伯克於是向印度求兵器圖擴張軍備然其無功後命左宗棠討之。阿古柏伯克於是向印度求兵器圖擴張軍備然其無功後命左宗棠乘機進討一八七八年悉平天山南路。然前者天山南路之亂也伊犂的回教徒亦應之而起騷擾俄羅斯乃乘此機假保護邊境爲由西紀一八七一年出兵伐之遂占伊犂及左宗棠旣平天山南路淸廷數索還伊犂俄羅斯左右支吾不之應一八七八年乃遣崇厚往俄羅斯迫其歸還繞議定里哇滴亞(Livadia)條約：(一)由淸國出償金五百萬盧布；(約五百萬圓)(二)初已決議割武克司(Tekes)河上游之地以與俄羅斯尋淸國中譁議嘉然以讓步太過其度擬廢約，兩國平和，卽將破裂淸廷乃以曾國藩之子曾紀澤爲全權大臣使再往俄羅斯議之以兩國互相讓步的結果，而後(一)淸國增賠償金爲

第九章　淸時代之文化

四百四十五

九百萬盧布；（約九百萬圓。）（二）以霍爾果斯(Khorgos)河以西之地代以克司河上游之地。（三）在兩國的境界上貿易自由糾紛乃至是解決是曰伊犂條約時爲西紀一八八一年二月。

安南在阮文岳滅廣南時阮潢的裔孫阮福映遁往暹羅得其王華亞恰克里的援助收合舊臣襲下交趾然爲阮文岳及阮文惠的聯軍所破不獲逞乃從法蘭西的宣教師披尼耀(Pigneau)之勸約事成則割讓化南及卜老孔多(Pulao Condor)二島乃以其子阮景叡和披尼耀共赴法蘭西乞援。軍既到乃助阮福映據柴棍(Saigon)屢破西山黨之軍會阮文惠死其子阮光纘嗣殺阮文岳廣南大亂阮福映乘之連破廣南軍復順化建都於此西紀一八〇二年陷東京殺阮光纘遂一統安南國號大南乃遣使於清受册封定二年一貢四年之約然阮福映於披尼耀死後乃迫害宣教師一八一八年法蘭西王路易十八遣使責之且迫舊約的割地不應福映之後經福晈至福時益事排斥虐殺宣教師迨其子福任立西紀一八五六年法帝拿破崙

安南法蘭西交戰

三世遂派遣軍艦，責履舊約，並要求保護宣教師。然福任不應，拿破崙三世乃於一八五八年派兵占領柴棍，會故黎氏之遺臣作亂，與法蘭西軍以聲援，福任知不敵，一八六二年乃遣使赴法蘭西求和，割下交趾的邊和、嘉定、定祥三州及卜老孔多島賠償金二千萬佛郎（約八百萬圓）許基督教自由傳教。東京的叛亂既定，阮福任欲收回其割與法蘭西的三州值柬埔寨不僅苦於內亂，並苦於常受暹羅的干涉，西紀一八六三年，其王諾羅冬(Norodom)乃求法蘭西的保護，一八六七年保護的批准終了，尋法蘭西又責安南之殺害法蘭西人，逼之獲宣教的自由及紅河航行權，並及河內、東奈、寧海的開港，安南亦蒙其影響法蘭西乘之，更奪平隆、安江、河僊三州。更以保護商買為名乃駐兵於海內海防兩地會長髮殘黨人安南稱黑旗兵，其首領劉永福有威望阮福任乃欲假其力以排斥法蘭西人，安南和法蘭西遂兵戎相見，法蘭西的海軍進陷安定河南。然劉永福善能防禦立復二地勢熾甚法蘭西乃更遣少將枯魯卑(Courbet)以伐安南枯魯

清法戰爭

卑善用兵,卽進衝順化陷之,阮福任大懼請和:(一)割讓與法蘭西領接壤的平順(Binhtuan)州;(二)開歸仁(Quinhon)癡冷二港(三)以國為法蘭西的保護國,如不經其承認不得和他國交通時實西紀一八八三年八月也。

初,清國見法蘭西欲樹立保護權於自己的屬國安南,乃挾異議命駐英法的清公使曾紀澤向法蘭西抗議,又命李鴻章和駐清的法蘭西公使薄雷(Bouree)談判,然不得要領西紀一八八四年李鴻章在天津和法蘭西的艦長胡魯涅(Fournier)訂約:(一)法蘭西保護清國的南境(二)清國立卽撤退東京的清軍;(三)清國不得關係法蘭西安南的條約:已而法蘭西軍為欲履行條約將進占諒山(Langson),清兵逆擊破之法蘭西政府乃命枯魯卑指揮在東京及中國的艦隊,向清國要求償金一萬萬佛郎(約四千萬圓)。清廷乃履行國境撤兵之約償金的要求,則不之許如是兩國的平和,遂於玆破裂。枯魯卑乃率海軍礮清國的福建艦隊,涅格烈(Negrier)則率陸軍奪諒山,侵入鎮南關。清將馮子材乃幫助黑旗兵驅逐法蘭西兵出鎮南關,恢復諒山。

時枯魯卑已轉向臺灣奪基隆砲台，略淡水附近，更派軍艦占領澎湖島會枯魯卑病死法蘭西的輿論也不以遠征為是又值內閣交迭之際，於是法國乃於一八八五年派公使拔特諾特兒(Patenotre)至天津會李鴻章講和：（一）法蘭西撤回償金的要求；（二）清國放棄對安南的權利（三）清國承認法蘭西占領東京地方。

先是，朝鮮在仁祖時歸順清朝，世世受其冊封。追純祖以來，外戚專權，國勢漸衰西紀一八六三年，仁祖九世孫李熙卽位年幼乃封生父李是應為大院君執國政嚴禁基督教並虐待其徒。於是法蘭西於一八六六年遣軍艦七隻占領江華島然無功而返。其後，法蘭西因與德意志戰更無力東顧大院君遂益迫害基督教徒。是年亞美利加合眾國的商船溯大同江，朝鮮人誤認其為法蘭西船而却掠之一八七一年合眾國乃派軍艦五隻至溯漢江申罪致討然亦無成功而去。朝鮮在此以前二百餘年之間，都和日本通好，每德川將軍襲職及凡有其他吉凶等事恆派禮使聘問不絕。故明治維新以後日本

琉球問題和臺灣事件

亦屢遣修好之使;然一拒法,再退美的大院君卻置之不理而頑執其鎖國主義會西紀一八七五年日本有軍艦雲揚艦過江華島時為所砲擊日本軍艦亦立應戰陷其砲台拔永宗城日本乃遣黑田清隆、井上馨往朝鮮詰問一八七六年二月遂締修交條約十二條約:(一)認朝鮮為獨立國;(二)釜山而外,再開元山、仁川二港;(三)日本船得以測量朝鮮的沿海。蓋前者法蘭西及合眾國和朝鮮交兵時清廷曾確實答覆過謂朝鮮乃獨立國其外交與清國初不相干,故今者日本於此條約遂認朝鮮為獨立國也。

琉球自四紀一三七二年始入貢於明受太祖的冊封,而一面又臣屬於日本,取兩附的態度。其後廢日本的朝貢西紀一六〇九年日本的島津家久征服之,國王尚寧降自是琉球遂隸於島津氏歲時致貢;而一面則仍私向清廷藩屬之禮,故琉球實兩隸於日本與清。日本政府乃於西紀一八七二年封其王尚泰為藩王派遣官吏使往執內外的政務欲以明其為日本之屬島;顧茲事遂大窘清國的感情會值臺灣事件起,而後日本的領權始確定焉先

是，一八七一年，琉球人民有漂著臺灣為生蕃所殺者翌年日本備中的住民，亦有因漂著遭害者日本政府乃遣副島種臣往清廷質問清廷稱生番乃化外之民不任其責日本政府遂於西紀一八七四年命西鄉從道谷干城等率兵往討生番顧清廷忽食前言唱異議要求撤兵日本政府乃以大久保利通為辦理大臣使往清廷開談判談判不協之時，有英吉利公使威德（Wade）乃出任調停由清出償金五十萬兩（約百萬圓）以謝，日本則撤其臺灣之兵是役也日本對於琉球的領有權乃確實定妥遂於西紀一八七九年廢藩而置為沖繩縣。然清廷又唱異議適美國的前大總統格蘭特（Grant）來遊乃於途次執斡旋之勞而琉球乃真入日本版圖。

朝鮮國王年既長大院君返政退隱然見王后閔氏的一族據要路恣權威，心不能平乃煽動京城的鎮兵，於西紀一八八二年亂入王宮及閔族的邸第，壓迫國王而自執政權且襲日本公使館而燒之日本公使花房義質率部下逃之仁川投英吉利船而回長崎是為王午之變。於是日本政府乃遣井上

馨並訓令花房公使同赴朝鮮談判，朝鮮政府恃清國為後援，不置回答，日本公使等已將退去而清國遣丁汝昌馬建忠等至捕暴徒的首魁擁大院君送往天津，朝鮮政府乃迎花房公使容其要求：（一）賠償金五十五萬圓；（二）允公使館得置護衛兵尋又遣朴泳孝、金玉均等往日本表謝罪之意。已而清國派袁世凱至朝鮮並選兵使駐屯由是朝鮮國論遂分兩派互相軋轢一為事大黨以閔泳翊、閔泳駿等為其首領，意在依賴清國以圖安寧；一為獨立黨，朴泳孝、金玉均等為其首領，意在依賴日本以全獨立。西紀一八八四年慶祝京城的郵政局開設之際獨立黨遂舉事殺傷事大黨的當路諸人奉國王發大政一新之令；一面則向日本公使館乞援公使竹添進一郎乃率兵保護王宮。然事大黨則往求清國的保護袁世凱遂率兵襲王宮燒日本公使館獨立黨全敗。竹添公使收兵返國，朴泳孝、金玉均等亦逃赴日本，是為甲申之變於是日本政府乃任井上馨為全權大使派兵赴朝鮮約令朝鮮政府表謝罪之意，並出償金十一萬圓及公使館新築費二萬圓；是為京城條約時清廷已命

吳大澂率兵走海路入京城,然因曲在朝鮮,事遂莫可如何。但是,際此事變,日本卻有和清國交涉的必要,故西紀一八八五年遂任伊藤博文為全權大使,至清國和清的全權大臣李鴻章會於天津談判的結果:(一)駐屯朝鮮的日清兩國兵都撤退;(二)兩國都不派教官往教練軍隊;(三)將來有事欲出兵朝鮮時須互相發通牒通知事定須立卽撤兵:這便是所謂天津條約。

天津條約之後日清兩國俱自朝鮮撤兵然清國欲箝制朝鮮的舉動日益明顯如袁世凱者卽結托閔族而大振其威勢暗中實對日本而取一種反抗的態度。西紀一八九四年四月朝鮮的全羅慶尚兩道有排斥西教而欲興東方固有之學之東學黨一派者起而作亂,而對於政府素懷怨望的暴徒亦蜂起應之。朝鮮兵不能鎭壓,六月閔族乃仗袁世凱而請援於清清兵來,屯牙山於是日本政府亦卽命當時正在歸國的駐韓公使大鳥圭介返其任地而一面又令大島義昌率混成旅團赴朝鮮。時日本和清國交涉謀兩國協力以改革朝鮮的國政顧東學黨之亂旣平,而清國以鎭壓爲名增其軍旅,欲屈朝

鮮使舉外藩之實。於是日本乃命大鳥公使於七月二十三日率兵入王宮，逐事大黨一派而令大院君整理國政會日本的軍艦吉野、秋津洲、浪速三艦與清的軍艦濟遠、廣乙二艦戰於豐島沖，敗之，又擊沈其運兵船捕獲其砲艦操江，繼而大島義昌所率的陸軍混成旅團驅逐成歡的清兵，乃進奪牙山敵壘。至是清日兩國乃以八月一日同時宣戰：日本的陸軍由野津道貫率之，以九月陷平壤掃除朝鮮的清兵，海軍則以聯合艦隊司令官伊東祐亨所率的五艦坪井航三所率的第一遊擊隊及海軍軍令部長樺山資紀的坐乘艦西京丸和清國的北洋及廣東水師十二艦並水雷艇六隻會於海洋島沖激戰半日，遂擊沈清艦四隻得勝次則日本的第一軍山縣有朋爲司令官經義州奪九連城拔鳳凰城第二軍大山巖率之由花園口上陸十一月取金州城奪大連灣與海軍相應而占領旅順口其間第一軍又取大孤山及岫巖攻略拆木城及海城其明年（西紀一八九五年）一月，第二軍取蓋平和第一軍聯絡，其一部則向威海衛由榮城灣上陸而取摩天嶺二月遂佔領威海衛時北洋

水師的殘艦多在劉公島爲日本軍的水雷艇所擊沈,提督丁汝昌乃請降而仰毒自殺日本軍遂收其殘艦清的艦隊乃全滅日本軍遂欲進擊清的都城,第一第二兩軍乃合向北京三月攻略牛莊、田莊臺、營口又比志島輝所率的混成枝隊則向臺灣海峽佔領澎湖島而參謀總長小松宮彰仁親王則爲征討大總督以四月向旅順進發是時清軍屢戰屢北更無勝算清廷自早卽欲和顧懼講和條件之或過重,乃以人探察日本政府的意向日本政府以此來講和之使資格不敷也至三月清廷乃任李鴻章爲全權大臣,和李經芳同至日本的下關,日本政府乃任內閣總理大臣伊藤博文外務大臣陸奧宗光爲全權辦理大臣,與李鴻章相見。李鴻章首請休戰顧議猶未決李鴻章忽爲日人要擊於途負重傷而後議停戰三週至四月李鴻章提出講和條件旋卽議決是爲下關條約。據此約則淸國:(一)確認朝鮮的獨立(二)割讓遼東半島及臺灣澎湖列島(三)給軍費賠償金二萬萬兩(約四萬萬圓)。(四)特爲日本開沙市、重慶、蘇州、杭州四埠(五)日本擴張汽船

第九章 清時代之文化

四百五十五

朝鮮和日本及俄羅斯之關係

的航路自揚子江的上流宜昌以至重慶，又自上海入吳淞江及運河以至蘇州、杭州。但是俄羅斯以日本之領有遼東半島實大有害於其東方政略，爰約同德意志法蘭西兩國協以要日本還遼東半島於清。日本無已乃容其勸告獲東洋平和的維持爲理由令日本還遼東半島於清以此半島若置之日本領下則殊不利於代償金三千萬兩，（約六千萬圓）乃以遼東半島還清遂班師歸。

其間朝鮮頗納日本公使井上馨之忠言而謀改革其秕政退去大院君而召還朴泳孝徐光範爲大臣專恃日本然自日本退還遼東半島後態度忽一變乃欲轉而依賴俄羅斯於是繼井上之後的三浦梧樓大憤乘西紀一八九五年朝鮮政府欲解散日本士官所教練的訓練隊之機乃起復大院君牽訓練隊入王宮斬閔后將大行改革而日本政府聞之則大驚免三浦公使而以小村壽太郎繼任令卽赴朝鮮講求善後之方；自是日本在朝鮮的勢力日衰俄羅斯的勢力則日見增進。朝鮮王以避春川地方的暴徒爲名入俄羅斯公使館，日本黨的大臣金宏集等被殺於是日本政府乃令小村公使勸朝

列國之壓迫清國及獲得權利

鮮王還宮,又別遣山縣有朋赴俄羅斯,以西紀一八九六年六月訂日俄協商,謀保全朝鮮的獨立。朝鮮王尋還宮西紀一八九七年十月即皇帝位改國號為大韓,改元光武稍稍改其從來的面目,然俄羅斯的干涉日甚已將失其獨立之實因之,朝鮮中遂起了排俄的思想。

自清日戰爭以後清之衰勢大暴於世歐羅巴各國乃爭起壓迫之以獲得利權於是,俄國於一八九五年據喀西尼(Cassini)條約而開占有旅順口及大連灣之端翌年乃提出永遠租借及關於敷設滿洲鐵路的要求而使清廷先承認其敷設滿洲鐵路繼至一八九八年乃訂租借旅順、大連二十五年之約。德意志則假一八九七年其宣教師被殺於山東省之機,乃派軍艦佔領膠州灣翌年三月遂和清國訂九十九年的租借之約。而英吉利則令清廷誓言不得以揚子江沿岸地方租借或割讓給他國一八九八年又以俄羅斯租借旅順,大連的同一條件而租借威海衞法蘭西在此以前曾壓迫清廷改正東京境界又得延長東京的鐵道及廣東、廣西、雲南三省的礦山採掘權,追英

第九章 清時代之文化

四百五十七

北清事變

吉利租借威海衞，同時亦要求永遠租借廣州灣及延長東京鐵道並約不得以廣東、廣西、雲南三省及海南島割讓與他國；日本亦令清國約不得割讓或租借福建省與他國，以謀保障臺灣。意大利忽亦於一八九九年三月派軍艦要求租借三門灣顧爲清廷所拒不獲遂而止。

清國自日清戰役以後，有識者流認改革之必要者漸多，改革黨遂起於其中而企圖急激的革新。如是，廣東人康有爲者前後上書凡五回痛論改革，以投合年少氣銳的清帝德宗之意而着手改革。但是當時廟堂的實力乃不在帝而在頑迷的西太后和保守黨的手裏，故帝於西紀一八九八年九月與康有爲等謀引直隸提督袁世凱爲助，欲奪西太后及保守派的實權以便斷行改革。不意袁世凱察事之無成，乃密告於西太后，事露，帝被幽，康有爲等逃其徒則多被捕斬而革新事業遂遭頓挫。西太后乃又攝行萬機，以端郡王等之保守派爲輔，如是清人的排外思想便又旺盛起來。會西紀一八九九年夏山東省有拳匪一團起稱義和團標榜扶清滅洋專與外國宣教師及基督教徒

為難，更乘北清的歲歉，於一九〇〇年春入直隸省，破壞鐵道橋梁，切斷電信線，遮斷北京天津間的交通。而西太后的一派卻私與團匪通聲援而煽動之，官兵反助匪徒，使愈益振其暴威。於是日英美法俄意德七國的水兵將校等四百餘人乃入北京各各護衞公使館。然清廷竟傍觀匪徒的暴行不加鎮壓，而後日英美法俄意德奧八國的陸戰隊二千餘人在英吉利東洋艦隊司令長官西摩亞（Seymour）的指揮之下發天津向北京，然爲清兵所遮引還繼各國公使館俱陷重圍。日本公使館書記官杉山彬及德意志公使克特烈爾（Ketteler）相次被殺。清廷遂對諸外國布告宣戰，天津的外人居留地亦爲清兵所包圍。於是列國的軍艦乃陷大沽砲臺旋解天津圍。更陷天津城時列國皆決遣援兵，日本則命陸軍中將山口素臣率第五師團參加。而總指揮官德意志的元帥瓦德（Waldersee）未到之先八月聯軍已發天津，日英美三國兵自白河右岸進，俄法德奧意五國的兵則自左岸進尋德奧意三國的兵還天津，法兵則留楊村，於是日英美俄的聯軍乃前進入北京以救各國公使館。然

俄羅斯之滿洲佔領

是時，清帝及西太后則旣已蒙塵往西安，故聯軍遂佔據北京，乃更出兵略山海關及北塘，迫瓦德元帥至又奪保定。於是清廷乃遣慶親王及李鴻章於北京以和各國協議，凡得對於殺害德國公使及日本書記官而派遣謝罪之使，（十二月）處罰元兇交賠償金四萬萬五千萬兩，（約九萬萬圓）以及破壞大沽砲臺公使館設置軍隊佔領北京天津間的要地等條件共十二項而告平和結局，翌年西紀一九〇一年九月議定書調印。

俄羅斯自清日戰役以後卽已立定佔領滿洲的大計畫迫迫淸國而得自海拉爾附近的西北利亞國境地點起一直線通過滿洲以達弗拉第福司透克的鐵道敷設權後遂設立銀行以便調達資金及經營各種事業，而其股東則止限於俄淸兩國人有此權利而一面又令淸國承諾其西北利亞鐵路支線得延長及於齊齊哈爾（Chichihal）哈爾賓（Kharbin）各地。於是以保護鐵路爲名，遂續續派兵入滿洲尋又欲以旅順口作爲軍隊的根據地遂公然送兵至此。且利用拔蕪羅夫（Pavloff）條約遂欲用鐵路以連結旅順口

和俄羅斯本國，乃驟然開始築造哈爾賓至奉天的鐵路及北淸事變起，東部西北利亞總督格羅的可夫(Grodikoff)將軍乃移總督府於弗拉第福司透克，加嚴旅順口和弗拉第福司透克方面的警戒，凡船舶的出入旅客的往復，貨物的運搬等皆密事檢查追拏匪圍北京時黑龍江北岸不拉果勿司諾司克(Blagovestchensk)的知事奇傑果夫(Chichegoff)，立命居留該地的淸國民退去投到期不去者五千餘人於河而使之溺死其間俄國凡畧愛琿(Aighum)琿春(Khonchun)取哈爾賓脅牛莊取大石橋及熊岳城奪金州總之已佔領了滿洲的大部分而其向各國則力言其目的所在唯在保全淸國的領土及維持秩序而對淸國則又約：「在滿洲能建設永久的秩序而於他國的保護上能骰取必要的手段後則俄國對於他國的行動已深知其無害於自國的利害之時當立卽撤退滿洲的軍隊。」是時又送大軍至滿洲並遺有力的艦隊使佔據旅順口及弗拉第福司透克繼而又欲得淸廷的承認以握滿洲實權一九〇〇十一月乃命關東總督阿勒奇色夫(Alexeiff)向奉天將

第九章 淸時代之文化

四百六十一

軍增祺提出條約案，卽：(一)奉天將軍幫助俄羅斯關於敷設鐵路的工事，且優待凡和軍事有關係的俄羅斯臣民而與以宿舍、食料的便宜；(二)解除這些地方的淸兵的武裝而解散之，其藏於兵器製造所的武器則交給俄羅斯的武官且毀壞燒棄一切軍事的防禦物及火藥庫等；(三)俄羅斯所佔領的牛莊及其他各地俟俄羅斯政府認爲平和秩序已經恢復之時當仍令復歸於淸國的行政之下。此條約案遭日英美三國的抗議卒被撤回迨一九〇一年三月俄羅斯的外務大臣蘭斯多夫(Lamsdorf)乃又向淸廷提出新條約案：(一)將滿洲還給淸國而確實該地方的俄羅斯的特權；(二)其初本欲獲得滿洲蒙古新疆伊犂的採礦及其他各種權利，而日英美德四國又提出抗議並警告淸廷俄羅斯悟其形勢之不利乃更以別種方法欲達其同一目的。遂於是年十月又命其駐北京公使勒沙(Lesser)向李鴻章提出條約案然爲淸廷所拒絕尋李鴻章死此談判遂無期延期。

在東亞細亞的俄羅斯勢力是這樣一天一天增長，日英兩國遂以爲有

共相保全清韓兩國的獨立和領土之必要,爰於一九〇二年締結同盟。先是,一八八二年,在歐羅巴有德奧意的三國同盟成立,後八年卽一八八九年俄法兩國亦結同盟與之對抗,惟英國則獨守孤立兩俱不與,自矜爲名譽的孤立。然英在東洋旣得香港以爲根據地,乃看破和在東亞細亞有同樣利害關係的日本相與提攜之利,乃一改其向來的政策遂與日本締結同盟。其條約係一九〇二年一月三十日訂於倫敦,內容爲:(一)相互承認清韓兩國的保全(二)不爲全然侵略的趨向所制而在清國的英國權利和利益及在清韓兩國的日本權利和利益,須擁護之;(三)日英兩國有一方爲防護其利益之故而與第三國開戰時其他一方須守嚴正中立並妨礙他國之對於其同盟國之參加交戰若他國加入交戰時,則來援助而協同以當戰鬭;(四)同盟的期限凡爲五年此同盟實與俄羅斯以一大打擊,故是年三月俄遂以俄法同盟的名義發一宣言謂:『俄法兩同盟國政府受到日英同盟的通牒,實充分滿悅。但在極東若有第三國

侵入之時或清國發生新內亂，危及其保全及自由發達且致令不要俄法兩國的利益之時則兩國政府須保證其利益的意義保留於茲」然俄羅斯究亦不能堪列國的抗議今又見日英通盟的成立，遂亦有所反省四月遂和清國結滿洲撤兵條約，約分為三次而盡撤其軍隊，即：第一期（一九〇二年十月為止）則撤去至盛京省的西南部遼河地方的軍隊且以鐵路還給清國；第二期（一九〇三年四月為止）則撤去殘留於盛京省及吉林省的軍隊。第三期（一九〇三年十月為止）則撤去在黑龍江省的軍隊。然第一期的撤兵俄羅斯雖則實行而第二期以後則盡食其言並且又向清國提出新要求。於是合衆國則向俄羅斯抗議日英兩國則向清廷警告俄羅斯設法遂宣言開放滿洲，次則將極東總督府設於旅順口而以阿勒奇色夫為總督卒蹂躪其撤兵之約而盛增軍隊又增加太平洋艦隊以促其極東經營的進步。

俄羅斯又曾於北清事變之際，向韓國政府要求願獲租其南東海岸的馬山浦事爲日本的强硬抗議而中止。然自一九〇三年五月頃在鴨綠江畔

着手採伐森林時乃假保護爲名而頻集中其兵力於北韓方面，又令韓國政府允許租以鴨綠江口的龍巖浦而建築砲臺於其海岸。於是日本知俄羅斯不唯滿洲並將倂吞韓國，遂立卽提出強硬的抗議欲以遏止，同時又決定和俄羅斯開關於滿韓問題的正式外交談判，遂於七月二十八日訓令駐俄羅斯公使栗野愼一郎開始交涉，次又移談判於東京交涉重疊亘八個月之久，雖日本對於俄羅斯大有讓步之處，然終不能歸於一致。其間俄羅斯且已露其從急準備極東戰鬪的實證。日本政府乃以一九〇四年二月五日決取自由行動，訓令栗野公使通告俄羅斯政府國交斷絕，日俄兩國俱以十日布告宣戰。先是日俄的國交垂將斷絕之際，日本命海軍中將東鄉平八郎牽千歲以下二十餘艦趨旅順口以當俄羅斯的太平洋艦隊，命少將瓜生外吉牽浪速以下數艦護衞運送船以向仁川時仁川有俄艦哇里亞(Varyag)及珂烈慈瓜生少將命出至港外乃擊沈之，是時東鄉中將已牽艦隊直至旅順口，放水雷傷敵艦數隻又砲擊港外諸艦，而後乃專其力於堵塞旅順的港口屢

第九章 清時代之文化

四百六十五

屢爆毀港口的汽船，以防敵艦漏出至四月追施行再度的攻擊時敵艦隊的司令官馬喀羅夫(Makalof)中將戰死敵艦之完者殆少。先是日本的陸軍大將黑木爲楨爲第一軍司令官率近衞第二、第十二的三師團三月發品川，在鎮南浦上陸破敵前進五月渡鴨綠江取九連城破敵軍於蛤蟆塘而佔鳳凰城。其第二軍則以第一、第三、第四的師團所編成大將奧保鞏率之，四月於鹽大塢上陸略普蘭店貔子窩金州城南山等地，六月破敵的大軍於得利寺。又中將河村景明則率第十師團之兵以五月在大孤山上陸六月利第一軍共取岫巖以便連絡第一第二兩軍是月元師大山巖爲滿洲總司令官大將兒玉源太郎爲參謀總長以七月赴戰地時大將野津道貫在南尖塢上陸以第十第五的兩師團編成第四軍取拆木城此際第一軍已佔領摩天嶺揚子嶺、海城牛莊。於是俄羅斯軍的司令官枯婁拔特金(Kuropatkin)乃畫策謀逆擊日本軍於遼陽附近乃張其戰線然日本的第一第二第四軍擊破之於遼陽更進又勝之於沙河附近。先是第三軍乃大將乃木希典爲司令官係以

第一第十一的三師團編成，和海軍相應，自七月起，攻擊旅順口。八月，旅順的敵艦中有欲破封鎖突出港外者為東鄉艦隊所砲擊仍遁還港內加之，中將上村彥之丞所率的第二艦隊破敵的弗拉第福司透克艦隊於蔚山冲，故旅順的外援遂全然斷絕。如是乃木大將遂激勵將卒猛攻旅順口苦戰之餘遂於十二月佔領二〇三高地，乃得出此俯射而東雞冠山二龍山松樹山等敵壘皆陷港內敵艦亦更不殘留一九〇五年一月守將司特色(Stoesser)遂寄書請開城日本軍乃入城內收敵之軍用物件。旅順既陷落第三軍乃北進與諸軍合三月破枯豐拔特金所率大軍於奉天而佔領之乃渡渾河取鐵嶺先是，俄羅斯派波羅的 (Baltic) 艦隊東來將以入旅順途次，聞旅順既陷，遂欲向弗拉第福司透克五月抵對馬海峽東鄉聯合艦隊邀之於冲島附近，敵艦概被擊沈其餘則被捕獲擒敵將羅結司特文司奇 (Rozdestvensky) 日本旋欲取樺太乃以陸軍中將原口兼濟為樺太軍司令官以海軍中將片岡七郎為北遣艦隊司令官七月至樺太乃逐去守備兵而佔領之日本軍是這

第九章　清時代之文化

四百六十七

樣的海陸大勝遂足令世界震驚。於是，美國的大總統羅斯福（Rosevelt）謂若繼續再戰實非人類一般的利益乃勸兩交戰國講和日俄兩國皆應之，日本乃以小村外務大臣及駐美公使高平小五郎爲委員俄羅斯則派委尉迭（Witte）及漏淺（Rosen）爲委員會議於美國的卜茲茅斯（Portmouth）。九月講和條約調印，是爲卜茲茅斯條約。依此條約則俄國凡約定以下各事：

（一）承認日本在韓國有政治上軍事上及經濟上的卓絕利益（二）旅順、大連及其附近的租借權又長春（寬城子）旅順間的鐵路及其支線等均讓與日本；（三）割讓樺太島內北緯五十度以南與日本。

日本和俄羅斯戰爭之際曾深感日英同盟的適切，而同時，英吉利見日本軍之連戰皆捷亦悟此與國之足恃兩國輿論遂鼓吹同盟有繼續及擴張之必要。於是在卜茲茅斯條約談判的當中一九〇五年八月兩國代表者之間，遂議定新協約而調印焉。如此日英兩國（一）結攻守同盟以確保在極東及印度地域的全局的平和；（二）保全清國的獨立和領土並對於在清國的

各國的工商業確實其機會均等主義；(三)保維在極東及印度的日英兩國的領土權並保護在該地域內的兩締約國之特殊利益；(四)其期間以十年為限延長至一九一二年其後未幾,英吉利對於德意志的霸制主義曾和法蘭西及俄羅斯約三國協商,遂欲令日本亦和俄法兩國和解,日本亦應之。爰於一九〇七年六月和法蘭西,七月利俄羅斯締結協約(一)互相抑制其侵略的行為以圖保全其領土;(二)須保證清國的獨立次至一九一〇年七月日俄兩國乃擴張其協約(一)兩國俱謀各自改善其在滿洲之鐵路且不得為與此目的相違之競爭;(二)維持滿洲的現狀即兩國俱尊重確守其從來所締結之日俄間及日清間之條約與約束等;(三)若發生有害於今後滿洲的現狀維持之時,則日俄兩國須相與協議以處置其事以此條約遂決定了極東方面的永久的平和。而日本有合併韓國之意,英國則有和美國結仲裁裁判條約之意,於是日英兩國乃生出有再改訂其同盟條約以適應目前事態的必要來,一九一一年七月調印:(二)確保在極東及印度地域的全

日本之韓國合併

局的平和；(二)保全清帝國的獨立及領土並確實在清國的對於列國商工業的機會均等主義，因之遂以維持列國在清國的共通利益(三)防護在極東及印度地域內的兩締約國之特殊利益上約期限凡為十年。

日本和韓國在日俄開戰之初，即西紀一九〇四年二月即已締結國防同盟；迨翌年九月卜茲茅斯講和成立其十一月日本以樞密院議長伊藤博文為大使使於韓國又從新訂一日韓協約日本置統監於京城以執其外交事務又置理事官於各開港場及其他要地使攝領事官之職；由是各國的公使乃皆去京城而韓國的駐外公使則皆自任地歸國伊藤博文遂被任為統監駐京城其理事官則散在京城、仁川、釜山、元山、鎮南浦、木浦、馬山浦各地是時韓國民有不平而謀反抗者悉被鎮壓，即一九〇七年六月在荷蘭海牙的(Hague)萬國平和會開會之時，韓國皇帝亦遣密使至會哀求欲脫日本的保護然為會中拒卻，於是韓帝遂引責退位，皇太子柘立，這便是現在的李王。

這時，京城民又作亂，日本又增派軍隊而鎮壓之至七月遂命伊藤總監和韓

國總理大臣李完用相議，又定新協約：凡關於改善韓國的施政須受總監的指導，又除親衛兵一個大隊外其餘的韓國軍隊悉令解散。由是伊藤統監乃盡攬有韓國的庶政。一九〇九年伊藤統監罷職，副統監曾禰荒助進爲統監，七月與李完用議凡韓國的司法及監獄事務盡以委託日本，並廢軍部及武官學校士官出日本養成之。是年十月，伊藤博文視察滿洲，途次哈爾賓爲韓人所殺。於是日本政府遂以爲有須全然將韓國倂與日本之必要，乃由韓人所組織之一進會員上奏於韓帝請早合邦。一九一〇年五月曾禰統監辭職，以陸軍大臣寺內正毅兼統監日本政府乃與以必要的訓令使其解決倂合問題，寺內正毅乃於四年七月赴韓國八月和總理大臣李完用會見者數回，遂定倂合條約其大要爲『韓國皇帝以關於其國全部的一切統治權完全而且永久讓與日本皇帝，日本皇帝乃承受此讓與將韓國全然倂合於日本帝國』此約之附帶條件，則爲待遇韓帝及韓皇族與其後裔又有功於倂合的韓人之授爵與恩賜金等國既倂合同時遂廢韓國之稱而復朝鮮的古名

清朝的滅亡

日俄戰爭之後，清國以日本的勝利歸於憲法政治的效果，乃陸續有提出頒布憲法開設國會之要求者。清廷遂於一九〇八年八月公布採用立憲政體及開設議院之諭文同時並發布憲法大綱約九年之後開設議院是年十一月德宗和西太后相繼死以帝弟醇親王之長子溥儀嗣年幼以醇親王為攝政王明年改元為宣統元年。然時則既已迫於最大危機的清朝頹勢終已無由挽回革命黨的運動至是時已著著發展西紀一九一一年十月湖北的省城武昌因兵士與將校之間起了衝突而革命之機遂一時爆發時革命黨卽乘此機會與兵士結合擁陸軍協統黎元洪為首領，一舉而佔武昌黎元洪為都督而任湯化龍為民政長官改年號為黃帝紀元四六〇九年或稱漢

廢統監府而置總督府以寺內正毅為總督。而總督於委任的範圍以內統率海陸軍其一切政務的統轄則悉如臺灣總督府內設總務內務度支農商工、司法五部，置政務總監使監督各部事務地方則十三道各置長官府有府尹、郡有郡守面有面長；至是而朝鮮半島之地遂悉入日本版圖。

朝復興第一年，新設的機關名中華民國軍政府，乃發革命宣言書的通牒於漢口的列國領事館其後革命軍之勢日益增加風靡揚子江流域一帶之地更及沿海諸省四川雲南貴州地方亦皆起而應之清廷乃起前軍機大臣袁世凱任之為內閣總理大臣欲以收拾時局其間武昌的中華民國政府已召集各省的代表開會議於漢口迨南京一陷會議乃移於茲，旋選歸國的革命黨首領孫文為臨時大總統黎元洪則為副總統。漢陽革命軍乃與袁世凱和謀協力以顛覆清朝；而袁世凱亦思利用革命黨心竊望和。如是，孫文乃與袁世凱開直接談判，妥協的結果：則使清帝退位而推戴袁世凱為大總統。一九一二年二月宣統帝退位清朝於茲全亡自太祖至是實十二代二百九十七年。

清帝既退位，孫文乃辭南京臨時大總統而推袁世凱為中華民國政府大總統。三月，袁世凱為正式大總統，唐紹儀組織第一次內閣，北京統一政府乃於茲始成。然至四月，制定憲法和選舉大總統孰先的問題起，袁世凱和孫

文，黃興等之間意見各歧，黃興、孫文等乃於十月在南京舉第二次革命以抗袁世凱，然革命軍勢甚不振戰遂敗，南京旋陷，中華民國的實權乃全歸袁世凱。而後袁世凱遂實行其統一政策，十月五日公佈大總統令翌日當選第一期的正式大總統，世界列國遂亦正式承認中華民國。

評清聖祖及高宗

起自滿洲一部落的愛新覺羅氏新遷都於北京以君臨中國，其事雖則以順治元年（西紀一六四四年）為始而其建國則遠在三十年前太祖奴兒哈赤始稱帝之時實為明萬曆四十四年（一六一六年）而下遼河以東七十餘城定都瀋陽（今奉天）實明天啟元年，（一六二一年）至於太宗改國號為大清進逼北京取十二城次又令朝鮮降服，則為明的崇禎十年（一六三七年。）而清的世祖在位之間既掃蕩明的末裔及流賊又繼之以聖祖高宗祖武不墜外耀武威內與文教故克舉一王之實者固為世祖，而定出一代的大規模者則為聖祖與高宗，世祖之遷都於北京也與文教尚經術，優禮前朝儒臣詔孔子六

第九章 清時代之文化

十五代孫孔胤植襲衍聖公，使滿洲子弟學習漢文漢語；及更得南京獲錢謙益、王鐸等而重用之，由是清朝遂以此時發其興學之端，追經聖祖的康熙六十一年之間大振斯文牢籠天下的人傑才俊於學問文章之中，重之以高宗的乾隆六十年間克遹父祖遺訓修明政教獎勵文學，於是文教彬彬以興，呈古今罕覯之盛，故言清朝文化之隆者必並稱康熙乾隆。聖祖康熙帝天資英邁爲清朝第一的英主彼其高才達識好讀書尚文學的性格足可以並美漢武魏武（曹操），而其雄略壯圖勝殘撥亂以大擴其版圖的功業則又足以擬於唐的太宗利元的世宗。他是受命於帝業既成之後的人然卻不以小成即安不以小康爲事平三藩取台灣攘俄羅斯征準噶爾定西藏塞外諸國大爲震憎這是他的武功。大集碩學鴻儒勅撰圖書集成、佩府韻文、淵鑑類函、康熙字典、皇清經解子史精華、全唐詩、四朝詩歷代賦彙等的大籌作，這是他的文德。他自幼即好學曾以讀書過勞而略血然卻不肯有一日的休息直至老後猶手不釋卷上自天文地理、音樂、算數、刑律、農政下至射御、醫藥以及滿蒙西域外洋的文書字母蓋無一不通。

四百七十五

而曆算音律則造詣尤精:史言撰著律曆淵源之時,帝曾親加指示,則其才藝之過人,便從可證明了。而他又恭謙而愛民,改革制度以奠國基,崇儒獎學以收漢人之心,利用喇嘛教以治蒙古及西藏,此外在政治的施張上面尤務盡其心,但有關於國利民福者,蓋無一不力事講求。是故雖則因起自夷狄統御漢人,而以恩威並行,遂至得其愛戴,終乃四海清平,文教大興,故若聖祖者,實可稱爲名實相副之一極大英主也。而高宗乾隆之英才與雄武,則亦幾於聖祖面目之猶存;即其御世之久與其治功之偉,正亦同於聖祖。蓋他的武威的發揚,如平準噶爾、擾金川、降廓爾喀者各各兩次,定回部、靖台灣、降緬甸、安南者各各一回等功業,固足以比聖祖而有餘,(所以他因有武功十次,故自著十全記)若夫文事的獎勵和學者的優待,則勅撰四庫全書提要、大清一統志、大清會典、續通典、續文獻通考、續通志、皇朝通典、皇朝通志、皇朝文獻通考、皇朝通志、御批歷代通鑑輯覽、三禮義疏、唐宋詩醇、唐宋文醇等大著述,以擬聖祖,亦無遜色。當思他在守成的大英主中,蓋不獨極能紹聖祖的遺志而述其遺業,且遵奉祖宗以來的國是以成一不

清的中央官制

朽的大盛事，故世遂並稱康熙和乾隆以為清朝文化的極盛時代。然而在康乾兩朝達於極盛的絕頂之清朝文運，下逮嘉慶以後，遂不能無與其國勢共趨衰弩之末之嘆及夫道光而降國家漸入多事之秋文運愈不能以追蹤康乾，旣咸豐同治以至光緒，則外旣不堪列國之擾，內復不勝蕭牆之憂而當路重臣旣竊竊醉心於外國文明卽在野學者亦蔑視其千古相傳之文華而將以開闢革新之路焉。而革新的裏面則含有破壞性質以極端的空想遇急激的變化兩相爆裂，清朝於以顛覆而混沌的中華民國以起。但是傳來了幾千年的中國文化之粹他和今後的社會相接觸時代思潮相上下，猶能永遠以持續其生命否此問題著者初非不能下一斷語顧持論不涉將來乃史家德義所重故且擱筆於茲欲以俟後之史家，下其明確之批判焉。

有清諸制度，概循明舊而折衷以滿洲國俗者，在聖祖高宗兩代卽已完備。

茲先舉其中央政府的官制如左：

（1）內閣　內閣掌輔弼天子贊襄庶政，有大學士四人、協辦大學士二人參

機務，凡自各部提出來的表章一切，皆須經由內閣而仰天子親裁乃又由閣以指命各部，故內閣於政府蓋居最重要的地位其後軍機處設置後軍國機務一歸軍機處其屬於常例的勅令則由內閣頒出至於密務樞機則歸軍機處以指命內外而內閣殆等於虛設也。

（2）各部　各部有吏部、戶部、禮部、兵部、刑部、工部的六衙門。每部有尚書為長官侍郎為次官以分掌政務而大學士及協辦大學士例由各部尚書兼任吏部掌中外文官的銓敍黜陟與封爵戶部掌歲入歲出及戶籍鑄錢禮部掌吉嘉、軍賓凶五禮的秩序及學校貢舉之事兵部掌中外武官的銓選及簡閱軍實刑部掌法律刑名工部掌天下的工虞器用及辨物庇材。

（3）理藩院　清初雖以內閣及六部統治中國，然其後經略塞外，遂置一理藩院以管轄內外蒙古、天山南北兩路西藏及青海其長官曰尚書次官曰侍郎。

（4）辦理軍機處　普通曰軍機處，世宗時即雍正十年（西紀一七三二年）始設，蓋為愼密軍機起見然其後開之這高宗乾隆十九年（西紀一七五四年）

因征討準噶爾乃又復設自是軍機處遂成重要的樞府以參決軍國機務司頒發詔諭及審查奏疏之事置勸選大臣以親王大學士尚書侍郎京堂兼任如是內閣實權乃漸衰至其末世則實際的中央政府竟全歸軍機處也。

（5）都察院 都察院有左都御史左副都御史所掌之事爲察諸官的職務，辦政治的得失和官吏的邪正而密奏於天子右都御史右副都御史則爲總督、巡撫的兼銜不特設。

（6）通政使司 通政使司有通政使、副使，掌接受各省文武官的奏本而達之內閣並司寃民的越訴。然至末葉則越訴之事已屬於都察院或步軍統領衙門。

（7）大理寺 大理寺有卿、少卿，掌審查刑名的重案凡審判重案，在京師則與刑部的各司都察院的監察御史會同而審判之地方案件則爲之定讞。

（8）翰林院 翰林院有掌院學士以侍從天子而書日記講經書掌勅撰文史及監督進士之入院者以大學士尚書及侍郎中人兼之。

(9) 詹事府　詹事府有詹事、少詹事，職務悉與翰林院同凡任天子及皇太子的日講起居注官及論撰文史則與翰林院的學士共分掌之。此官原係為皇太子而設，然至高宗時雖以乾隆十八年（西紀一七五三年）的諭令不更冊立儲貳然仍存本府以為詞臣供職之地。

(10) 太常寺　太常寺有卿、少卿掌斟酌祭祀的儀典，及整理祭器和祭物。凡行祭祀時則由本寺開列承祭官分獻官等人員請旨。

(11) 太僕寺　太僕寺有卿、少卿掌牧馬。每三年則閱馬匹的孳息，而知照兵部凡分配於京畿以內的兵營之馬匹，皆為本寺所牧養者。

(12) 光祿寺　光祿寺有卿、少卿掌飲食薦饗之事。凡天子的飲食，則監視其供饌又凡贈虞饋與蒙古的酋長及朝貢國的使臣亦由本寺給辦。

(13) 鴻臚寺　鴻臚寺有卿、少卿，掌關於朝食、宴饗之禮節凡天子舉行典禮時，則鴻臚寺卿及少卿為贊導官以整儀節若有違式者即糾劾之。

(14) 國子監　國子監有祭酒、司業掌本監的學務管理則大臣一人，由大學

士、尚書侍郎內兼任之國子監乃一特別的大學，凡入此之生徒，並無須經過那種極難的考試便可列名於仕籍。

(15) 欽天監　欽天監有監正、監副，掌制時憲書、占吉凶及漏刻。管理爲王大臣一人，無定員監正例以西洋人一人充之，迨宣宗道光十七年（西紀一八三七年），此例遂廢。

(16) 太醫院　太醫院的管理有大臣、院使、左右院判，掌供醫事。

(17) 總理各國事務衙門　通稱總理衙門乃文宗時和英法兩國和議成後所創設（咸豐十一年西紀一八六一年）管理爲親王大臣無定員掌關係外國之事由親王大臣尚書侍郎京堂之內兼任亦多以軍機大臣兼任凡屬外國貿易的事務選人往各國作公使接待外國公使傭聘外國人派生徒往各國留學管理設於北京的同文館（外國語學校）諸事總之凡和外國有關係的事件，皆由本衙門辦理而直取天子的裁決有總辦章京、章京等書記官以掌通常事務有事之時則開會議迨德宗時乃廢總理衙門而置外務部其職掌全同。

以上各官衙之中，其大者爲內閣軍機處總理衙門、吏戶禮兵刑工的六部及理藩院都察院，其次者爲通政使司及大理寺。六部尙書都察院左都御史通政使大理寺卿是稱九卿，凡政事之大者，則使九卿會議。又刑部、都察院、大理寺稱爲三法司，凡刑名重案例由三法司定讞。而九卿所掌雖各爲行政的一部分，然實皆有議政官的職任。至於翰林院、詹事府、太常寺、太僕寺、光祿寺、鴻臚寺、國子監、欽天監、太醫院，則皆爲獨立的官衙。此諸官衙中的高官人員，都屬偶數滿洲人與漢人平等任用以爲常，蓋以保兩者間的權力及地位之權衡。然而實權則在滿洲人。至德宗時改革官制，廢內閣及軍機處，設會議政務處掌議一切新政，軍諮所掌海陸軍事稅務所掌全國稅務外務部掌和外國的交涉吏部掌官吏的銓選民政部掌全國的民政度支部掌財政的出納禮部掌典禮陸軍部掌陸軍海軍部掌海軍法部掌司法上之事農工商部掌農工商業的諸務郵傳部掌郵電船路之政理藩部掌藩屬都察院掌風紀大理院掌最高審判次至宣統帝時，遂組織新內閣，置總理大臣及各部的國務大臣以立立憲政治的豫備。其

關於帝室的官衙則有宗人府、內務府、鑾儀衞,其職制如左:

(18)宗人府 宗人府有宗令、左右宗正以掌皇族的屬籍以時修緝玉牒,辨昭穆序爵祿,均其惠養而管教令;任此職者爲親王以下的皇族。

(19)內務府 內務府有總管以總理帝室庶務由滿洲文武大臣或王公內簡用之,使綜理府務。

(20)鑾儀衞 鑾儀衞有掌衞事大臣以司帝室的儀衞之事,以王公大臣兼任,有鑾儀使管理乘輿供奉鹵簿秩序。

清的地方官制

清朝將其版圖分爲三大部:(一)中國本部(二)滿洲(三)內外蒙古、青海、西藏。其地方官制大體沿明之舊然不無多少異同分述如左:

(一)中國本部 中國本部共分十八省爲直隸、山東、山西、河南、江蘇、浙江、安徽、江西、福建、廣東、廣西、湖北、湖南、陝西、甘肅、四川、貴州、雲南省更分府其下置廳、州、縣。地方長官曰總督兼兵部尚書都察院右都御史銜,凡兼轄兩省或三省;在其管內掌統轄軍務監督民治之事節制提督以下的文武官所管地方爲直隸、

第九章　清時代之文化

四百八十三

兩江（江蘇安徽江西）、陝甘（陝西甘肅）、閩浙（福建浙江）、湖廣（湖南、湖北）、兩廣（廣東廣西）、四川雲貴八區而山東山西河南三省無總督。各省置巡撫一人兼兵部侍郎都察院右副都御史銜統轄一省的軍務監督民治節制總兵以下的文武官惟直隸、四川甘肅三省無巡撫由總督兼管其事務而巡撫原來是為巡察民治而設的並不一定管兵但至清的季年山東山西河南安徽江西五省卻兼任提督蓋巡撫初非總督的次官而可以說為其同僚也又各省有布政使掌省內的錢穀出納有按察使掌省內的法律治獄有道臺董理糧儲或鹽法驛傳或兵備海關或巡守等專務監督各府廳州縣的事務此外府有知府廳有同知州有知縣以各各施行其管內的行政民事訴訟賦稅諸務季年以天山南北兩路為新疆省設置巡撫布政使各官採用和內地諸省同樣的制度。

（二）滿洲 滿洲為清祖發祥之地故設制特異分之為盛京、吉林、黑龍江三省，固亦同於中國本部但其統治之法則殊。在盛京省則奉天有戶部、禮部、兵部、

清的兵制

刑部、工部的五部，各部有侍郎為長官以施行政務；地方則有府尹、理事、知縣以轄理事務；而奉天府尹卽帶行巡撫事之任以管轄所有三省的府廳州縣掌理民事。又三省各置將軍一人以統轄省內的旗人並有副都統幫助事務。

（三）內外蒙古青海西藏　內外蒙古及青海地方通例分之為盟，乃更分之為旗。旗有正副盟長旗有扎薩克以向來的部長及酋長任之。內蒙古的盟長及扎薩克直隸於理藩院，但外蒙古者則屬於烏里雅蘇台（Uliastai）的定邊左副將軍青海則在西寧有西寧辦事大臣以監之；西藏則在拉薩有西藏辦事大臣（駐藏大臣）以統轄全土。

清的兵制陸軍有八旗及綠旗。八旗原為天子的親兵，始於太祖之時，將滿洲兵分為正黃正白正紅正藍鑲黃鑲白鑲紅鑲藍其後降蒙古取中國本部又編制為蒙古八旗漢軍八旗共凡二十四旗主於護衞京師或令駐防地方每旗皆有都統及副都統以統轄之綠旗乃明亡後編制漢人以駐劄各省及邊疆者；乃折衝外侮鎭撫內亂的常備兵，有提督總兵以指揮之別又有鄕勇旗兵番兵

鄉勇乃設於中國本部的一種義勇兵，起於仁宗的嘉慶年間初因討伐教匪而設及長髮亂起，曾國藩募湖南壯勇稱湘勇，使從事討平有功，由是遂成常設而儼然具備軍制旗兵乃蒙古部落中的一種民兵，將內蒙古分為四十九旗，外蒙古八十六旗青海二十九旗使各各擔任地方的警備番兵係用西藏土民所組織以警備西藏的一種傭兵海軍則清之季年始有設置有北洋南洋長江福建廣東五水師。北洋水師屬於北洋通商大臣，南洋水師屬於南洋通商大臣（兩江總督所兼）長江水師提督福建水師屬於閩浙總督，廣東水師屬於兩廣總督。在北京有海軍衙門以統轄各水師而總理海軍事務又置船廠造軍艦頗稍近於整備但自日清一役幾已失其戰鬥力戰後頗事經營然亦直至清朝滅亡終亦不能恢復。

清的稅制

清的稅制，為田畝課地稅人口則課丁賦而和地稅同時徵收，而地稅則仍全代夏稅秋糧之制，夏稅以麥為主秋糧以米為主，但亦得以銀錢鈔絹代納納稅之期，分前後兩期然其月限則因省而異又稅率亦視各省之地之遠近肥瘠

而不一定。丁賦依成丁（男子十六歲至六十歲）未成丁（男子十六歲以下）富戶、貧戶之別而課之和地賦一同徵收賦銀各省無一定。又有稱為耗羨，於地賦定額以外課之者以辦地方的經費蓋卽地方稅。此外雜賦為鹽課茶課礦課蘆課（課揚子江沿岸的沙洲蘆地及沿海的蘆洲沙田等）漁課以及當稅（課典當鋪卽典商稅也）牙行稅（課運送及以中間賣買人為專業者之稅）酒稅契稅（地券家產賣買稅）鋪稅牛馬稅等種類甚為繁多而又有釐金稅內地關稅海關稅釐金稅乃課於運搬貨物之稅因長髮亂時為救濟財政的窮乏而創設者內地關稅乃就通過內地諸關的各物而課之稅；海關稅則課於外國貿易的物品之稅。

清的法律乃依據明律將名例的次第，分為吏律戶律、禮律、兵律、刑律、工律六種律。而吏律又分為職制二目公式二目戶律分戶役田宅婚姻倉庫課程錢債市廛七目禮律分祭祀儀制二目兵律分宮衞軍政關津廐牧郵驛五目刑律分賊盜人命鬪毆罵詈訴訟受贓詐僞犯姦雜犯捕亡斷獄十一目工律分營造河防

二目。每律皆有條例以申明其義,凡審斷則據律以定其罪,據條例而詳察其輕重,乃據證從前的成案而下判定刑分笞(一十二十三十四十五十五等)杖(六十七十八十九十一百五等)徒(一年和杖六十一年半和杖七十二年和杖八十二年半和杖九十三年和杖一百五等)流(二千里二千五百里三千里三等均杖一百)死(絞斬二等)五類二十等其他贖刑、十惡、八議之類皆與前代無異又徒流附加杖然不配役亦與明同凡所犯為犯十惡殺人強盜竊盜放火發塚受贓詐誘犯姦等之罪則遇常赦亦不釋;若所犯為常赦得釋之罪而祖父母有疾或家無次丁時則具罪名上奏,許其留罪養親;又親族互為容隱,其罪不論犯罪之時為壯大而發覺之時為老疾則依老疾論罪犯罪之時為幼少而發覺之時為長大則依幼少論罪其他自首減輕再犯加重亦如前代又化外之人之犯罪者自當依律擬斷然其季年因有治外法權之故遂不能處斷外人。法官在京師有刑部、都察院、大理寺握重權,有三法司之稱地方則總督、巡撫、按察使、知府、知州、知縣執行法權茲略敘其順次則人民死傷、爭鬥、訴訟須向地

清的選舉制

方官控告，若已經知縣處斷而不服，則轉控於知府，猶不得直，則控訴於道臺，乃至更控訴於按察使，凡每更一處皆破毀前訴而重新加以審判。軍的流徒罪府州縣得以處斷，惟處發遣者則須經兵部認可而後得以決配。死刑由督撫擬律之後，經京師三法司的覆覈定議奏聞得處決之旨而後決定；若重罪囚既經府州縣官並按察使的審議而已由督撫擬律然囚犯心懷不服，或以前供之更審，逼刼則親族可至京師上告於都察院，都察院乃奏聞請旨破毀前斷使之更審，或則特派勅使覆審。德宗時曾參考日本及西洋諸國的法律編纂新法典，其草案會再三修改，然卒未見實施以迄於清之滅亡。

清的選舉制亦幾與明同，亦有歲試、鄉試、會試、殿試之別：歲試士民先應縣試及第，乃應府試又及第則府錄其名以待學政使之每歲巡閱而受學政使在府之親試其及第者則稱秀才鄉試每三年在各省省垣集省屬各府的秀才而施行之其及第者則稱舉人會試每五年在北京施行使各省舉人受驗其及第者則稱進士殿試乃會試之後四月二十一日令會試及第者使對策於保和殿，

乃分其及第者爲三等,一等爲一甲限三名,第一曰狀元第二曰榜眼、第三曰探花皆賜進士及第;第二等爲二甲皆賜進士出身;第三等爲三甲皆賜同進士出身二甲三甲無定員。於是狀元則除翰林院撰修榜眼探花除翰林院編修此外各進士則入翰林院稱庶吉士亦有入各部爲各種官吏之候補者,或則出爲知縣候補以三年則除本官爲常例。又聖祖康熙十八年及高宗乾隆元年時曾別舉行博學鴻詞科(制科)以備顧問著作之選。迨及季年,留學於日本及諸外國者甚多上言選舉制度乃有改正之必要德宗光緒二十九年時乃舉行經濟特科總之,清的選舉制概沿明舊惟其鄉試會試中所試科目則明清不無多少之差有如左表而殿試則明清具同爲課以時務策一道。

明清鄉試會試比較表

場	一		
明	四書義三道	五經義四道	
清	四書制義文三篇	五言八韻詩一首	

清的學制

場二		場三
論一道	五經文三篇	經子時務策五道
判語五道 詔、誥、奏 中科一道	策論五道	

清的學制和明大同小異。京師設國子監，有祭酒、司業、博士、助教、學正、教習等職以為教授。分生徒為貢生、監生官學生三種貢生區為恩貢生、歲貢生、恩貢生、拔貢生、副貢生、例貢生監生區為恩監生、蔭監生、優監生、例監生官學生則為八旗官學生。至於地方則府設府學州設州學縣設縣學各省有學政使以統轄省內學校，有教授學正教諭訓導等職以為教授生徒則區之為廩膳生增廣生附學生三種其所教者有經義歷史律令文章詩賦要皆為應選舉的準備穆宗時，京師設同文館教授英德俄的語言學術其卒業生或命往外國留學或派往海外為交際官翻譯官。迨德宗時遂全然改革學制倣日本及西洋各國設初等小學高等小學初級師範學堂優級師範學堂中學高等學堂大學堂大學堂內

第九章 清時代之文化

四百九十一

考國學

置經學科政治科文科醫科格致科農科工科商科八門、別又設譯學館以教授外國語言進士館以教習新進士陸軍小學堂陸軍中學堂兵官學堂海軍學堂以施軍事教育。

宋末以來元明的學者皆好講性理而不一顧漢唐的註疏故至清初遂生反動考證之學大興而經學面目為之一新考證之學者乃謂不效元明諸儒的空疏議論而以精究經史力求其考據的確實為歸之謂明遺儒黃宗羲顧炎武實為其先導。黃宗羲字太冲號黎洲學者稱之曰南雷先生深通歷史曆算明儒學案、易學象數論等最有名。顧炎武字寧人號亭林明亡後不仕清專事著述學問淵博凡經學史學字學無所不通其所長者在於考證而論據正確著書頗多有日知錄、天下郡國利病書、韻學五書最著。聖祖、高宗亦大獎勵學問聖祖則勅撰佩文韻府、淵鑑類函、皇清經解、圖書集成、康熙字典等；高宗則勅撰大清會典、大清一統志、續通典、續文獻通考、續通志、皇朝通典、皇朝文獻通考、皇朝通志、四庫

全書提要等此皆涉獵宏博古所未有之著書。於是研究經史者盛起，如閻若璩、胡渭、毛奇齡、惠棟、戴震、錢大昕等之徒皆以考證之書成名：閻若璩字百詩，號潛邱，最長於考證著古文尚書疏證證明唐孔穎達等所採用的古文尚書孔安國傳爲東晉人僞作又著四書釋地胡渭字胐明，號東樵，專究經義最精輿地之學，著禹貢錐指以考證禹貢的地理凡九州山川的形勢及古今郡國的異同道里的遠近等無不闡明無遺；毛奇齡字大可學者稱曰西河先生博聞強記著述極富，如春秋毛氏傳極有名；惠棟字定宇，號松厓凡經、史諸子百家雜說釋道靡不研悉而尤邃於易，著周易述古文尚書考、九經古義等以申明漢儒之說；戴震字東原，自禮經制度名物，以至經傳小學無不精通著考工記圖孟子字義疏證等書，又精研訓詁聲韻之學其門人有段玉裁、錢大昕及之，號辛楣，博極羣書精通諸般的學藝而尤擅地理歷史之學所著有廿一史考異地理圖說疑年錄等；段玉裁字膺生平講究古義通小學最精字學作說文解字註王念孫字懷祖學者稱石曜先生通爾雅說文又研精經史子書著有讀書雜志、廣雅疏

證等,其子王引之(字伯申)亦究爾雅、說文,修聲音、訓詁文字之學,著經義述聞、經傳釋詞等書。其他如阮元(字伯元,號雲臺)、朱彝尊(字錫鬯,號竹垞)、方苞(字靈皋,號望溪)諸人均深於經學而兼能文章,如阮元的經籍籑詁、朱彝尊的經義考、方苞的周官析疑,皆極有名。又崔述(字武承,號東壁)考究唐虞三代孔孟的事蹟,摘發古來偽造假託迷信謬說而著考信錄、邵晉涵(字與桐,精通文字的古訓,作爾雅正義;俞樾(字蔭甫,號曲園)詳審字義以通於古文假借,著羣經平議、諸子平議、翁方綱(字正三,號覃溪)其著有兩漢金石記、編)、孫星衍(字淵如,其著有震宇訪碑錄)、王昶(字德甫,號述菴,其著有金石萃編)、吳大澂(字清卿,其著有說文古籀補)等皆蒐集古器古碑之銘文而研究字形的變遷。如是宋學遂衰,而所謂漢學者乃從而流行;學者乃推尊許慎為字學之祖,推尊鄭玄以為註家之祖,許鄭之尊遂乃過於程朱,由是關於爾雅、說文、詩易、三禮以及古碑古器的著述乃出世不已。然而多半只是穿鑿文字的訓詁與形體,初非闡明孔孟之真教,而又沒有研究學術之應用的,於是學者本

業，乃偏在考古學一方，益加與實用相遠。

清聖祖幼年好學老猶猶卷不離手日令講官進講經史，曾未嘗有一日之倦息。而自康熙二十八年（西紀一六八九年）起尤延接耶穌會教士如拍累拉（Thomas Pereira 徐日昇）、遮爾畢瀧（Jean Francois Gerbilon 張誠）、布勿（Joachin Bouvet 白進）、安多紐司托馬司（Antonius Thomas 安多）等令日日進內廷輪班講西學如測量法、數學、天文、人體解剖、物理等，即在巡幸之中亦每日或隔日必令進講云。而帝又集國內的碩學鴻儒使編纂大部書籍，如圖書集成、佩文韻府、淵鑑類函、康熙字典、皇清經解、子史精華、全唐詩、四朝詩、歷代賦彙之類。此外尚多又命耶穌會教士等使講求推步之術及製造器械等事，並令編製全國的地圖。而且聖祖自己亦精通曆算音律撰著律曆源淵（合曆象考成、數理精蘊律呂正義三部而成者）皆曾親加指示。如是，以聖祖六十年中獎勵誘掖之功，乃益致學術於隆盛之域，爰在世宗高宗之世名儒碩學因而輩出。高宗亦深能好學長於詩文云御製之詩達十餘萬以上亦命儒臣編纂

清的詩文

大部書籍如四庫全書提要、大清一統志、大清會典、續通典、續文獻通考、續通志、皇朝通典、皇朝文獻通考、皇朝通志、明史、御批歷代通鑑輯覽、唐宋詩醇、唐宋文醇、三禮義疏之類，而此外尚夥。就中四庫者謂經史子集四部也。自乾隆三十八年（西紀一七七三年）起，清廷開設四庫全書館，任命正副總裁以下各員，以孫子毅、陸錫熊、紀昀三人為總纂官，凡集學者三百餘人，將內府所藏之書一萬二百二十三部、十七萬二千五百二十六卷加以校訂整理而一一論述其書的來歷得失，至乾隆四十七年（西紀一七八二年）始竣功。

詩文由明及清其風屢變，或模倣周漢，或歸依唐宋而自出新機軸。如是，文章在清初則不能不推侯方域、魏禧、汪琬；詩則不能不推錢謙益、吳偉業。侯方域字朝宗，嘗主雪苑社，排擊古文辭而採取韓歐，作為文章才氣橫溢；魏禧字叔子，愛左氏蘇老泉之文，故所作以氣勝，蓋長於議論；汪琬字苕文，其文本諸經典，取法史漢而私淑韓柳歐蘇。錢謙益字受之，號牧齋，仕明福王為禮部尚書，明

亡後，又仕清，其詩排李王而自立一家之見，所作甚多，然以其仕於異族，故為後世所斥；吳偉業字駿公號梅村，明亡後擬遁山林，然終亦降清為國子祭酒，其詩氣格恢宏擅開闔變化之能以出自國步艱難社稷覆亡之際，故帶有慷慨悲愴之韻。迨康熙乾隆之間，以詩文名者文則有朱彝尊（字錫鬯，號竹垞、方苞（字靈皋號望溪）劉大櫆（字才甫）姚鼐（字姬傳，詩則有王士禛（字貽上，號漁洋山人）查慎行（字悔餘）趙執信朱彝尊方苞俱長於經學彝尊之文古樸苞之文平正出方苞之門者有劉大櫆出大櫆之門者有姚鼐，世稱之曰桐城派；王士禛號阮亭又號漁陽山人其詩尚神韻以措辭清新秀雅為歸，清朝詩之大宗；查慎行號初白或號查田善能抒情運意故其詩優於綿至之思，趙執信號秋谷與王士禛對峙不相下其詩渾括深細務寫性真絕去浮靡。當時又有施閏章（字尚白號愚山）宋琬（字玉叔號荔裳）亦能詩有南施北宋之稱閏章之詩深穩琬詩則豪宕稍後則沈德潛（字確士，號歸愚）蔣士銓（字心餘號藏園）趙翼（字耘松號甌北）袁枚（字子才號隨園）王

第九章 清時代之文化

四百九十七

文治（字禹卿，號夢樓）、洪亮吉（字稚存、黃景仁（字仲則、張問陶（字仲冶，號船山）阮元（字伯元號雲臺）等皆能詩而袁枚則並能詩文次至嘉慶年間有舒位（鐵雲）吳文溥（詹川）陳文述（雲伯）楊芳燦（蓉裳）、吳嵩梁（嵐雪）郭麐（頻伽）等詩人羣起諸所制作或則細緻或則縟麗或則飄宕或則流亮凡清詩之特調無不畢現迨道光年間張維屏（南山）朱次琦（九江）湯成彥等出亦以詩鳴然在此時代因受着桐城派的影響遂發動了復古的氣運。其間文章則跟着漢學勃興的氣運而浙西學派、常州學派的學者皆以六朝駢儷之文爲正宗顧桐城派則以唐宋八家的散文與之對壘但自嘉慶已後初無有可以稱爲一代文宗者出唯曾國藩以豪傑之資兼文章之事而如龔自珍、魏源王韜亦皆以文章顯其次則北有張之洞（香濤）、南有俞樾（曲園）皆握一時的文柄。

清的小說

清初流行的小說爲蒲松齡的聊齋志異記狐鬼和人的關係之事凡四百餘條，其文極綺縟之致，盡駢體之巧，使讀者有身歷其境目覩其事之感。其次則降及季年，則止有一吳汝綸以作桐城派文著，

有鈕玉樵的觚賸、余澹心的板橋雜記、張山來的虞初新志、李漁的十二樓（合影樓、奪錦樓、三與樓、夏宜樓、歸正樓、萃雅樓、拂雲樓、十叠樓、鶴歸樓、奉先樓、生我樓、聞過樓凡十二篇）等亦皆盛行然而通於有清一代，小說之可以稱爲一大名著者實爲紅樓夢紅樓夢全篇分百二十回以男子二百三十五人和女子二百十三人錯綜配合以年少的貴公子賈寶玉與金陵十二釵的情話爲經以榮國寧國二府的盛衰爲緯遂成此書其書寫乾隆時代上流社會的狀態觀察備極細緻而文章益復綺麗沈綿其書之作者不知爲誰然謂百二十回中自一回至八十回係出曹雪芹之手其餘四十回則爲高蘭墅所作大概會是定論自此書一出跟着便有紅樓後夢、紅樓夢補、或則紅樓夢詩、紅樓夢詞、紅樓夢論贊、紅樓夢譜、紅樓夢圖詠、又或則紅樓夢傳奇等書繼續而出由此便足以見此書的流傳之廣了此外著名的小說尚有今古奇觀四十種、品花寶鑑、花月痕、儒林外史、兒女英雄傳等。而兒女英雄傳其著者說是燕北閒人，而其書則緣紅樓夢之反動而生盛陳俠兒之心事清季極其流行。

清的戲曲

承明代傳奇的流行之盛，在清初的戲曲界其著名者則有吳偉業（梅村）的秣陵秋、尤侗（西堂）的鈞天樂李漁（笠翁）的十種曲洪昉思（稗村）的長生殿傳奇孔尚任（雲亭）的桃花扇傳奇等。李漁為清朝第一的戲曲家，所著甚多十種曲之外戲曲論則有閒情偶寄、小說則有十二樓、畫論乃有芥子園畫傳此外尚有集詩文詞隨筆等而成之笠翁一家言全集十種曲都是喜劇，蜃中樓鳳求凰意中緣比目魚玉搔頭慎鸞交巧團圓奈何天憐香伴、蓋其著作的目的，在於欲使人於滑稽之裏面，而知曉人情的弱點和人生的行路難也。洪昉思以曲文名有曠古之稱其所作長生殿傳奇乃由白居易的長恨歌轉化而來敘唐玄宗和楊貴妃的纏綿情事而出之以豔麗無極之筆描寫之孔尚任於戲曲以有新創見得名其所作桃花扇傳奇以才子侯方域和佳人李香君的情事為主而以明末諸名士為客於是於秦淮煙柳之中，而配之以戎馬倥傯之景風流韻事之內乃雜以感慨無量之聲真雄篇也次至乾隆時代，高宗最好戲曲命張照（涇南）製諸院本以進並有御製傳世。而蔣士銓（藏園）

批評

以上者。

紅雪樓九種曲乃香祖樓空谷香桂林霜一片石第二碑臨川夢雪中人、冬青樹四絃秋，都是取材於歷史上的事實就中以雪中人及冬青樹尤爲特色，又楊潮觀的吟風閣詞曲譜亦皆本諸史事加以潤色大有禆於世道人心。故戲曲既是這樣流行，從而關於此道的批評也就大盛如李調元（童山）及梁廷枏（藤花主人）的曲話之類乃多有出世不過自道光以後此道大衰可以稱爲作曲大家者竟一個也沒有。

康乾之際伴着小說戲曲的流行，於是關於此事的批評也就盛有，稱批評家者輩出焉然能特出一新機軸者則爲金聖嘆。金聖嘆名采字苦采和李漁爲同時代人好評書其所評有離騷莊子、史記杜詩、西廂記水滸傳名之曰六才子書。就中之尤者則爲水滸傳但切斷全篇百二十回爲七十回不免爲學者所誹然其文辭雄勁奇峭觀察犀利無倫却非他所得見。

清初雖有谷應泰的明史紀事本末八十卷出世，然因其成於明史未出之

先，故事實不免疎略誤謬之處。又有王鴻緒的明史藳，此書凡三百十卷，唯帝紀未成餘皆排列整備，故張廷玉等奉勅撰明史時云即就此書加以增刪。明史以康熙十八年張廷玉等奉勅編纂爲始，至雍正二年更詔諸臣繼續其事，追乾隆四年乃完成；其中有考究未詳之處，其後又勅命刊正之。書凡本紀十六二十四卷志十五、七十五卷表五十三卷列傳百八十二百二十卷目錄四卷總凡三百三十六卷，在有明一代的正史有事實正確之稱。而陳鶴的明紀亦有足觀。此外則有徐乾學的資治通鑑後篇百八十四卷畢沅的續資治通鑑二百二十卷；又有馬驌繹史百六十卷，而畢氏之書最爲精確世稱其足以繼武資治通鑑也。又有馬驌繹史百六十卷，將自上古以至秦末的事蹟，博據古籍仿紀事本末體蒐錄於各題目之下，故一見便可以捉著古書的異同，僞作依託附會諸事，在史料上蓋爲最有價値之書。

而通於有清一代足以稱爲史學大家者則爲趙翼，其所著二十二史劄記三十六卷及陔餘叢考四十三卷考證議論俱有裨於史學不少王鳴盛錢大昕亦以史學名家；王鳴盛有十七史商榷一百卷，錢大昕有二十一史考異，一百卷及其

他關於歷史地理諸考證之作。至於地理則名著有顧炎武的天下郡國利病書（百二十卷）及顧祖禹的讀史方輿紀要（百三十卷）而各省的通志及府州縣志的撰著亦復不少又如高宗的御批歷代通鑑輯覽（百十六卷附明唐桂二王本末三卷）續通典（六百五十卷）續文獻通考（二百五十二卷）續通志（百四十四卷）皇朝通典（百卷）皇朝文獻通考（二百六十卷）皇朝通志（二百卷）大清一統志等諸勅撰之書亦俱為有益史學之作；如通鑑輯覽不僅事實的選擇考證極為精確並註有音切訓詁典故又於人名之下註字及生地地名之下舉今釋皆極有益於讀者，而高宗的御批可採之說亦多。清世至編纂明史後於是，中國歷代的正史遂共成為二十四種所謂正史者乃紀傳體的歷史而平常的歷史之義而紀傳體的歷史必歷代沿作以為例，初非如其他的編年體歷史及雜史別史之類或作或不作之比故此謂之正史。就是正者正閏之正也正偽之正也正史之名始於隋書經籍志列舉史記以下至陳書周書六十七部謂：『自是世有著述皆擬班馬以為正史作者尤廣……

今依其世代聚而編之以備正史」云云,至宋世乃定正史為史記、前漢書、後漢書、三國志、晉書、宋書、南齊書、梁書、陳書、魏書、北齊書、周書、隋書、南史、北史、新唐書、新五代史為十七史,迨明世又加宋史遼史金史元史是為二十一史又逮清高宗時,明史編纂完成乃詔加明史及舊唐書為二十三史,旋又加入舊五代史,遂成)二十四史而普通稱二十二史者蓋於二十一史中加入明史故云茲揭二十四史一覽表於左以代說明。

二十四史一覽表

書名	卷數	撰者	年代（西紀）
1 史記	一三〇	前漢 司馬遷	太古－前一二二
2 前漢書	一二〇	後漢 班固	前二〇六－西紀二四
3 後漢書	一二〇	劉宋 范華	西紀二五－二二〇
4 三國志	六五	晉 陳壽	二二〇－二八〇
5 晉書	一三〇	唐 房喬等	二六五－四一九

6 宋書	一〇〇	梁 沈約	四二〇——四七八
7 南齊書	五九	梁 蕭子顯	四七九——五〇一
8 梁書	五六	唐 姚思廉	五〇二——五五六
9 陳書	三六	唐 姚思廉	五五六——五八〇
10 魏書	一一四	北齊 魏收	三八六——五五〇
11 北齊書	五〇	唐 李百藥	五五〇——五五七
12 周書	五〇	唐 令狐德棻等	五五七——五八一
13 隋書	八五	唐 魏徵等	五八一——六一七
14 南史	八〇	唐 李延壽	四二〇——五八九
15 北史	一〇〇	唐 李延壽	三八六——六一七
16 舊唐書	二〇〇	石晉 劉昫等	六一八——九〇六
17 新唐書	二二五	宋 歐陽修宋祁等	六一八——九〇六
18 舊五代史	一五〇	宋 薛居正等	九〇七——九五九
19 新五代史	七五	宋 歐陽修	九〇七——九五九
20 宋史	四九六	元 脫脫等	九六〇——一二七九

第九章　清時代之文化

清的科學

21 遼史	一一六 元 脫脫等	九一六——一一二五
22 金史	一三五 元 脫脫等	一一一五——一二三四
23 元史	二一〇 明 宋濂等	一二〇六——一三六七
24 明史	三三六 清 張廷玉等	一三六八——一六四三

像天文、曆法、數學等類的科學，本會因明末東來的耶穌會諸教士的盡力，已有很大的進步。迨清，而其進步乃愈著。清聖祖常常召耶穌會教士進講西洋的科學及機械學並任用之爲曆政的顧問，因以改革明代的曆法而編纂康熙曆法。而聖祖自己亦精通曆算音律，親加指示，撰成曆象考成（天文）數理精蘊（數學）律呂正義（音樂）三書合稱律曆淵源。是時，梅文鼎及王錫闡通天文數理：梅文鼎爲聖祖所信任斟酌西洋之法著律算全書，王錫闡著曉菴新法。而自黃宗羲以後以經學家而兼治天文數學者亦衆，如江永著慎修數學、戴震撰算經即其著者。而專門家則有李銳的李氏遺書、董祐成的董方立遺書、焦循的里堂學算記、張作楠的翠微山房數學、劉衡的六九軒算書、徐有壬的務

氏義齋算學、鄧伯奇的鄧徵君遺書、丁取忠的白芙堂算學叢書李善蘭的則古昔齋算學等。此外耶穌會教士關於科學的著述亦極夥可參觀本書第八章基督教士著譯書籍表。

明末耶穌會教士亞當沙兒（湯若望）及雅珂布司羅（羅雅谷）二人所完成了的曆書因明之亡，遂未見諸施行。追西紀一六四四年五月清世祖入都於北京，優待亞當沙兒等翌年八月遂斥去大統曆而頒行西法的時憲曆書於天下；十一月命亞當沙兒掌管欽天監印信後來新天主堂成立時，世祖賜以「欽崇天道」的匾額又加亞當沙兒太常寺少卿銜累進通議大夫，光祿大夫而當時東來的教士亦極蒙清廷的優遇故基督教的傳道甚盛但是至一六六一年世祖死罷職欽天監員楊光先乃起排斥西教的運動謂各省教士和亞當沙兒相結謀爲不軌並作關邪論以謗之由是布教遂被嚴禁而亞當沙兒遂和路德維珂布利阿（Gabriel de Magalhaes 葡萄牙人）安文思（Ludvico Buglio 利類思意大利人）斐爾蝶南斐爾畢司特（Ferdinand 加不烈爾馬加利安司

Verbiest南懷仁、比利時人)等俱被幽囚旋受死刑的宣告卽散在各省的教士亦俱加以拘禁而中央及地方官吏中有皈依基督教者悉革職或則罷黜爲數頗夥。會有強烈的大地震起，如是大臣等皆懼乃釋放亞當沙兒等而以楊光先爲欽天監正。楊光先乃陷害曾學習西法的監員諸人，或令處斬、或令流徙、或令免職，於是西法遂廢仍復明代之曆，亞當沙兒不勝憂憤遂以一六六六年八月客死於北京。迨一六六九年聖祖命欽天監副吳明烜和斐爾畢司特各測日影使之對驗然欽天監所測的卻有謬錯乃褫奪楊光先、吳明烜等的官職而授斐爾畢司特以欽天監副監禁諸教士悉放之往澳門。是時聖祖還並沒有給這些教士以布教的自由尋就前此釋放了的二十餘人之中招致其精於曆法的庫利思詒奴司赫爾利失特（Christianus Herdtricht恩理格德意志人）及斐立普馬利格里馬爾滴（Philippo Maria Grimaldi閔明我意大利人）二人於北京，其餘則許其得往各省居住與以自行布教之便，而後傳道乃再復其盛狀。

已而三藩亂起，斐爾畢司特奉命自一六七四年至一六七六年鑄造鐵製的大

小礮百二十門，送之陝西、湖廣、江西等處，旋又於一六八〇年至一六八一年更造輕便的歐羅巴式神威礮三百二十門，試放於蘆溝橋時聖祖親臨，喜其命中之準確，遂大加賞賜云。而斐爾畢司特又編神威圖說以說明銃礮獻之於聖祖，聖祖賜以工部右侍郎的職銜。其間，斐爾畢司特再掌欽天監，仍頒行採用了西法的新法時憲曆書旋又奉命和托馬司拍累拉（Thomas Pereira 徐日昇葡萄牙人）等修曆政，一六七四年將蠱者為李自成之亂所破壞了的測天儀器從新製造而置之觀象臺上斐爾畢司特乃著新製靈臺儀象志十三卷一六七八年又編康熙永年曆三十三卷。其後斐爾畢司特死，拍累拉代之，和安多紐司托馬司（Antonius Thomas 安多法蘭西人）約瑟夫沙勒司（Joseph Suares 蘇霖，葡萄牙人）約阿心布勿（Joachin Bouvet 白進，法蘭西人）約安佛蘭莎遞爾畢瀧（Joannes Francois Gerbillon 張誠，法蘭西人）等共備曆政的顧問，於是耶穌會派的教士等自天文曆算礮術以至測量製圖罔不大盡厥力以底於完成。一六八二年聖祖發北京赴盛京謁祖陵，特命斐爾畢司特攜內廷的測天

測地儀器以從；一六八三年巡幸北塞，則斐爾畢司特及格里馬爾滴從；一六八九年締結尼布楚(Nertchinsk)條約時，則拍累拉及遮爾畢瀧二人為譯；一六九一年的北塞巡幸則遮爾畢瀧扈從；一六九六年親征噶爾丹(Galdan)時，則拍累拉遮爾畢瀧及安多紐司托馬司陪駕；一六九九年聖祖南巡至江南遮爾畢瀧布勿及愛馬奴愛兒勞里非司(Emmanuel Laurifice 潘國良意大利人)俱隨駕進講西學，其間，聖祖既已信教士等的技能之可靠，而又知彼等爲人之誠慤乃自一七〇八年起，遞次分遣他們往蒙古各部及中國各地以徧覽其山川城郭而測量之製爲地圖於是，一七〇八年則遣布勿、福利德里, Fhrenbertus Fridelli 費隱德意志人) 勒技司(Joannes Baptist Regis 雷孝思德意志人) 家爾托爾(Petrus Jartroux 杜德美法蘭西人) 四人往蒙古地方；一七〇九年則遣福利德里, 勒技司家爾托爾三人往直隸又一七一〇年則往黑龍江一帶地方；一七一一年遣勒技司及喀爾多索(Franciscus Joannes Cardoso 麥大成葡萄牙人)二人往山東又遣家爾托爾福利德里潘如(Bonjour 潘如法蘭西人）他爾托爾(Petrus Vincentius du Tartre 湯尙賢法蘭西人）四人往山西陝西甘肅，一七一二年遣麥拉克(Joseph Francois Moyra de Maillac 馮秉正法蘭西人）安德烈(Romanus Hinderer 德瑪諾法蘭西人）勒技司三人往河南江南浙江福建，一七一三年遣他爾托爾及喀爾多索、二人往江西廣東廣西又福利德里及潘如二人往四川，一七一五年遣勒技司、福利德里二人往雲南貴州湖南湖北迨一七一七年此諸人者在各地所測之圖全部告竣，乃由布勿彙成總圖及各省分圖而獻上之聖祖乃名之曰皇輿全覽圖。要之在明末清初耶穌會教士對於天文曆算地理礮術所盡之力及所舉之顯著的功績直不遑枚舉而中間尤以康熙永年曆及皇輿全覽圖之二者為裝飾聖祖的康熙時代之雙璧卽中國的思想界其感受著大的西洋文化亦以資於此二大事業之處為最多且巨也。

清的雅樂雖說是無足觀然高宗時所制定的丹陛樂（皇帝升座時所奏）、導迎樂（皇帝還宮時所奏）鐃歌樂（皇帝行幸時所奏）凱旋樂（皇帝親

第九章 清時代之文化

五百十一

征而凱旋時所奏)、鼓吹樂(皇帝宴饗時所奏)等俱屬雅樂,又有四夷朝聘所奏的番子樂、番部合奏樂、廓爾喀樂、瓦爾喀樂、回部樂、細緬甸樂、粗緬甸樂等。聖祖尤精於音,曾親加指示撰律呂正義五卷(凡三篇,上篇二卷曰正律曰審音;下篇二卷曰和聲曰定樂;續篇一卷取西洋的律呂而以古法考證之。)高宗更撰律呂正義後篇百二十卷(祭祀樂、朝會樂、宴饗樂、導迎樂、行幸樂、樂器考、樂制考、樂章考、度量權衡考、樂問)因爲聖祖的律呂正義,專止考證樂律而用於宗廟朝廷的樂章則概付闕如,故高宗乃撰後篇而大成之。

清初以畫著者,有王時敏(煙客)、王鑑(廉州)、王翬(石谷)、王原祁(麓臺)、惲恪(南田)、吳歷(墨井),是稱四王吳惲:王時敏少見愛於董其昌,工詩文,能書,尤善畫,長於山水花鳥;王鑑爲王世貞之孫,畫宗董源巨然,能山水,王翬初學於王時敏,後見王鑑乃自於古法有所會悟,遂謂能兼有二王之粹云;王原祁爲王時敏之孫,亦擅畫,曾受聖祖命繪南巡圖,又繪萬壽成典,吳歷擅設色山水,於南宗一派,創新描法,惲恪初工詩文,好畫山水,後見王翬自審不能

更出其右,乃一棄前學而專習花卉,遂創始沒骨一派,加以題語書法俱極工能,世稱南田三絕,南田爲惲恪號也。聖祖時曾召耶穌會教士意大利人約瑟夫喀司諦格利阿尼(Joseph Castiglione郎世寧)入內廷繪準噶爾貢馬圖及阿玉錫持矛蕩寇圖其次高宗時亦召耶穌會教士奧大利人伊格納條司細克爾拔爾特(Ignatius Sickerparth艾啓蒙)入內廷使遍繪動物。此二人者俱欲以新的描法試之於中國畫上由是寫生一派遂開拓出一段的新境界來。此外有歸有光之孫昌世(假菴)能山水好畫芝蘭;毛奇齡湛深經學並工書畫;鄭燮(板橋)最以蘭竹名,而亦能山水兼善蘭花竹木並工草書徐枋(秦餘山人)並能山水花鳥亦善道釋畫像,尤書則以隸楷行之三體相參孫克弘(雪居)沈銓(南蘋)精於花鳥曾至日工篆隸然就中以石竹蘭花人稱其最爲精妙;本的長崎賣畫遂與日本的畫風以一極大的影響關於書畫的著書則有聖祖勅撰之佩文齋書畫譜蒐集關於藝事的眾說引據備極該博又李漁的芥子園畫傳亦盛行於世。

清的佛教

佛教自明中世以後大衰迨清聖祖高宗二帝雖盛獎崇儒學而佛教則除保護喇嘛教外曾未嘗有所盡力尤其在高宗之世竟並不許建立新寺院又禁民間的獨子及男子之年在十六以下女子之年在四十以下者出家故佛教益復式微至其宗派則雖有臨濟曹洞賢首（華嚴）慈恩（淨土）及律的五宗然都不過縷能保持其典型罷了而其寺院之大者則衣食於其向來之莊田其小者則多賃貸空房或以募化爲生然僧徒亦大抵缺乏學力與規律故宗風亦次第頹壞但是有清一代以經學家而兼研究佛典者則頗不少：清初王夫之（字而農，世稱船山先生）大治法相宗次在乾隆之時彭紹升及羅有高篤信佛法而彭尤與戴震往復辯難其後龔自珍學於彭紹升晚受菩薩戒魏源亦兼修佛典受菩薩戒著無量壽經會譯等書；其次楊文會深通法相華嚴兩宗而以淨土教學者菩稱譚嗣同學於楊而著仁學章炳麟亦好法相宗有所著述至於晚清學者中所謂兼修佛學者尤極衆多。

清的喇嘛教

喇嘛教因其流布於西藏、青海、內外蒙古及滿洲一帶，清廷爲懷柔藩部計，

故其政策上乃大加以保護與尊崇,設關於寺院之配置及喇嘛僧之階級與任免等諸制度而令理藩院掌之,又於北京建雍和宮爲雍和宮者中國第一之喇嘛廟也。世宗初年外蒙古喀爾喀部的哲卜尊丹巴胡土克圖來北京而死,乃詔與達賴班禪兩喇嘛死時同一待遇護其喪還外蒙古之大加優待尋置之於內蒙古之多倫泊(Doron Nor),遂又生出多倫泊的一支至是喇嘛教遂分出所謂四系來:第一支布達拉卽拉薩爲達賴喇嘛的本系第二支札什布倫爲班禪喇嘛一系;第三支庫倫,爲哲卜尊丹巴胡土克圖一系第四支多倫泊爲章嘉胡土克圖一系。

道教至淸尙盛,各地皆有道觀;云北京的白雲觀藏有道書三千卷道教之說爲修養仙丹符籙等術修養乃擇名山溪洞隔離塵世不問人事以練氣養神而爲上仙仙丹乃得丹沙而熬練之練出天地的精英服之則長生不死符籙乃書寫神符貼於門戶或爲佩帶或以與病者謂如此則可以避除魑魅與病魔以

上都是從古就流傳下來的道士皆束髮衣黃衣戴黃冠不肉食不妻子關於道官，在京師有道錄司府有道紀司州有道正縣有道會司都是用以督統道士的。輯錄道家諸書的道藏有明時的正統萬曆二刻傳於今然似乎實卽根源於宋代，其中多收古子書故清乾隆及嘉慶學者多據之以校訂俗本。

清的回教

回教卽伊斯蘭教蔓延於天山南路伊犂甘肅陝西四川山西及直隸諸省；其西藏及蒙古則因喇嘛教盛行之故故未受其浸染其教派有黑帽回卽黑山派與白帽回卽白山派之二者。至南方濱海的回教徒則是緣於和亞拉伯人通商的結果而傳來者其傳統和上所言者不同要之此教教徒互相親睦互相扶助和他教人不通婚姻有死者以白布包而葬之不用棺槨每七日則赴寺院禮拜一次以爲例；最惡豬肉行旅必自攜炊具常人之物輒避不食蓋厭其不清不淨之故。對於清廷此教之人曾屢起反抗然皆歸平定而高宗旣平準噶爾後遂將其教徒編入八旗軍中蓋其狡猾刻薄屢動騷亂只有出此籠絡之一策也。

清的基督教

明末羅馬加特力教卽舊教的耶穌會派教士先來中國自是多美尼珂派

及佛蘭西司可派教士遂相踵至。迨清初，乃更有拉雜利司特派(Lazarists)及密西翁司愛特蘭則兒派(Missions Etrangeres 巴黎布教練習所)的教士亦至布教故第十七世紀之末中國各省的信徒及教會之數到處增加，其最盛時信徒約及二十萬人一六九六年（康熙三十五年）在北京受洗禮者達六百三十人。初自利瑪竇以來耶穌會派的教士等甚能承認中國固有的風俗習慣乃自進而穿著中國人士的服裝以至其食物及生活方法，無一不與中國人同並學習中國的語言文章且能用下層社會的談吐來說基督教的福音而對於士人社會則以流暢醇雅的漢文自科學上的理論乃漸次議論及於基督教的精神務採自然能毂感化上下社會的方法凡非直接與基督教相背或有戾於聖書的訓誨者即力事注意於中國人固有的信仰和習慣以期其不相犯；即其教徒有行崇拜祖先或崇拜孔子之儀式者亦俱加以默認以此之故信徒之數，乃日益增加即清廷亦優待各教士幾已將許其布教自由不謂耶穌會教士所執的此諸種方便法門迨及後年其別派教士陸續渡來之時乃惹出一場大紛

爭來，卒致成為布教衰頹的原因。蓋多美尼珂派及佛蘭西司可派的宣教師中或則嫉耶穌會的教士多為清廷所寵用，或則駁其承認崇拜祖先及孔子釋奠之教義；而多美尼可派尤其自始即不慊於耶穌會派而恆執反對的態度。至是，遂向羅馬法王誣奏謂耶穌會派之所以如此對於中國教義寬容者，實乃為彼等一身的寵祿計，故爾賣教求榮如是，而耶穌會派則遣馬爾諦納慈 (Martinez 衞匡國匈牙利人) 往羅馬以辨明之，而一六五六年法王因諾建 (Innocent) 十世乃認多美尼可派所言者為是。而其後法王因諾建十一世始採用一種曖昧的意見，謂這些儀式只要不把來當作禮拜偶像看待而是一種社交的儀式那麼便不去管他也無妨礙。但是這一種不明不白的決定不止耶穌會派不能滿足，便多美尼可派也同樣的不滿足，於是兩派的爭論乃益發激烈。已而索爾奔奴 (Sorbonne) 大學的博士梅格羅 (Charles M. Maigrot) 僧正於一六八四年以來，居於南京以當總轄在中國的舊教徒之任，彼亦否定耶穌會派的意見，

上奏法王，謂耶穌會教士的報告，有種種之點實與事實的真相不符，於是，法王克勒勉十一世乃於一七〇四年發教書以詰責耶穌會教士的行為並宣諭此後對於基督教的神之稱謂，宜如向來所用者一般稱天主而不能用天及上帝的文字，乃更遣安鄺客(Antiocia)的大主教慈爾農(Thomas Maillard de Tournon 鐸羅)為法王的代理至中國。慈爾農以一七〇五年四月在澳門上陸，尋赴北京駐劄，迨謁見聖祖時，帝為之說明中國崇拜祖先的意趣並言羅馬法王乃外國的君主對於清國的臣民初無規定法律的權能，於是慈爾農懼清廷和羅馬法王之間或者生出葛藤遂不敢發表其署有一七〇四年十一月二十日的法王教書僅欲請於聖祖以承認其為總轄在中國各派宣教師的總主教之權利，將以漸次令耶穌會的教士皆服從羅馬法王的命令。然而聖祖時已聽從耶穌會教士的勸告謂中國人之神和基督教之神乃一而非兩故同樣稱之以天實不能有異論至於釋奠的儀式和基督教的教義初非不可調和乃若崇拜祖先的儀式中所用的犧牲，從基督教的教旨去解釋亦並非難事如

第九章 清時代之文化

五百十九

是，聖祖乃以此意特下諭旨而布告於全國的基督教宣教師謂倘有不服此論者即立逐之出國外於是梅格羅遂立被放逐即其他受退去之命令者亦多然慈爾農猶憚於公表法王的教書比至南京始用己名摘其精要於一七〇七年二月一日作爲公布而發表之其中排斥聖祖對於神學上的意見同時並命令彼不服從羅馬法王的教會宣教師立即退出中國。聖祖於是大怒乃逮捕慈爾農送之澳門而使葡萄牙人監視之，慈爾農遂於一七一〇年飲恨病死於獄中。而清廷則已於一七〇七年發命凡未持有由內務府所發給之印票之宣教師，悉數退往澳門，追一七一七年又據廣東碣石總鎭陳昂的奏議，凡一切外國人都不許留居內地否則須立誓不復還本國。於是法王克勒勉十一世乃於一七一八年發所謂愛克司伊爾拉滴 (Ex illa die) 之教書謂凡不從一七〇四年法王所發之教書者悉令破門而為實行此教書之言故乃特命亞歷山多利亞 (Alexandoria) 的名譽主教麥雜巴爾巴 (Charles Ambrosius Mezzabarba 嘉祿) 爲欽差至中國麥雜巴爾巴以一七二〇年抵澳門，旋至北京見聖祖決心

之堅，又聞耶穌會教士的說明，乃知愛克司伊爾拉滴教書之難於厲行，遂自以中國傳道總管的權限在教書之後，再加條件八項謂在中國所行的儀式倘其僅以之為純粹的社會上之儀式而行之之時自亦不妨容認；然此所言徒為人所嘲笑，彼遂於一七二一年還歸歐羅巴。既而聖祖死世宗即位會宣教師中有與宮中的陰謀有關係之嫌疑者出，一七二三年清廷乃依閩浙總督滿寶之奏，除在北京從事於欽天監及其他職務者外凡宣教師禁其留居澳門以外之內地，又改天主堂為公會所嚴禁諸色人等信教其間羅馬的法王廳不惟不承認麥雜巴爾巴的讓步並於一七四二年由法王伯納帝克特（Benedict）十四世發所謂愛克司枯辛格拉里（Ex quo singulari）教書確定前法王克勒勉十一世的愛克司伊爾拉滴，然為高宗所卻斥如是在中國的基督教徒若不服從法王的命令便須受破門之罰，若不服從清帝的命令則又須被嚴懲由是進退維谷而宣教事業遂於以衰頹。如此者其後凡百數十年之間清廷之對於基督教徒時非無寬嚴之別然卒未嘗撤回其禁止之令是時拉雜利司特派在北京及

清的農業

南京，佛蘭西司珂派在陝西，密西翁司愛特蘭則兒派在四川，多美尼可派在福建，葡萄牙的宣教師在澳門俱各盡力於布教。又一八〇八年英吉利人羅巴特莫利遜（Robert Morison）來廣東及澳門傳新教，而後基督教乃又流傳於各省。信徒之數頗見增加。顧至鴉片戰爭以後形勢則又一變，次至一八六〇年英法聯軍侵入北京結天津條約，清廷始撤去禁止令，而約當保護教徒，如是宣教師來者益衆各省都會必有教堂，於是一八七九年羅馬的宗教總會乃將中國的傳教區域劃爲五區：直隸及滿洲蒙古爲第一區；山西山東河南陝西甘肅爲第二區；湖南湖北浙江江西安徽江蘇爲第三區；四川雲南貴州西藏爲第四區；廣東廣西福建香港爲第五區。於是傳教之外並建醫院設育兒院或開學校又不吝錢財賑濟貧民，至是信徒之數遂日有增廣，然傳教者每不能得人民之歡心，致仇視之風至今不息。

清的農業，大抵同於明代，可參照本書第八章明的農業一條，此處從略。惟茶則因以與外國貿易之盛，故各地皆有種植。江蘇浙江福建安徽江西河南湖

清的商業

北、湖南、四川、山東、廣東、雲南、貴州，無不產茶鹽絲和棉，則只有江蘇、浙江、河南、安徽、湖北、湖南幾省產之。

內地的商業和前代無所異惟內地各處皆設關，課稅於凡通過的貨物，又長髮亂後課運送的貨物以釐金稅故交易上甚形不便。商賈凡分字號行商鋪商。山西及江西人多往來於本部及塞外各地經營商業浙江、福建及廣東人則多出至各開港場或遠航海外為商外國貿易初盛行於廣東迨宣宗時因為鴉片戰爭而開廣東、廈門、福州、寧波、上海五港於是面目大改次又因為英法的侵寇更開牛莊登州（芝罘）潮州（汕頭）臺灣、瓊州、九江、漢口七港而外國貿易乃愈加旺盛其後又有增加今則天津、牛莊、芝罘、上海、鎮江、蕪湖、九江、漢口、宜昌、重慶、寧波、溫州、福州、廈門、汕頭、廣州、瓊州、北海等皆為通商的大埠。又陸地貿易則以聖祖時為俄羅斯人開愛琿及恰克圖為商場為始其後又依伊犁條約定伊犁、哈密、喀什噶爾等地為清俄互市場。至主要的貿易品則輸出東洋各國者為磁器、絹棉、藥材、雜貨等，輸出西洋各國者為茶、綿絲、綿、雜貨等；而自東洋各

清的製造業

國輸入者為木材乾魚貝類海帶漆器鴉片等類，自西洋各國輸入者為毛織物、棉布醫藥紙機械類及其他雜貨。

製造品之著名者，有北京之景泰藍假珠玉（珊瑚、真珠、翡翠、白玉）山東之絹綢，河南之南陽綢，江蘇浙江之布帛綢緞，安徽之紙墨筆，江西之陶磁器，湖南、四川之紙，廣東之假玉器椅桌漆器象牙雕刻等類。迨近年採用西洋的學術機械設立各種製造所工業的進步遂大有可以注目者。

清的幣制

清自太祖開國以來，歷代皆鑄造銅錢，如康熙通寶乾隆通寶之類頗極實行前人所謂『不愛銅不惜工』之論。如是在世祖之世於戶部則設寶泉局，工部則設寶源局，即各省亦多設置，便以地名名局用以盛鑄銅錢每錢的重量凡為一錢（一兩的十分之一即四分）後為一錢二分再後更為一錢四分，逮世宗時乃定以一錢二分為常制，又許得以銀塊代貨幣之用。如高宗時曾屢發上諭令各省官民凡滿一貫以上必用銀塊。銀塊有約五十兩為一錠者、有約十兩為一錠者、有一二兩或四五兩為一錠者，是名曰元寶馬蹄錠中錠小錠用之

之時,則權其重量其奇零不足之數則以碎銀補之;然因各地之秤,大小至不一致,故不便之處,殊爲不少,且又因銀質而有足銀一錢五分、紋銀(每百兩中含純銀九十三兩五錢三分七釐四毛)、市銀(各地市場通用之銀,凡純銀之差因地而異)票銀(市銀之一種而憑中通用者)、九二寶(不及標準銀者)、二八寶(標準銀以上者)等之區別,在商業上面的使用甚形阻滯,多不便於流通,故到了開港通商後開港場乃通用各外國貨幣,損失利權甚大。如是德宗時兩廣總督張之洞乃設廠於廣東倣外國之制鑄造銀幣,而奉天吉林直隸江西安徽湖北福建諸省遂亦繼起設銀元局鑄造

一元(庫平銀重七錢二分)、半元(重三錢六分)、二角(重一錢四分四釐)、一角(重七分二釐)的五種貨幣。(所含銀額:一元者爲十分之九半元者爲百分之八十六以下皆百分之八十二)其後清廷乃收歸各省的鑄造權於戶部,設東西南北中五廠:東廠在廣東、西廠在江寧、南廠在福州、北廠在武昌中廠在開封,此外各局悉廢又清自國初以來未嘗發行交鈔而一任商人自家發行。

然不久卽有失其信用者，且因和外國通商，各國紙幣亦至流通，故德宗末年遂設立大清銀行，發行紙幣。

敬啟

「民國專題史」叢書，乃民國時期出版的著名學者、專家在某一專題領域的學術成果。所收圖書絕大部分著作權已進入公有領域，但仍有極少圖書著作權還在保護期內，需按相關要求支付著作權人或繼承人報酬。因未能全部聯繫到相關著作權人，請見到此說明者及時與河南人民出版社聯繫。

聯繫人 楊光

聯繫電話 0371-65788063